牛散集中特训营

辅导用书

袁博　编著

中国宇航出版社
·北京·

内 容 简 介

本书主要针对广大散户投资者，讲解散户在股市中获利必备的基础知识和投资技巧。共分为三大部分，分别为牛散奠基、庄家密码、量价模型。第一部分主要讲解基础知识，包括均线、量价关系、分时图、技术指标、支撑线与压力线等。第二部分主要教会投资者识别庄家陷阱，跟随庄家获利，包括盘口解读、集合竞价、选股技巧等。第三部分主要讲解实战技巧，包括做T战法、三阳突破战法、量价反包战法、波段套利战法等。每课都配有课后练习题，帮助读者检验自己的学习成果。

图书在版编目（CIP）数据

牛散集中特训营辅导用书 / 袁博编著. -- 北京 : 中国宇航出版社，2024.5
ISBN 978-7-5159-2376-5

Ⅰ. ①牛… Ⅱ. ①袁… Ⅲ. ①股票投资－基本知识 Ⅳ. ①F830.91

中国国家版本馆CIP数据核字(2024)第079924号

责任编辑　卢　珊　　**封面设计**　付洪铃
责任校对　吴媛媛　　　　　　　　杨博敬

出版发行　中国宇航出版社
社　址　北京市皋成路8号　**邮　编**　100830
(010)60286808　(010)68768548
网　址　www.caphbook.com
经　销　新华书店
发行部　(010)60286888　(010)68371900
(010)60286887　(010)60286804(传真)
零售店　读者服务部
(010)68371105
承　印　北京天恒嘉业印刷有限公司

版　次　2024年5月第1版
2024年5月第1次印刷
规　格　787×1092
开　本　1/16
印　张　14.25
字　数　205千字
书　号　ISBN 978-7-5159-2376-5
定　价　89.00元

本书如有印装质量问题，可与发行部联系调换

作者寄语

同学们，见字如晤，展信舒颜，我是袁博。或为直播中之一瞬间，汝择吾为师，吾深感荣幸，唯有倾囊相授，不忘初心，方能不负所托。然牛散之路并非繁花遍地，路长且阻，期间不乏有枯燥之时，让汝深感疲惫。然看似波澜不兴的日复一日，或将于某天让汝洞悉坚持之意义。吾之学子，切记人生无白走之路，汝之每一步，皆会算数。未来，望吾等为师，亦为友，任凭股市风云变幻，吾等师生情谊永存。

CONTENTS 目录

牛散奠基

CONTENTS 目录

庄家密码

CONTENTS 目录

量价模型

第一课
均线密码——七条均线各千秋

一、七条重要均线

1. 均线是如何产生的

均线就是移动平均线，代表在一段时间内买入股票的平均成本。均线分析是将一段时间内股票价格的平均值连成曲线，用来显示股价的历史波动情况，进而反映股价未来发展趋势的技术分析方法。

● 如何调出均线（电脑版实操指导）

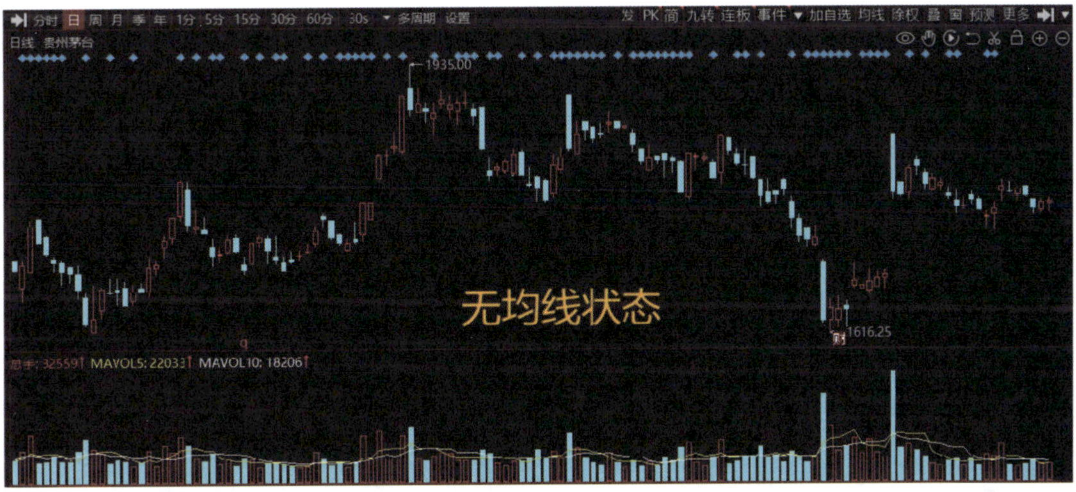

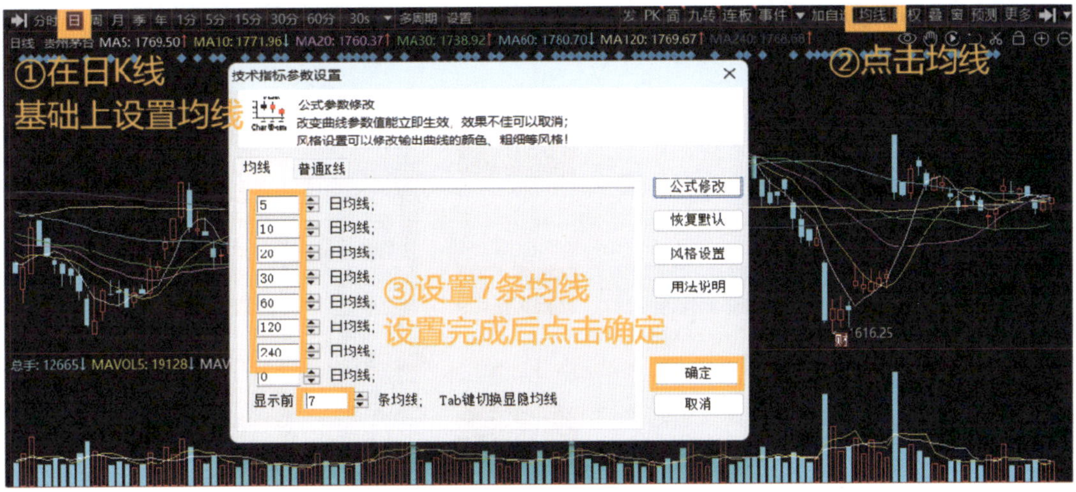

- 如何调出均线（手机版实操指导）

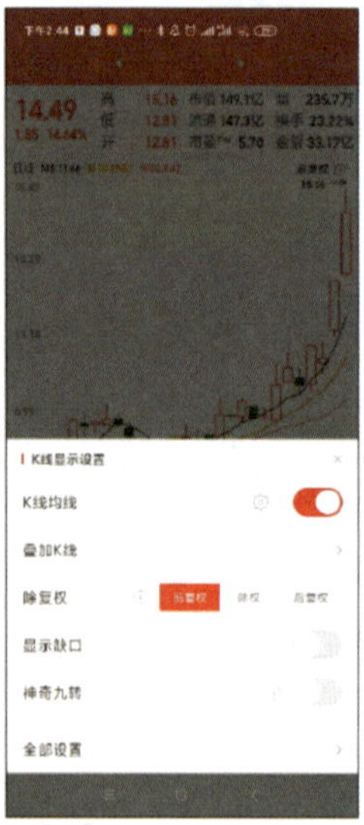
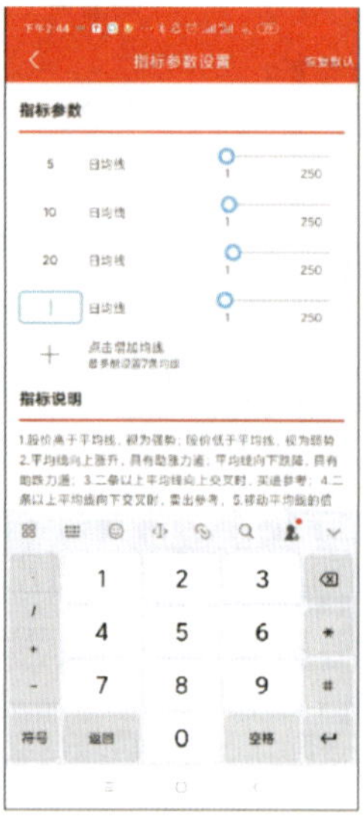

2. 均线的分类

（1）短期均线

5日均线和10日均线：短期移动平均线，也称为周线。

（2）中期均线

20日均线和30日均线：中期移动平均线，也称为月线。

60日均线：同为中期移动平均线，也称为季线。

（3）长期均线

120日均线：长期移动平均线，也称半年线。

250日均线：长期移动平均线，也称年线或牛熊分界线。

- 均线分类思维导图

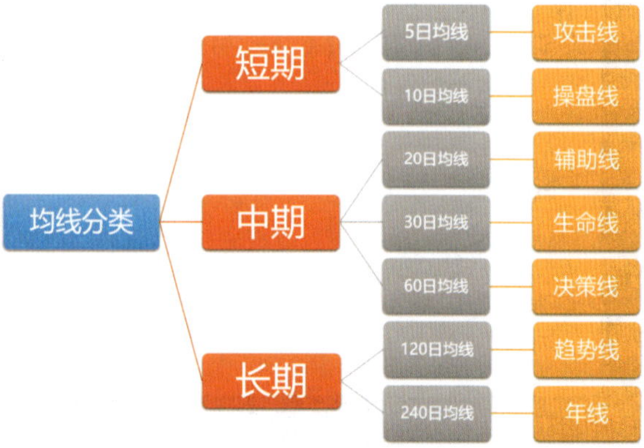

3. 均线的排列

（1）多头排列

在上升行情进入稳定期，当日K线和5日、10日、30日、60日均线从上而下依次顺序排列，向右上方移动，即为多头排列，预示股价将大幅上涨。

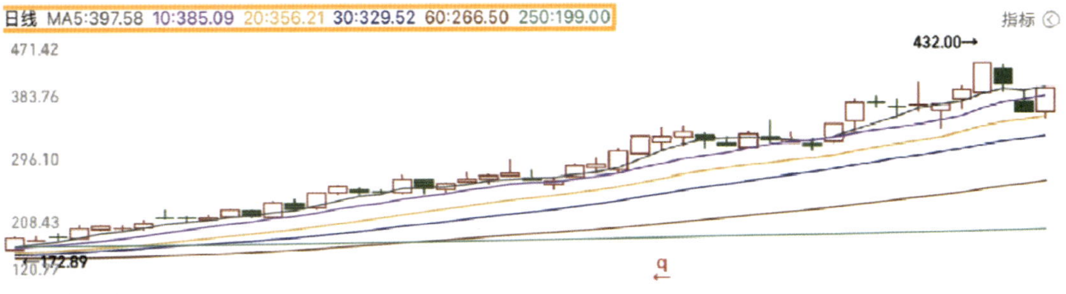

实操指导

（2）空头排列

在下跌行情进入稳定期，当日K线和5日、10日、30日、60日均线从下到上依次排列，方向向下，即为空头排列，预示股价将大幅下跌。

实操指导

4. 均线的形态

（1）金叉形态

金叉：5日线上穿10日线，形成的一个交叉点称为金叉，预示股价将上涨，是买进信号。

实操指导

（2）死叉形态

死叉：5日线下穿10日线，形成的一个交叉点称为死叉，预示股价将下跌，是卖出信号。

实操指导

（3）支撑形态

价格在下跌过程中，均线会提供支撑作用。

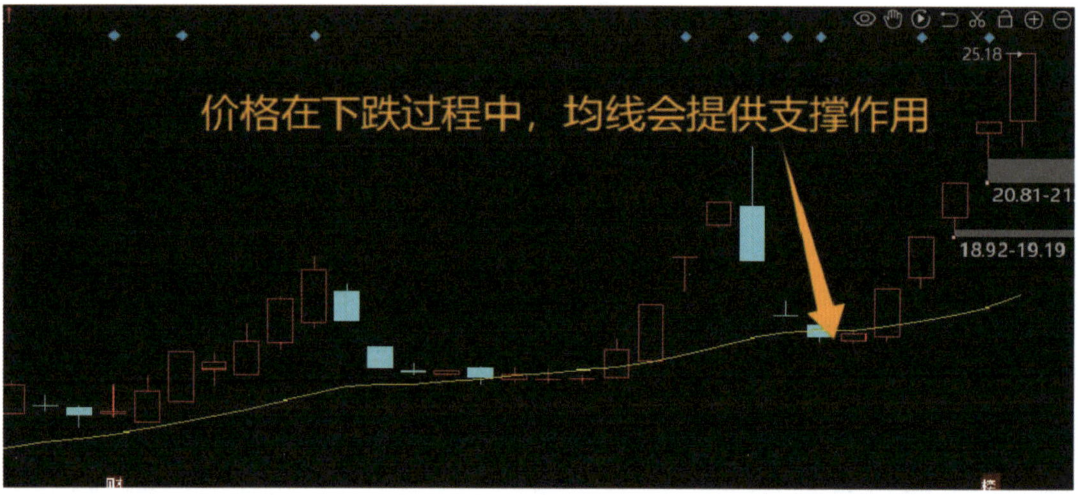

（4）阻力形态

价格在上升过程中，均线会出现阻力作用。

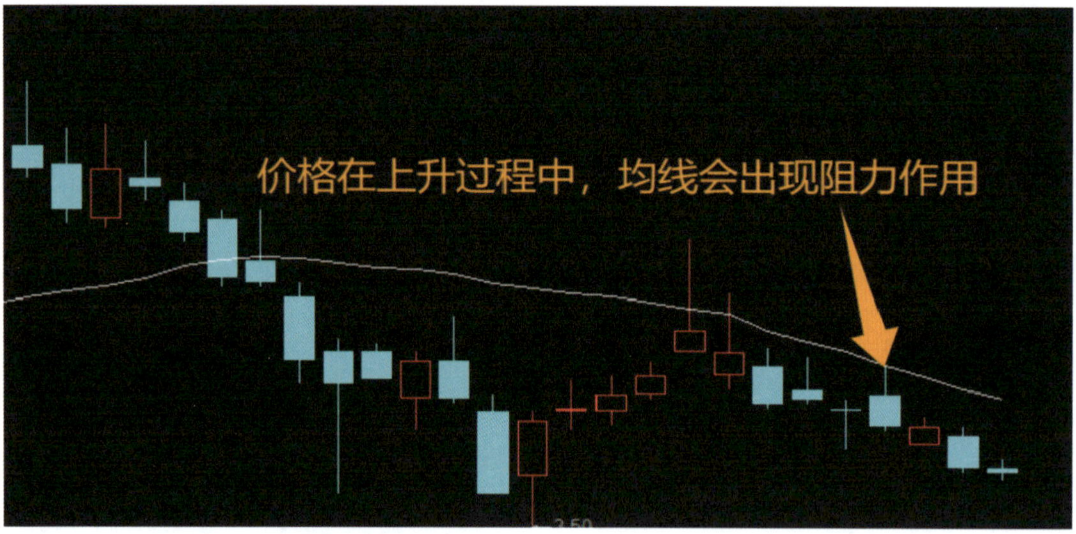

二、六位共振爆破战法

1.什么是共振爆破点

共振爆破点，顾名思义，最重要的要落在“共振”两个字上，共振的含义是指运用多项技术指标进行组合分析，这几项指标的指向产生了一致共鸣。通过对多个非常关键的指标进行组合分析，可增加对行情判断的准确性，从而提高获利的概率。在如今的技术分析中，各种各样的指标或方法都有，让很多投资者不知道应该选择哪些指标才更加有效。

实际上，很多指标都具有相似性，运用多个指标组合，最主要的目的是为了验证指标对行情的反映是否有效。有时部分指标反映行情可能有下跌风险，也有部分指标反映行情可能有上涨机会，在这样的情况下，投资者就很难通过指标判断行情的具体走向，从而难以抉择应该如何操作。

但是，如果所有的技术指标都反映行情可能上涨，那么股价即将上涨的概率就会大增；如果所有的技术指标都反映行情可能下跌，那么股价即将下跌的概率就会大增。

共振爆破点战法就是利用指标组合相互验证后形成趋于一致的反映，从而提高交易的准确性。

战法要点一：突破关键趋势线

在下跌阶段往往会有一条重要的下跌趋势线，随着行情在底部震荡休整，行情将逐步靠近趋势线，在某天或某几天行情开始突破趋势线上涨。股价从下往上突破下跌趋势线，说明股价趋势可能即将反转上涨。

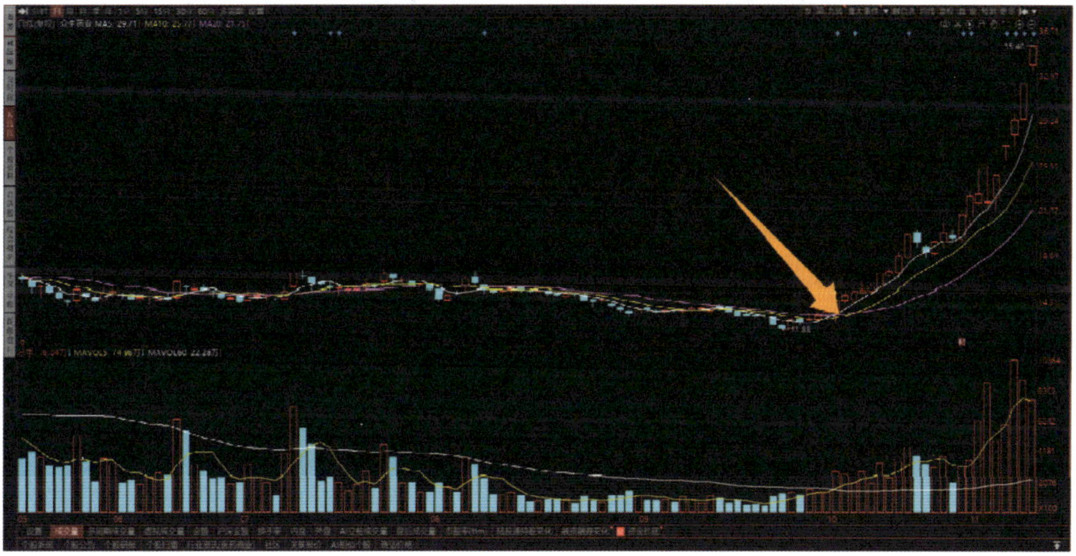

战法要点二：股价穿越多条高度黏合的短期均线

均线在股市中的表现总是合久必分，分久必合。均线对行情既有支撑作用，又有压制作用，主要看价格处于均线的上方还是下方。股价处于均线下方，则均线对股价具有压制作用；股价处于均线上方，则均线对股价具有支撑作用。

多条短期均线黏合，说明新一波行情可能即将启动。股价自下而上穿越多条高度黏合的均线，说明股价在逐步走强。股价冲破多条均线的压制站到均线上方，从而使得均线对股价产生支撑作用，对股价未来的上涨有助推作用。

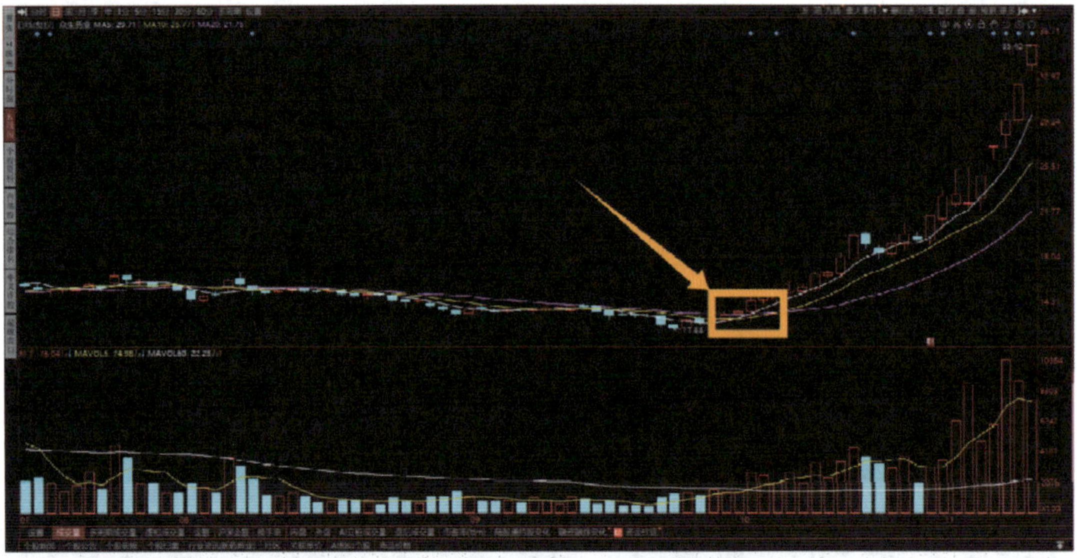

战法要点三：破位上涨伴随着成交量的增加

股价在突破趋势线或高度黏合的均线然后上涨时，需要成交量的配合，才能更强劲地突破趋势线和均线对股价的压制。如果突破时没有成交量的增加，则可能只是“假突破”，很容易再度跌回趋势线和均线下方。因此，只有突破时伴随着成交量的增加，才能说明该股开始逐步走强。

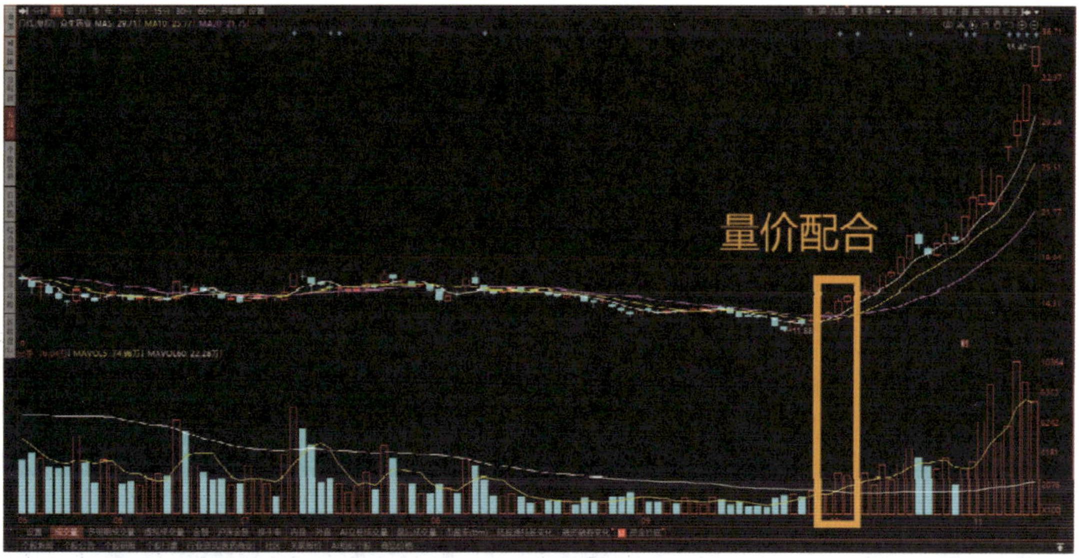

战法要点四：MACD指标金叉向上发散

MACD指标的快线从下向上穿越慢线，即为金叉。MACD金叉时所处的位置最好在零轴附近或在负值区域，如此形成的金叉，向上运行的空间更大，有利于股价在后市上涨过程中能够持续更长时间而不背离。

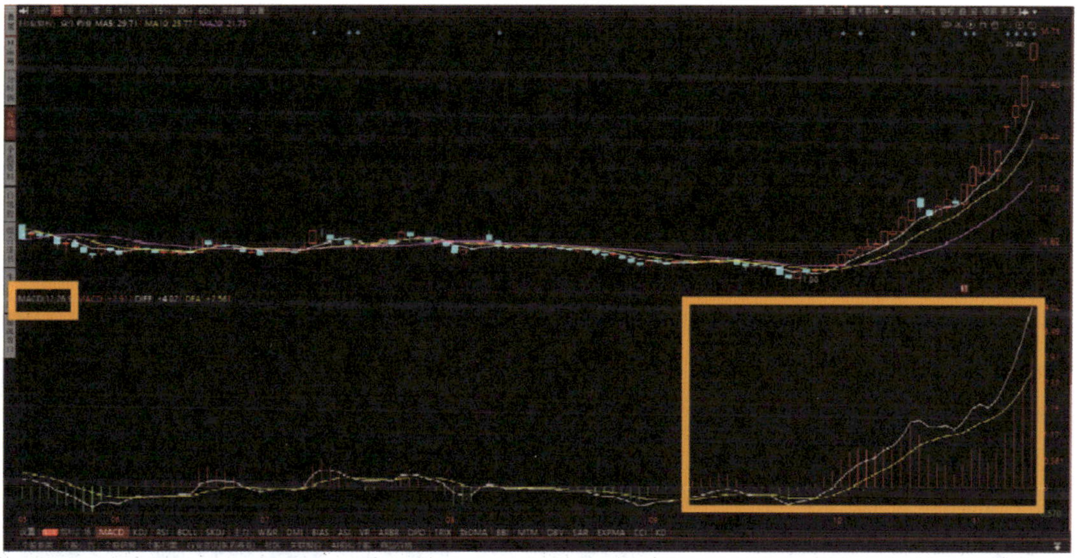

战法要点五：KDJ指标金叉向上发散

KDJ指标值的大小能反映多空双方的实力对比。当KDJ指标出现从下向上穿越的金叉时，说明多空双方经历短暂平衡后，多方力量开始占据优势。KDJ金叉时所处的位置最好在50以下，如此形成的金叉，向上运行的空间更大，有利于股价在后市上涨过程中能够持续较长时间而不背离。MACD和KDJ金叉相隔一周以内为最佳，相隔时间越短，股票强势特征越明显。

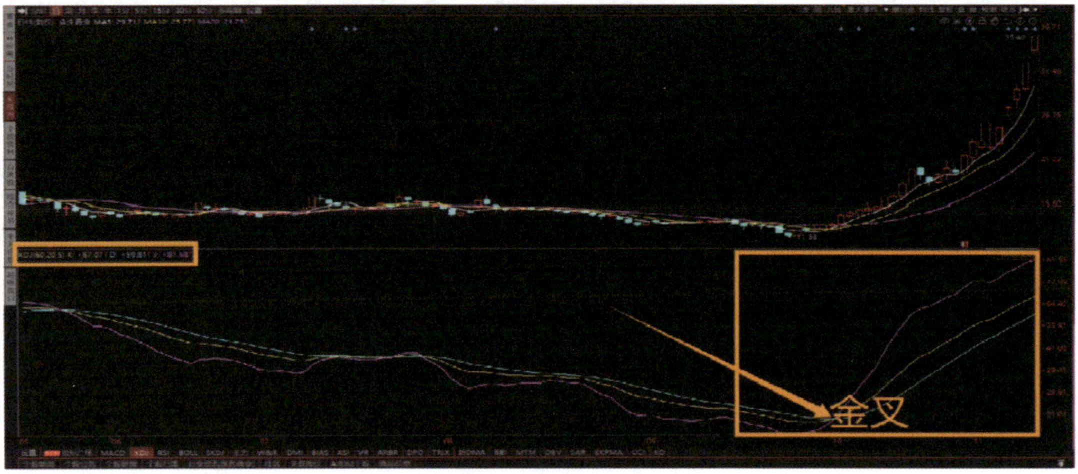

战法要点六：筹码在股价附近高度集中

筹码集中度是反映市场投资者持仓量和持仓成本的指标。当筹码集中度分散时，不利于个股的上涨，尤其大部分筹码都分散在股价上方时，股价上涨压力将会很大，只要股价稍微有所上涨，就容易受到抛盘打压。只有当筹码在股价附近集中度非常高时（90筹码集中度低于20%），才容易被拉升，因为在股价拉升时，上方很少有抛盘压力，所以上涨也会更轻松。

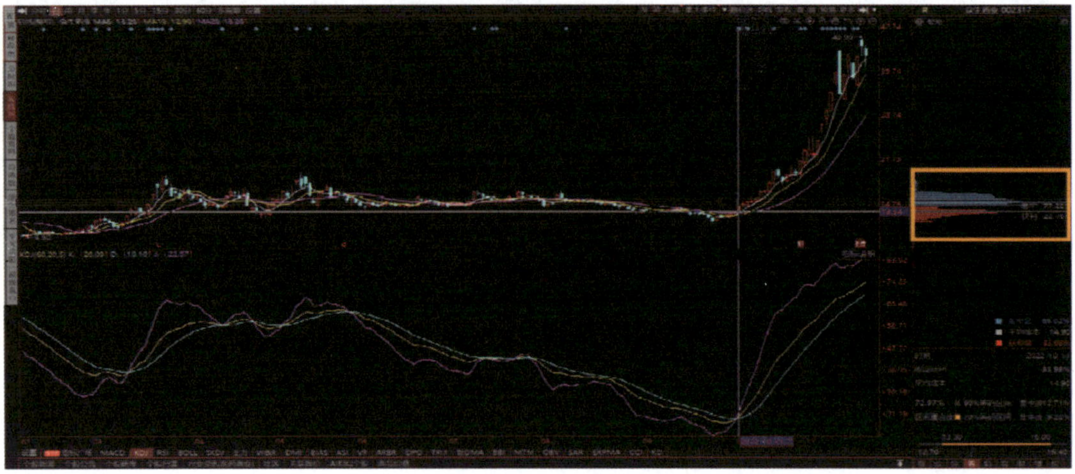

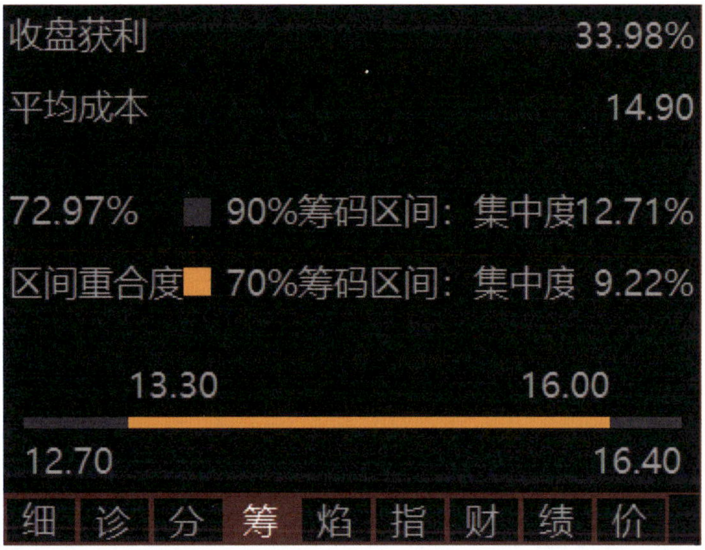

实操指导

三、梅开二度龙头战法

1. 什么是梅开二度战法

梅开二度战法与共振爆破点战法类似，也是将多种指标进行组合形成共振。但二者也有一定的区别：共振爆破点战法一般都是在底部起飞阶段，股价刚刚开始起涨，买入往往就相当于抄底，安全性较高；梅开二度战法则是股价已经经过一段时间的上涨，在上涨途中出现休整，随后再次开始第二波拉升。

股价上涨能出现梅开二度，必然是前期已经上涨了一段距离，且通常是短期大涨。因此，在梅开二度战法的分析和操作中，其安全性要比共振爆破点战法稍微低一些，但在实战运用中成功率也是非常高的。

战法要点一：股价经过一段时间上涨后进入盘整期

梅开二度战法的前提条件，是股价前期已经上涨一定的空间，并且必须是经过上涨后进入整理期。当前期股价上涨时，大多数指标和均线都是金叉后向上发散的。由于股价上涨与指标产生偏离过大，因此出现短暂停留修正指标，短暂的停留可能是横盘震荡，也可能是小幅回调。

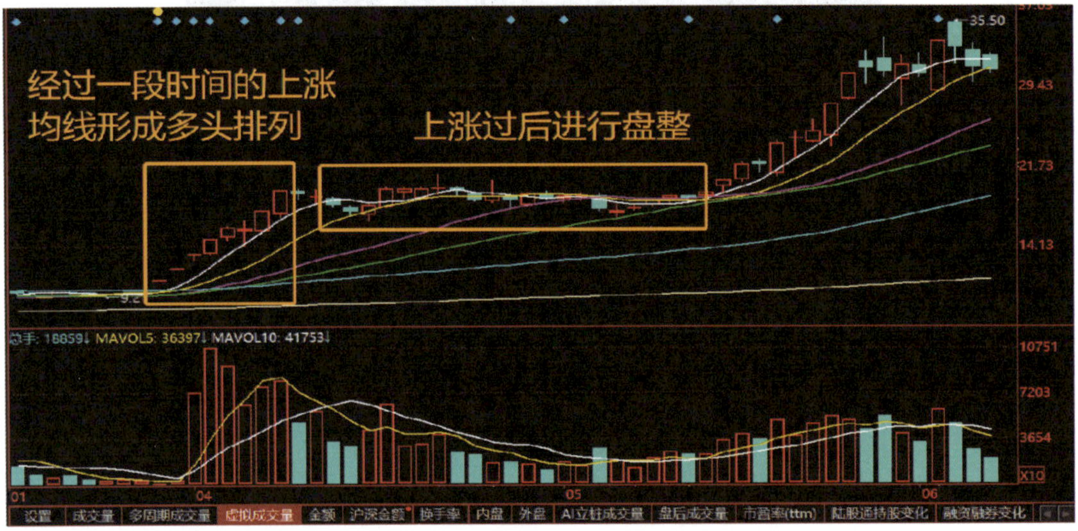

战法要点二：短期均线重新黏合并形成金叉

当股价经过上涨后进入横盘震荡或小幅调整期时，5日均线、10日均线和20日均线出现黏合，然后10日均线向上穿过20日均线形成金叉。

这里需要强调的是，梅开二度战法中的黏合金叉是短期均线，不包括长期均线。因为在前一轮股价上涨时，短期均线上涨速度比较快，而长期均线涨速很慢，因此，梅开二度行情很难等到长期均线靠拢。

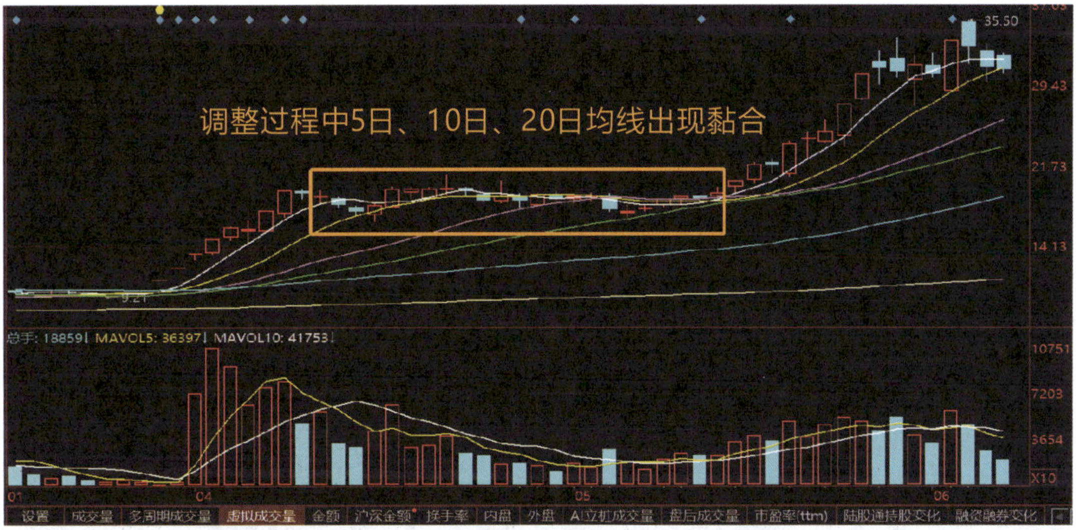

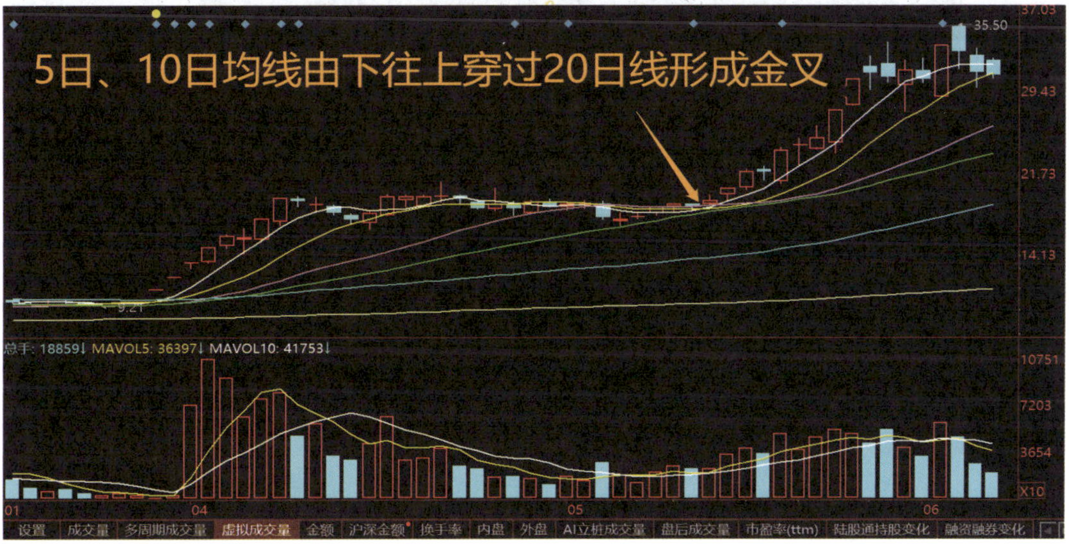

战法要点三：筹码集中度小于30%（不强制要求）

战法要点四：MACD指标再现金叉

当股价进入短线回撤或横盘整理期时，MACD指标的快线将会逐渐走平并回落，慢线依然逐渐上涨。当快线从上方穿越到慢线下方后（死叉），再次从下方向上穿越慢线时，说明MACD指标再次形成金叉。梅开二度战法中，MACD指标再度出现金叉的位置一般在零轴线上方。

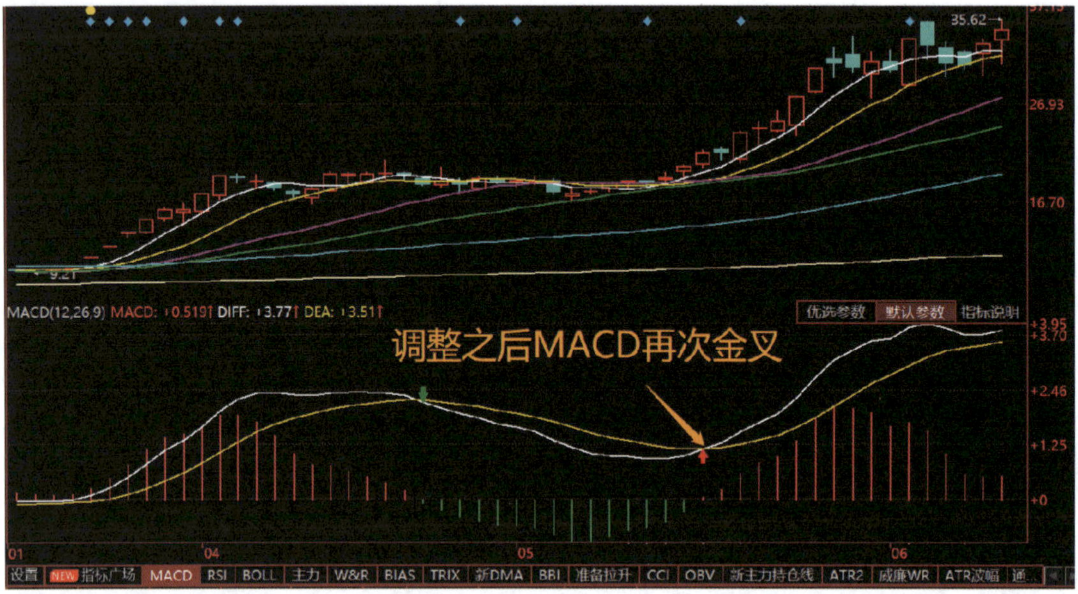
35.62
26.93
16.70
9.21
MACD(12,26,9) MACD: 0.519 DIFF: 3.77 DEA: 3.51
优选参数
默认参数
指标说明
调整之后MACD再次金叉
+3.95
+3.70
+2.46
+1.25
+0
01
04
05
06
设置
指标广场
MACD
RSI
BOLL
主力
W&R
BIAS
TRIX
新DMA
BBI
准备拉升
CCI
OBV
新主力持仓线
ATR2
威廉WR
ATR波幅

第一课 课后习题

1. 以下哪个选项的排列顺序代表多头排列（ ）。

A. 从上到下排列：20日均线>5日均线>10日均线>60日均线

B. 从上到下排列：5日均线>10日均线>20日均线>60日均线

C. 从上到下排列：60日均线>20日均线>5日均线>10日均线

D. 从上到下排列：10日均线>20日均线>5日均线>60日均线

2. 均线空头排列代表股票现在的趋势为（ ）。

A. 上升趋势　　B. 震荡趋势　　C. 下降趋势　　D. 波段趋势

3. 在六位共振爆破战法中，MACD指标金叉最好出现在（ ）位置，股价未来的上升空间才会更大。

A. 零轴以上　　B. 零轴以下　　C. 零轴中央　　D. 任何位置

4. 在六位共振爆破战法中，KDJ金叉的数值最好在（ ）范围，才能保证个股有足够多的上涨空间。

A. 50以下　　B. 50以上　　C. 100以上　　D. 80以下

5. 在六位共振爆破战法中，90筹码集中度最好的取值范围是（ ）。

A. 大于30%　　B. 小于30%　　C. 小于20%　　D. 大于20%

笔 记

第二课
资金配合——量价配合是核心

一、成交量的基本规则

1.什么是成交量

成交量即股票当天成交的总手数。1手 = 100股。

2.股票交易规则

当天买入，第二天方可卖出——T+1规则。

T（Time，时间）　1（天数，1天）

3.量价常识

（1）图示虚线

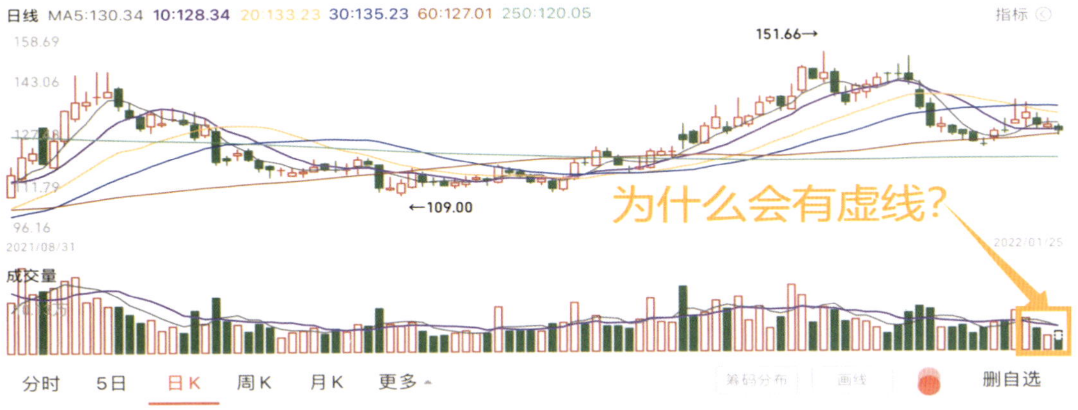

虚线代表的是对当天成交量的预测，如果在收盘之前去观察，成交量柱体上部都会出现虚线，收盘之后呈现的是当天实际的成交量。

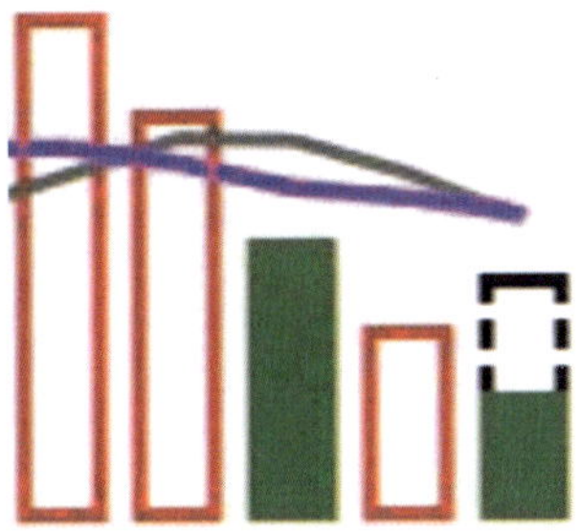

（2）成交额计算

成交额=成交量×成交价格

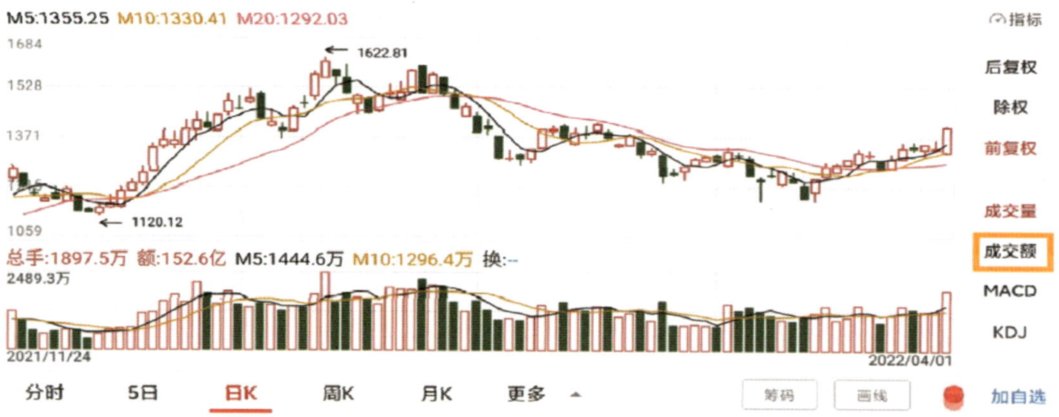

例题：已知一只个股的成交量和成交价格，请计算该个股在此期间的成交额。

10:50　成交10手　成交价格为5.2元

11:20　成交20手　成交价格为5.1元

13:25　成交15手　成交价格为5.3元

10:50　成交10手　成交价格为5.2元

11:20　成交20手　成交价格为5.1元

13:25　成交15手　成交价格为5.3元

请作答：

（3）个股成交额盘面速读

- 如何找到个股成交额（电脑版实操指导）

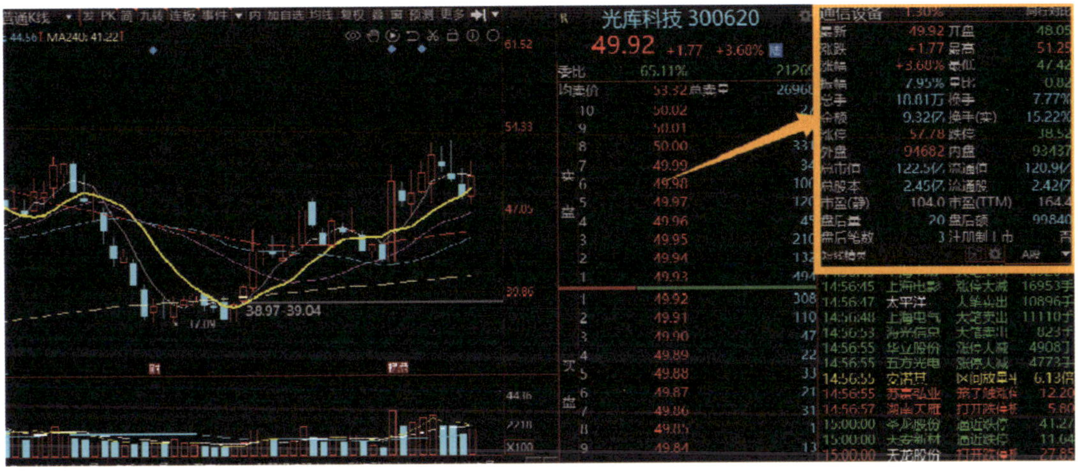

- 如何找到个股成交额（手机版实操指导）

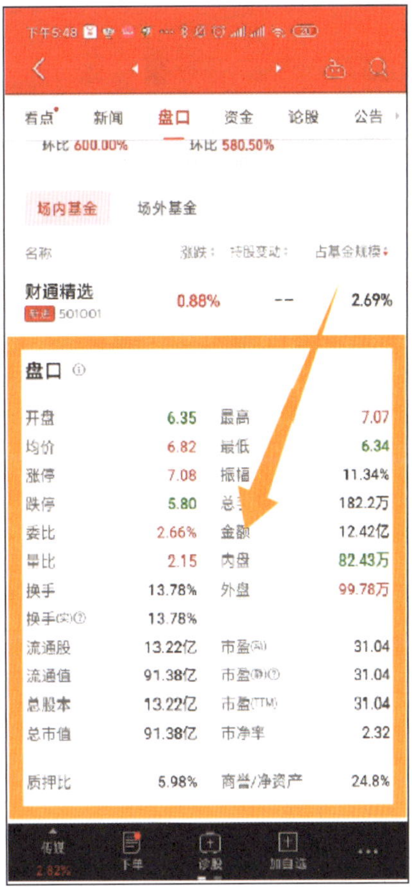

二、成交量的重要形态

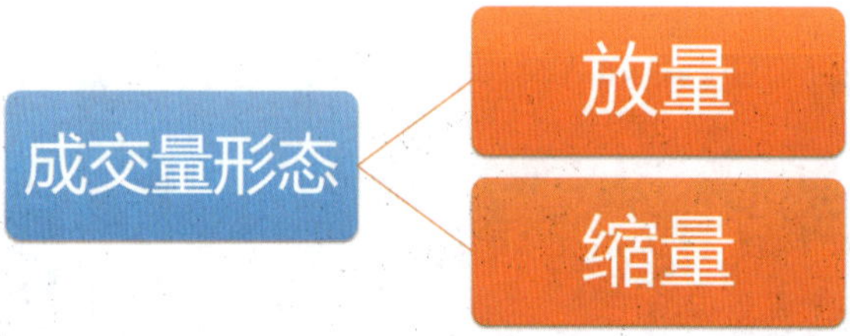

1.放量形态

放量：如果股票当天的成交量大于前一日的成交量，为放量。

天量：成交量极大。

2.缩量形态

缩量：如果股票当天的成交量小于前一日的成交量，为缩量。

地量：成交量极小（一字板天然地量）。

三、量价擒龙低吸战法

战法要点一

在股价展开上升趋势之前，会经历涨停试盘这个阶段，通过一个涨停板或一段时间的涨幅来验一验市场的成色，看是否能够带动市场的人气，进而形成市场合力冲高股价。

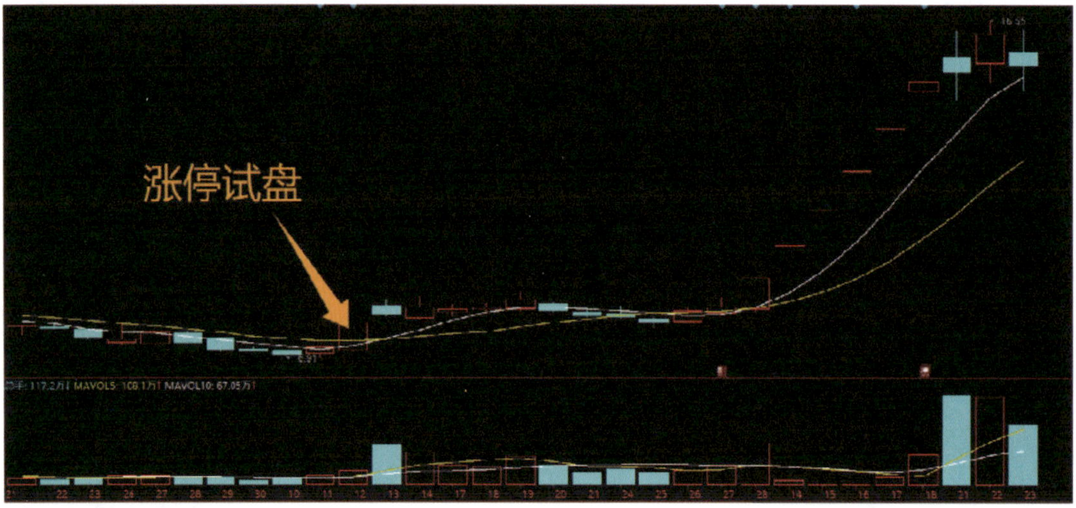

战法要点二

涨停之后，如果股价在第二天出现了回调，观察回调期间对应的成交量，看其是处于缩量回调还是放量回调。放量回调则直接放弃，缩量回调符合接下来的战法走势。

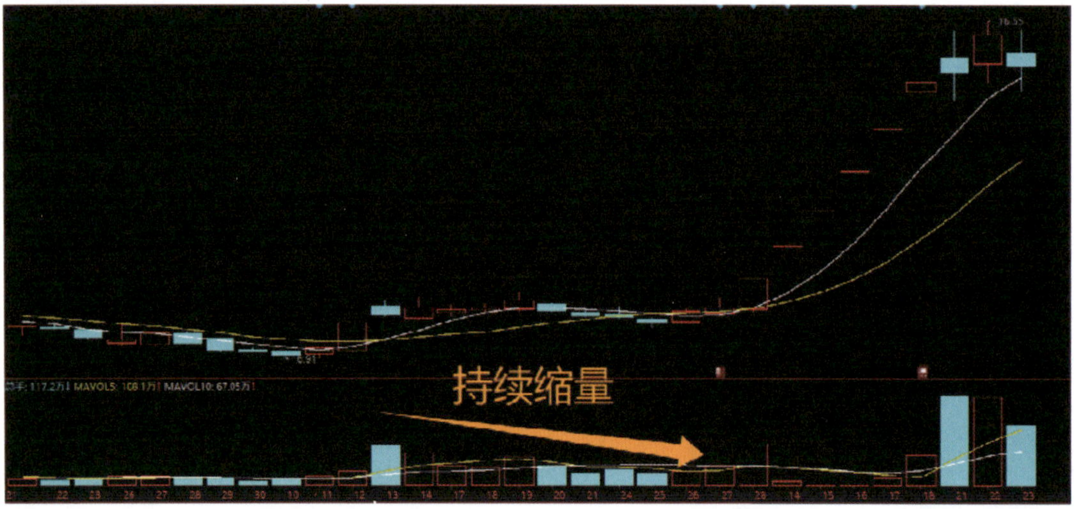

战法要点三

缩量回调的幅度不能过大，具体位置不能跌破第一个涨停板的实体部位。如果回调过大，会使投资者的情绪受到打击，股价在未来难以拉升。

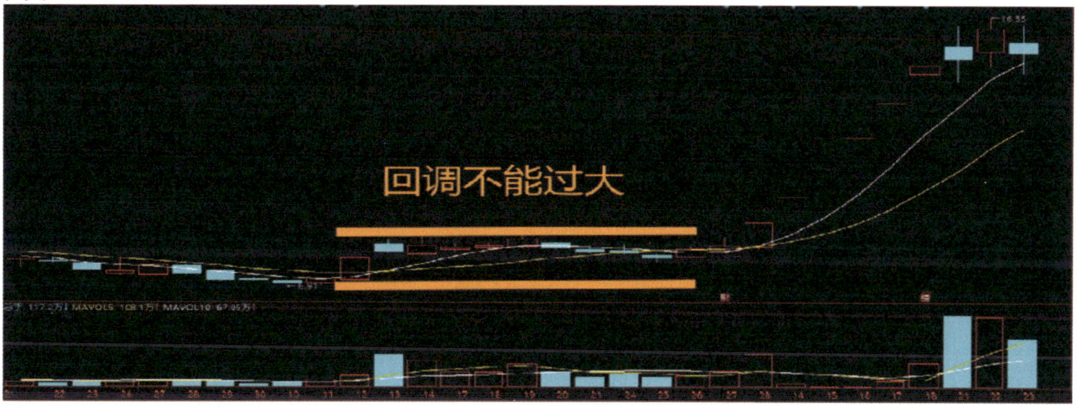

战法要点四

以涨停板的形态站上5日均线，并且成交量在首板的位置要急速放大，此次放量涨停才是真正的开始。

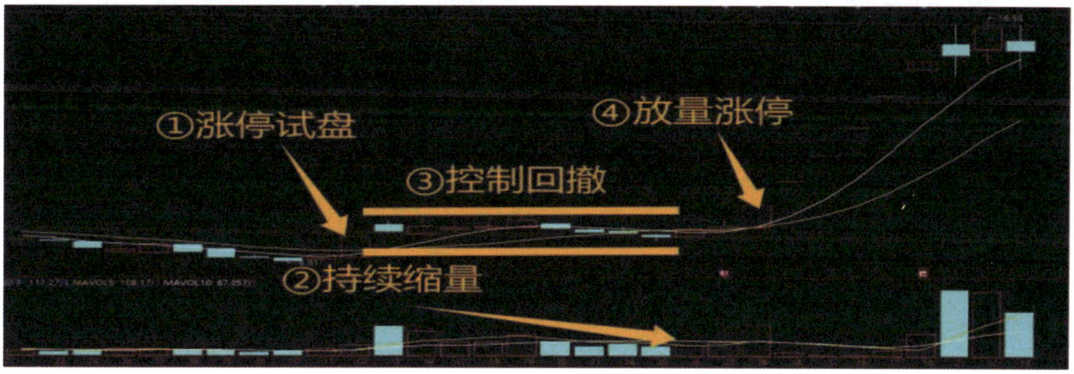

第二课 课后习题

1. 在盘中，个股的成交量柱出现了虚线量柱，此量柱代表（　　）。

A. 当天实际成交量　　B. 当天预测成交量

C. 前日成交量　　D. 第二天成交量

2. 在股票专业术语中，代表“突然出现的极大成交量”的词汇为（　　）。

A. 天量　　B. 地量　　C. 放量　　D. 缩量

3. 在量价擒龙低吸战法中，股价在涨停试盘之后会出现短暂回调，以下表达正确的是（　　）。

A. 回调时应为放量回调

B. 回调时应为缩量回调

C. 回调的幅度越大越好

D. 回调的幅度不能过大，但可以跌破第一个涨停板的实体

4. 涨停封成比的公式为（　　）。

A. 卖一封单量/总成交量　　B. 买一封单量/总成交量

C. 总成交额/总成交量　　D. 总成交量/买二封单量

5. 在连板股的运行过程中，高位K线对应的换手率最好不要超过（　　）。

A. 5%　　B. 50%　　C. 30%　　D. 8%

第三课
细节把控——分时战法知强弱

一、委托成交的两大方式

普通投资者不能直接购买股票，因为我们在交易所没有席位，拥有直接交易席位的只有证券公司，所以我们需要委托券商帮我们按照理想的价格买入。

证券公司

1.委托方式

- 限价交易

限价交易是指投资者向券商发出买卖股票的指令时，对买卖的价格作出限定，即在买入股票时，限定一个最高价，只允许证券公司按其规定的最高价或低于最高价的价格成交；在卖出股票时，则限定一个最低价，只允许证券公司按其规定的最低价或高于最低价的价格成交。

优点：股票的买卖可按照投资者希望的价格或者更好的价格成交，有利于投资者实现预期的投资计划。

缺点：可能无法及时成交。

只有股价低于限定价格时，才可以买入

只有股价高于限定价格时，才可以卖出

- 市价委托

市价委托是指投资者要求券商按当前的市场价格买进或卖出股票。

优点：能保证即时成交。市价委托就是按照场内挂出的买入或卖出价格进行交易，不限制成交价格，其在交易过程中只指定交易数量而不给出具体的交易价格。

缺点：买入价格可能比预期中要贵；卖出价格可能比预期中要便宜。

市价委托就是以成交速度最快的价格买入

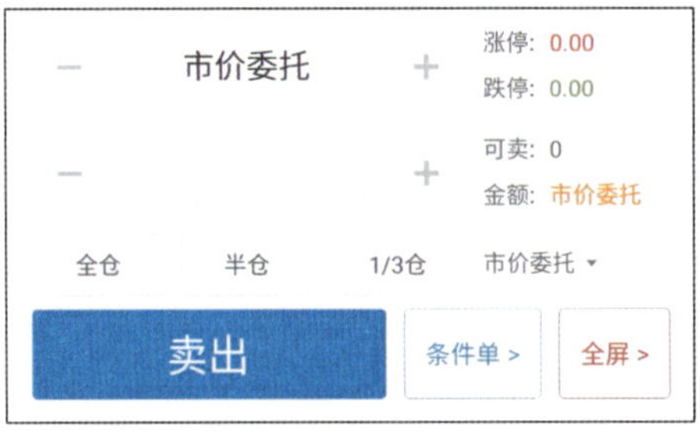

市价委托就是以成交速度最快的价格卖出

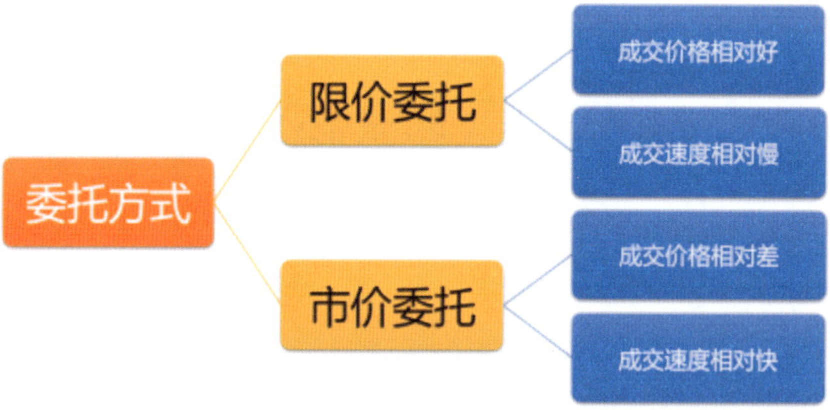

二、买卖盘口的规则

- 买一优先成交

如果是市价委托，证券公司就会帮你在8.95元或者更高的价格买入，保证快速成交，但有可能拉高买入成本。

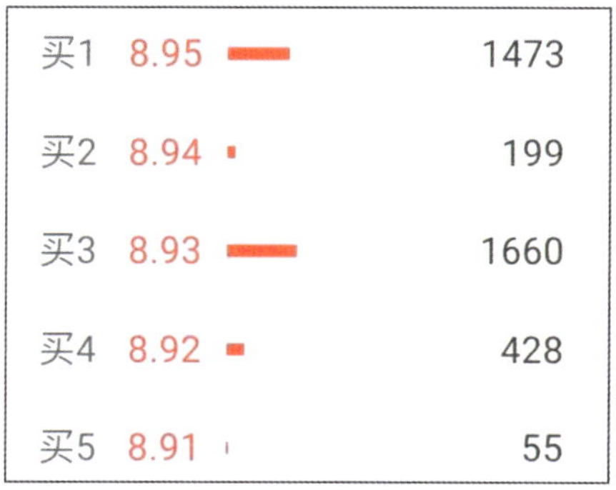

如果是限价委托，比如限价8.93元，那只有股票价格等于8.93元或者低于8.93元时才会成交，不能保证成交速度，但是成交价格会在预期内。

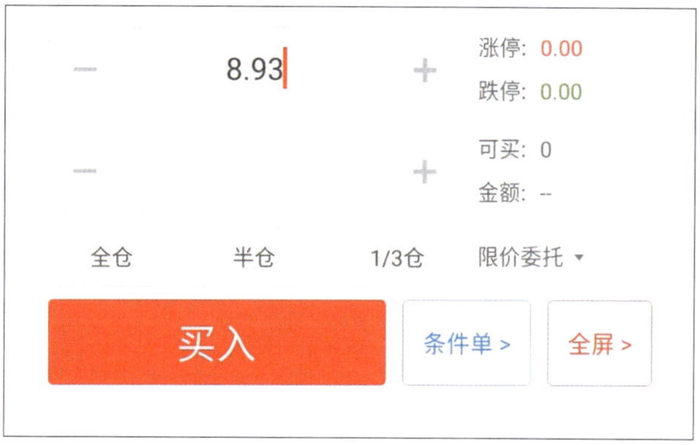

● 卖一优先成交

如果是市价委托，证券公司就会帮你在8.96元或者更低的价格卖出，保证快速成交，但有可能拉低卖价，进而拉低利润。

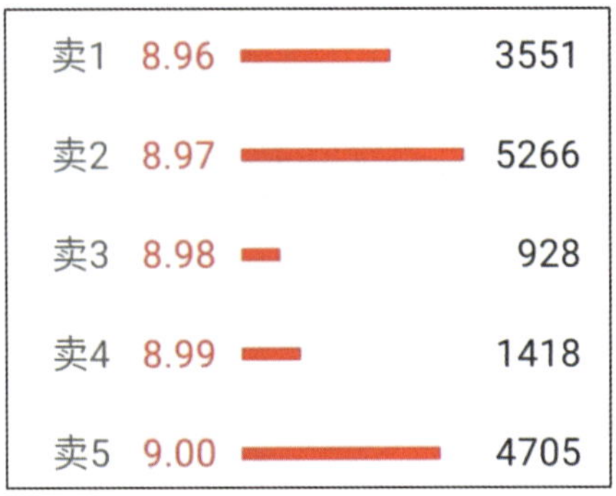

如果是限价委托，比如限价8.99元，那只有股票价格等于8.99元或者高于8.99元时才会成交，不能保证成交速度，但是成交价格会在预期内。

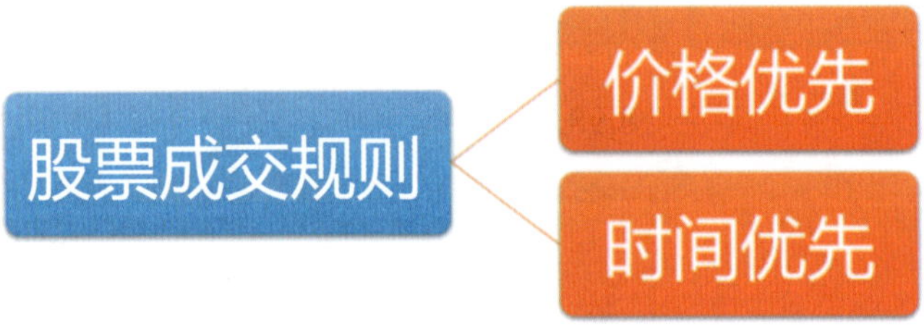

三、集合竞价的核心功能

昨天的收盘价是不是今天的开盘价？

如果昨天的收盘价是5元，那今天的开盘价有没有可能是5.2元，或者有没有可能是4.8元？

第一种情况：高开。

盘口　资金　资讯　简况/F10　互动

盘口数据

今开	8.60	昨收	8.55
涨停	9.41	跌停	7.70
最高	9.18	最低	7.92
成交均价	8.58	成交额	26.30亿

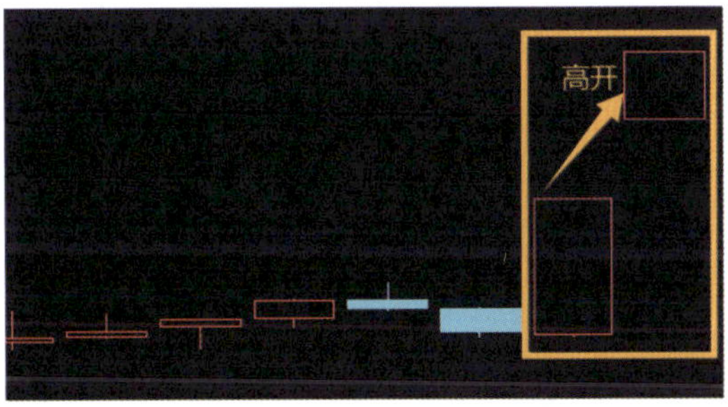

第二种情况：低开。

盘口　资金　资讯　简况/F10　互动

盘口数据

今开	11.70	昨收	13.00
涨停	14.30	跌停	11.70
最高	11.70	最低	11.70
成交均价	11.70	成交额	1771.50万

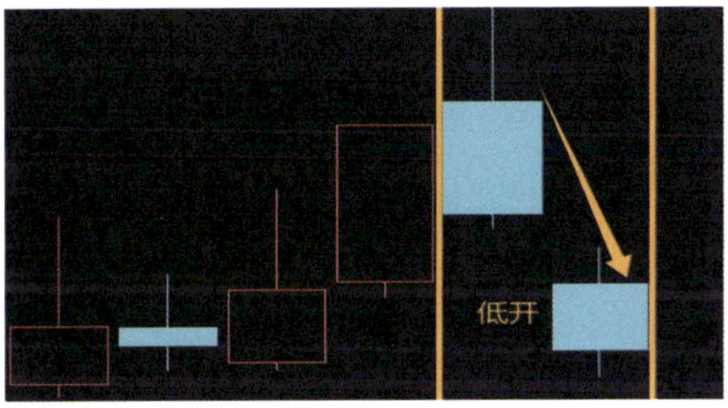

第三种情况：平开。

盘口　资金　资讯　简况/F10　互动

盘口数据

今开	15.29	昨收	15.29
涨停	16.82	跌停	13.76
最高	15.29	最低	14.82
成交均价	14.97	成交额	3320.20万

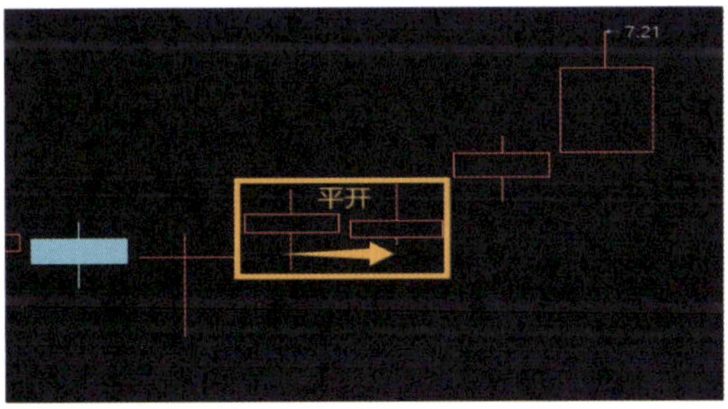

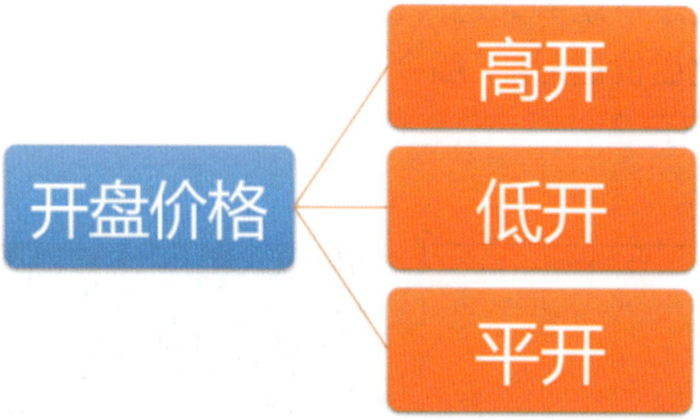

● 开盘价是如何确定的？

集合竞价

早盘集合竞价交易时间

9:15—9:30

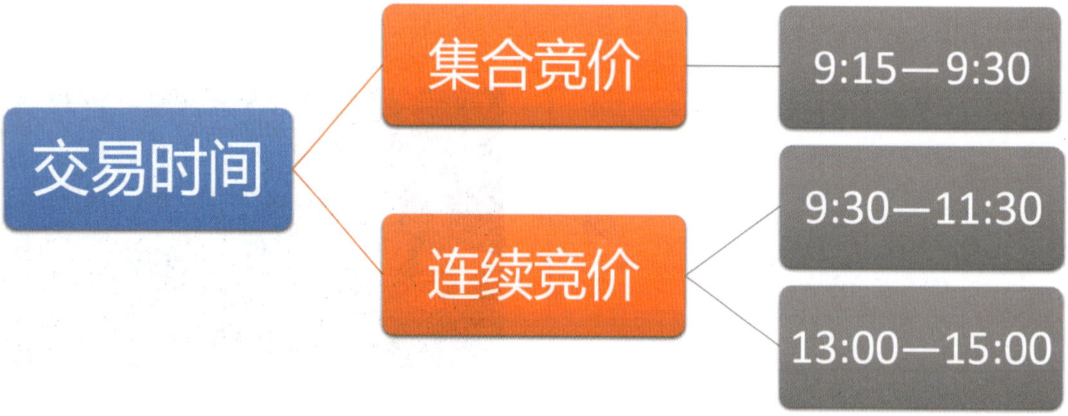

集合竞价是指在一段时间内对接收到的买卖申报进行一次性集中撮合的竞价方式。

①在集合竞价期间，如果大部分人都出价很高，股价就会高开。

②在集合竞价期间，如果大部分人都出价很低，股价就会低开。

③在集合竞价期间，如果没有人出价，或者多空双方势均力敌，股价就会平开。

9:15 — 9:20　　可以挂单，也可以撤单；
9:20 — 9:25　　可以挂单，不可以撤单；
9:25 — 9:30　　此时委托单不再处理，等待开盘；
9:25　　确定开盘价；
9:30 — 11:30　　可以挂单，也可以撤单；
13:00 — 14:57　　可以挂单，也可以撤单；
14:57 — 15:00　　可以挂单，不可以撤单。

四、分时成交的买卖提示

黑线：分时主线。

黄线：分时均线。

红绿柱：分时成交量。

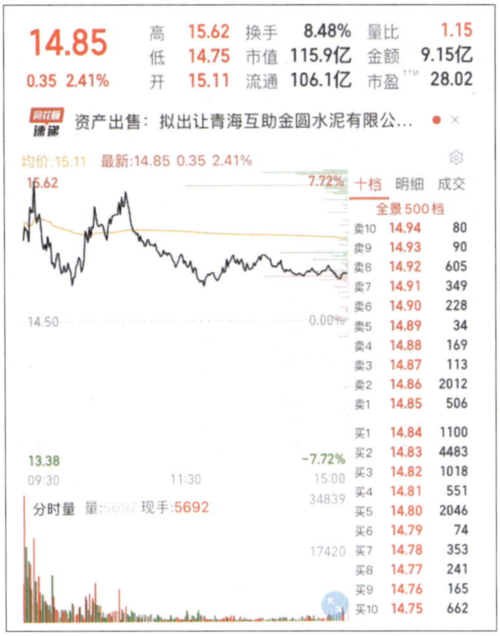

分时成交量：是指个股或指数分时走势中每分钟成交量的总和。其通常在分时走势图中用一根根柱线表示，柱线越长，表示这一分钟的成交量越大；柱线越短，表示这一分钟的成交量越小。

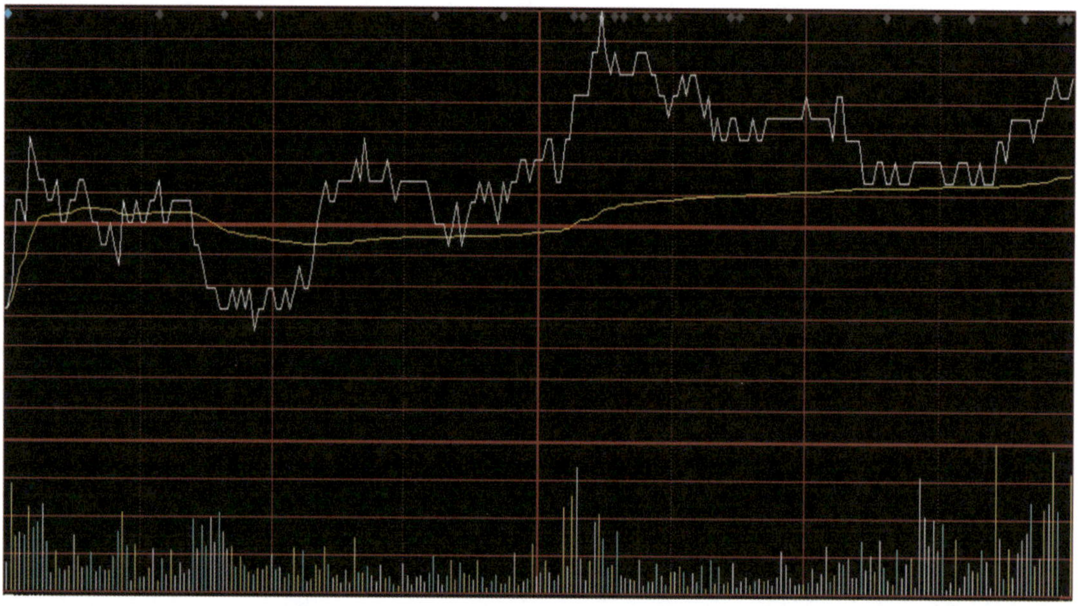

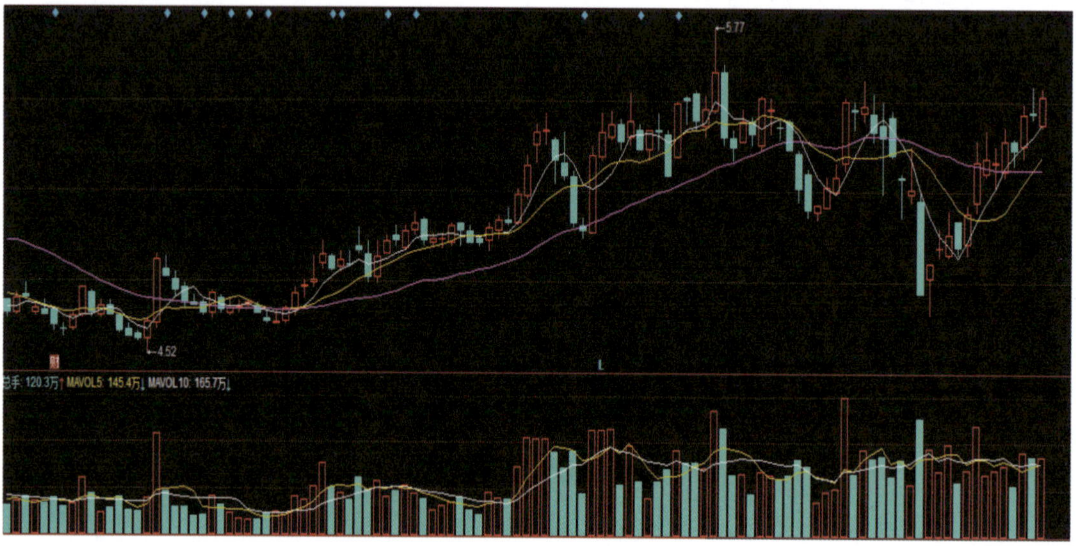

1.分时定强弱

分时图的流畅性，不能出现心电图走势和划横线的走势。

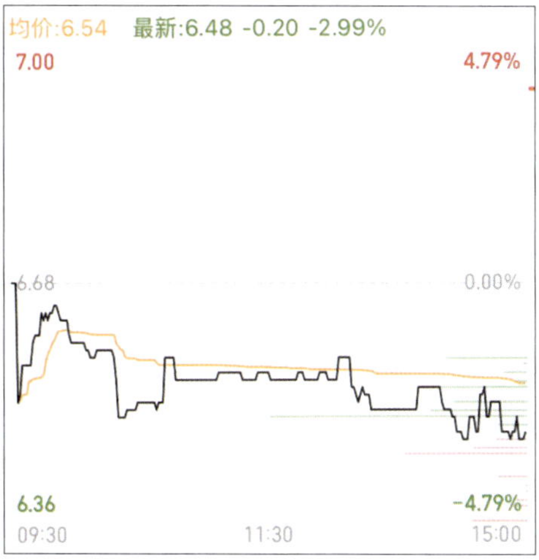

例1 心电图走势

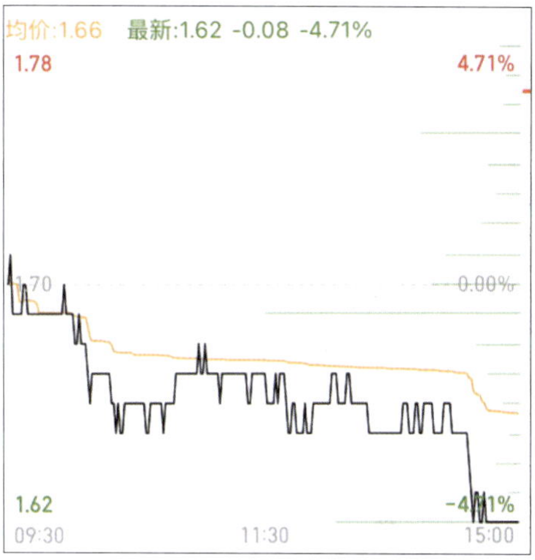

例2 划横线走势

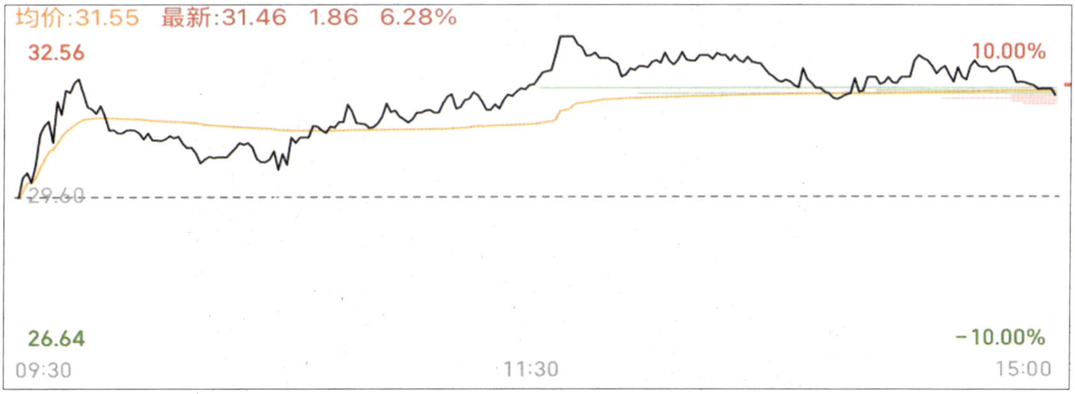

例3 平滑流畅走势

2.分时涨停要诀

- i问财选股1

放量；首板；股价低于10元；股价站上5日均线；90筹码集中度小于20%；非ST。

- i问财选股2

两连板以上；股价小于15元；股价在5日均线之上；90筹码集中度小于20%；行业；非ST；非新股。

- i问财选股3

主力资金高度控盘；涨停；涨停封单量排名；涨停封成比大于20%；收盘价突破近两周最高价；尾盘无炸板；非ST；非新股。

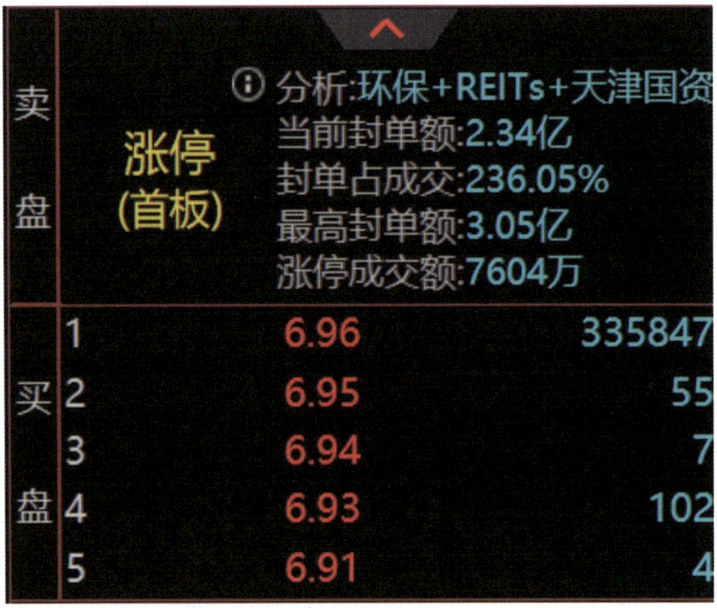

3. 如何确定第二天是否继续连板

第二天到来之前，你永远不知道个股会不会继续涨停，因为从收盘的15:00到第二天的9:15，会发生很多我们无法预测的事情。我们唯一能做的，就是观察第二天开盘资金对于前一天涨停个股的反应，再确定自己是否应该出手打板。

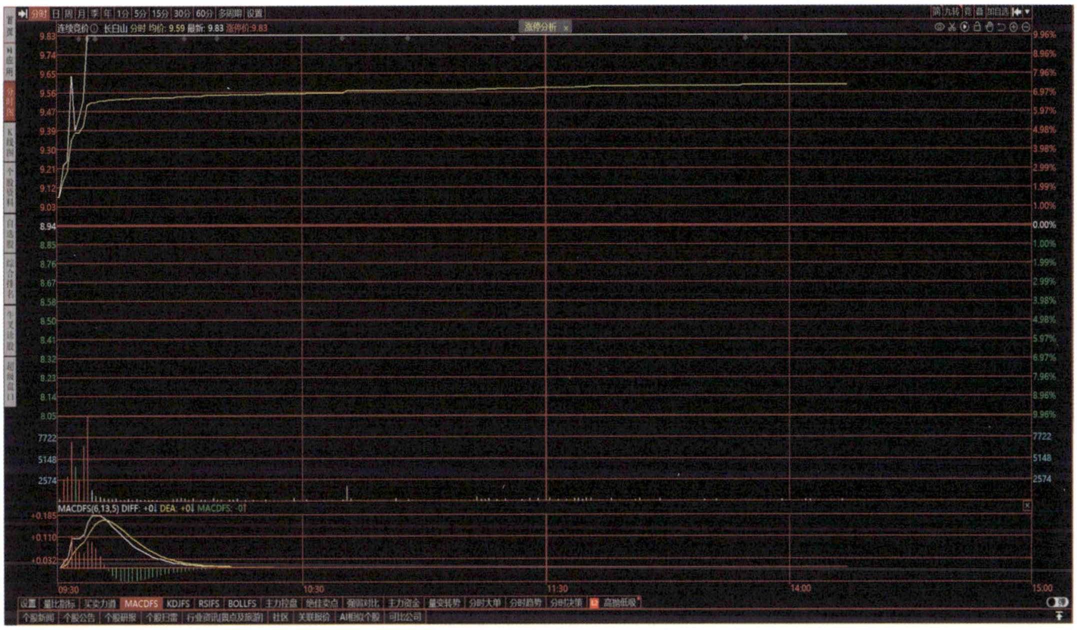

例1 分时图主线处于均线之上，且回踩分时均线不破，强势上升，可介入

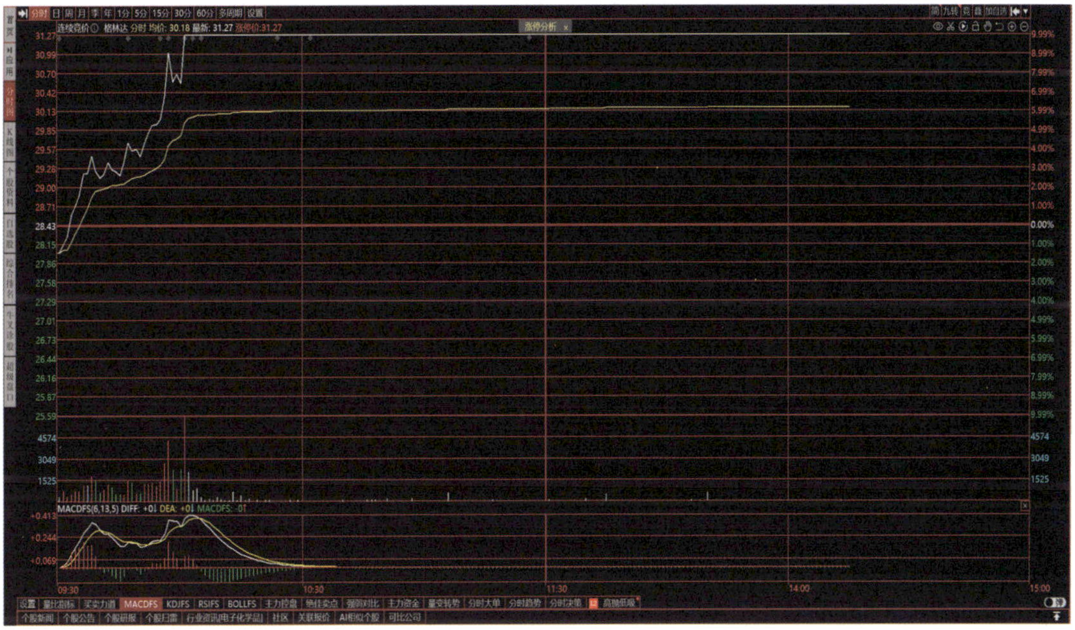

例2 分时图主线处于均线之上，且回踩分时均线不破，强势上升，可介入

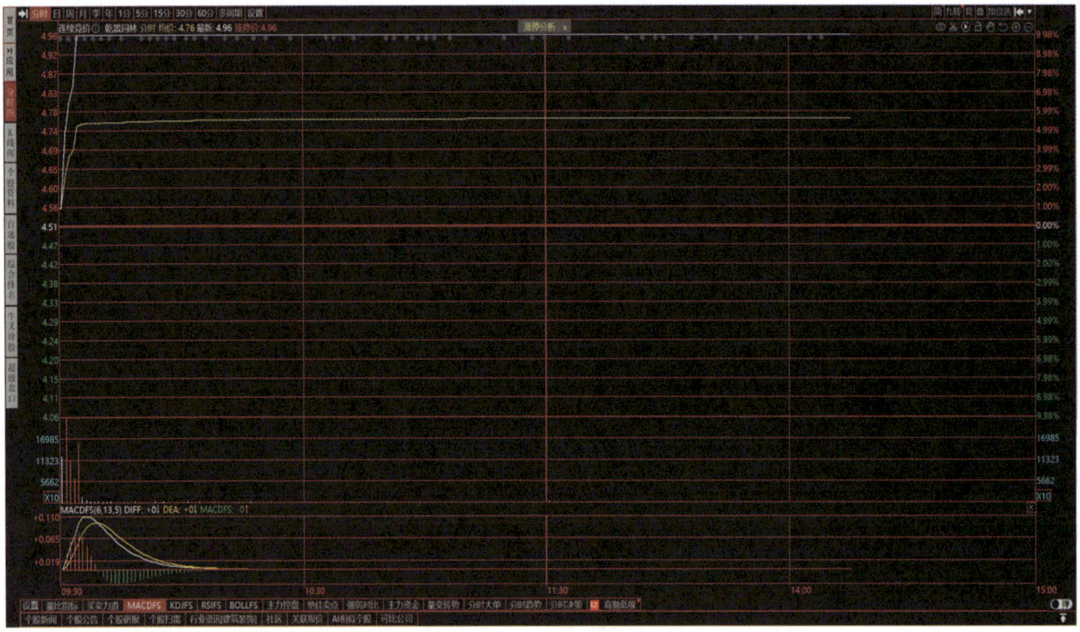

例3 分时图主线处于均线之上，强势上升，可介入

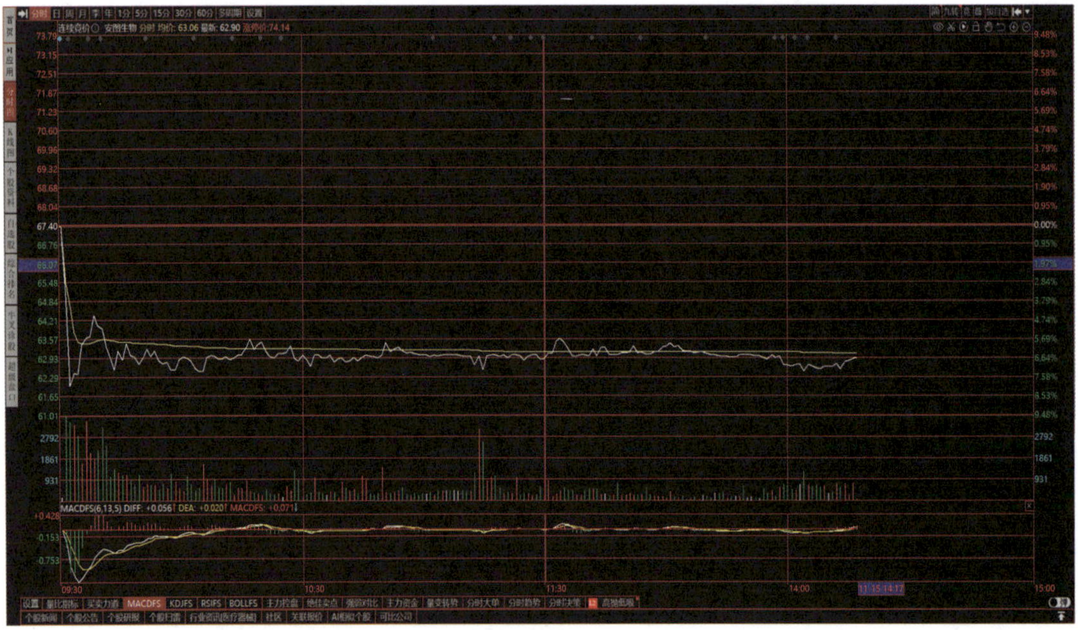

例4 股价开盘直线下跌，分时主线处于分时均线之下，此时不能介入，若之前持有此K线类型股票可离场

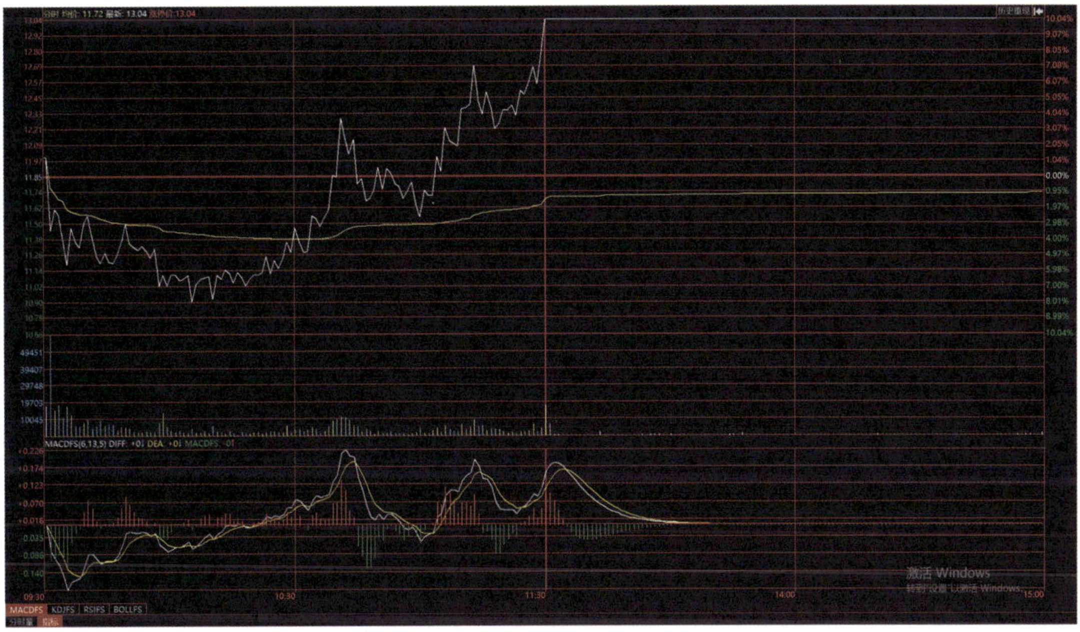

例5　股价开盘直线下跌，分时主线处于分时均线之下，虽然之后拉升至涨停，但是在开盘下跌之时尽量不要入场

4. 分时图的趋势向好和减弱形态

- 分时冲高拉升时若放量，代表趋势向好。
- 分时反弹拉升时若放量，代表趋势向好。
- 分时冲高回调时若缩量，代表趋势向好。
- 分时冲高拉升时若缩量，代表趋势减弱。
- 分时反弹拉升时若缩量，代表趋势减弱。
- 分时冲高回调时若放量，代表趋势减弱。

上涨带量，下跌缩量。

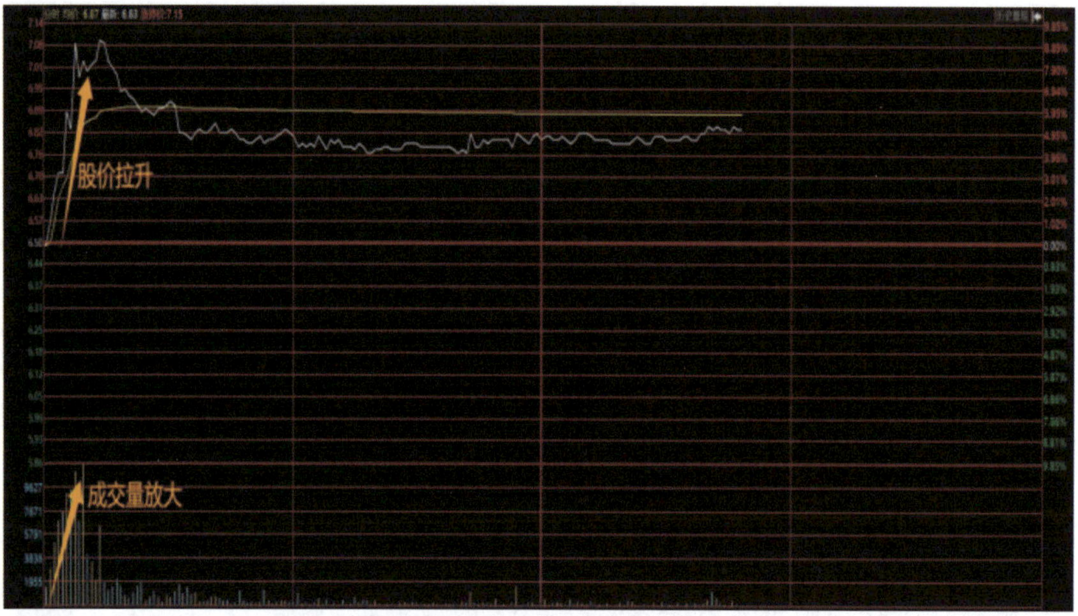

例1 分时冲高拉升放量，趋势向好

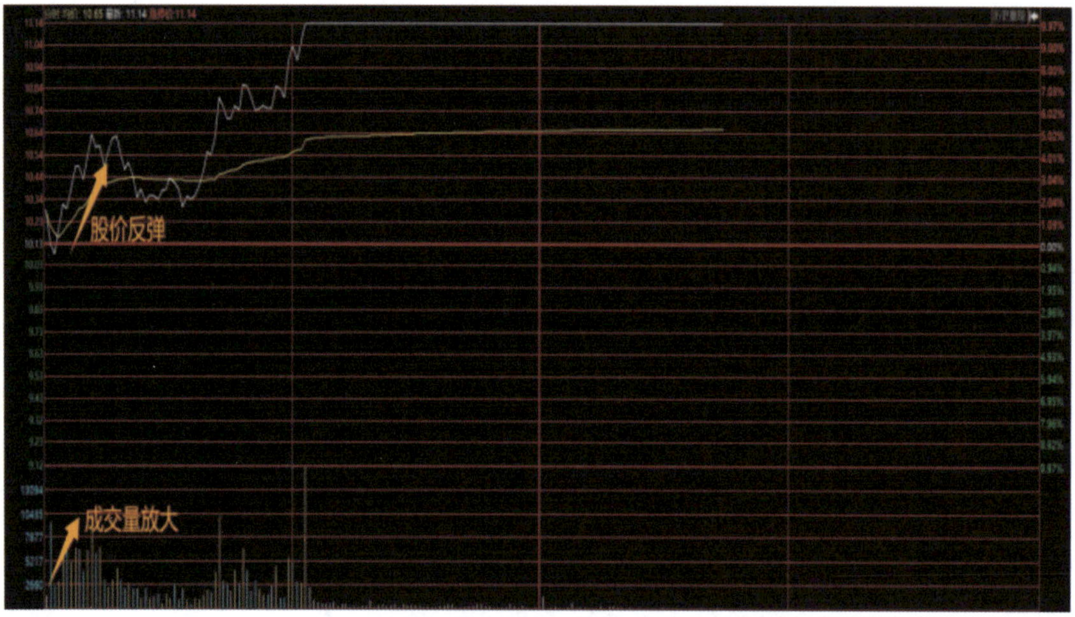

例2 分时反弹拉升放量，趋势向好

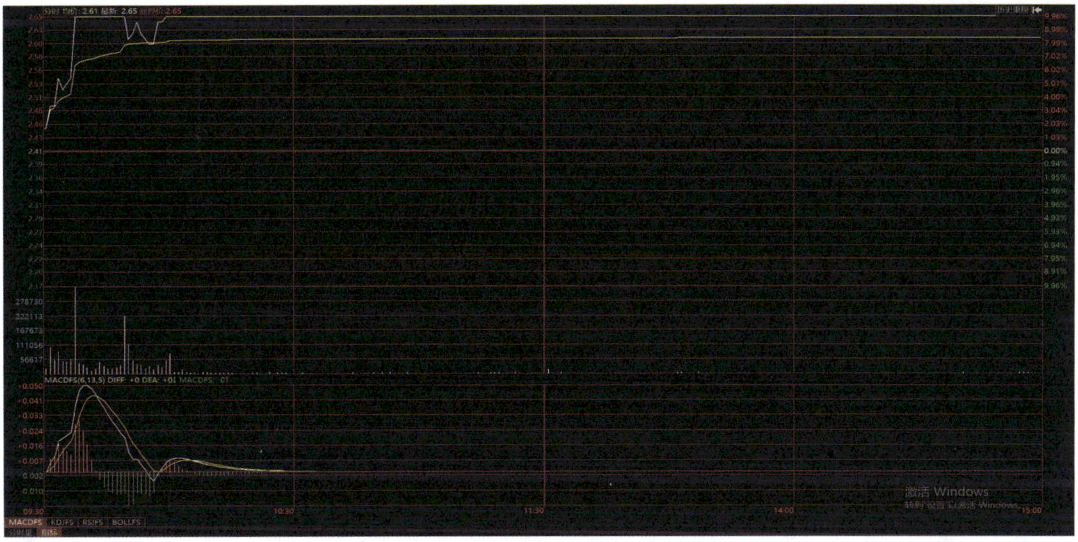

例3 开盘高开，向上，回调不破开盘点，强势

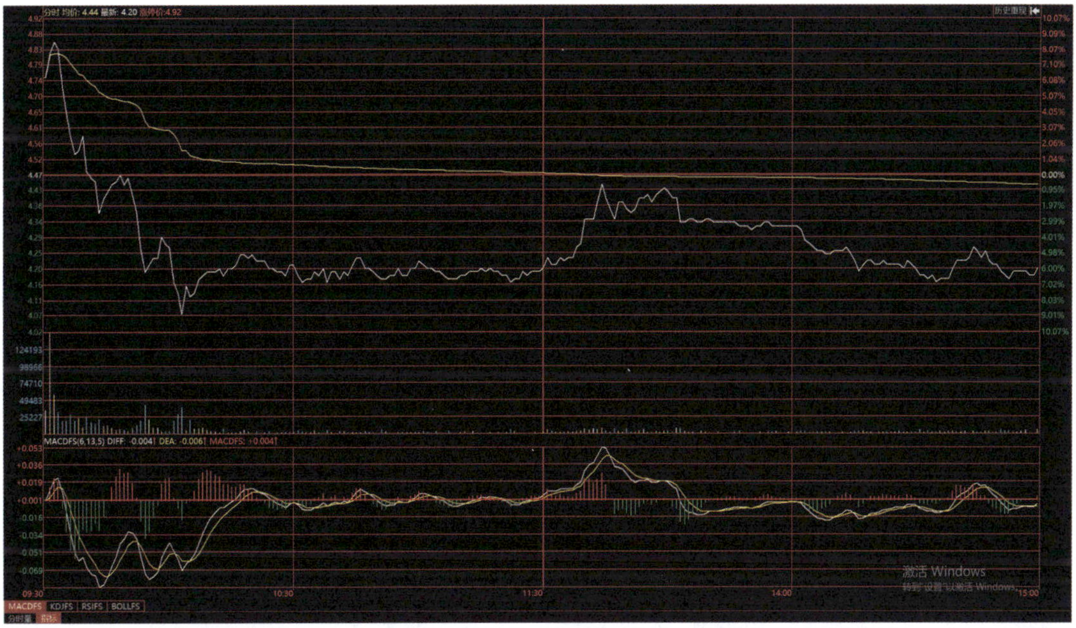

例4 开盘高开，向上，回调跌破开盘点，弱势

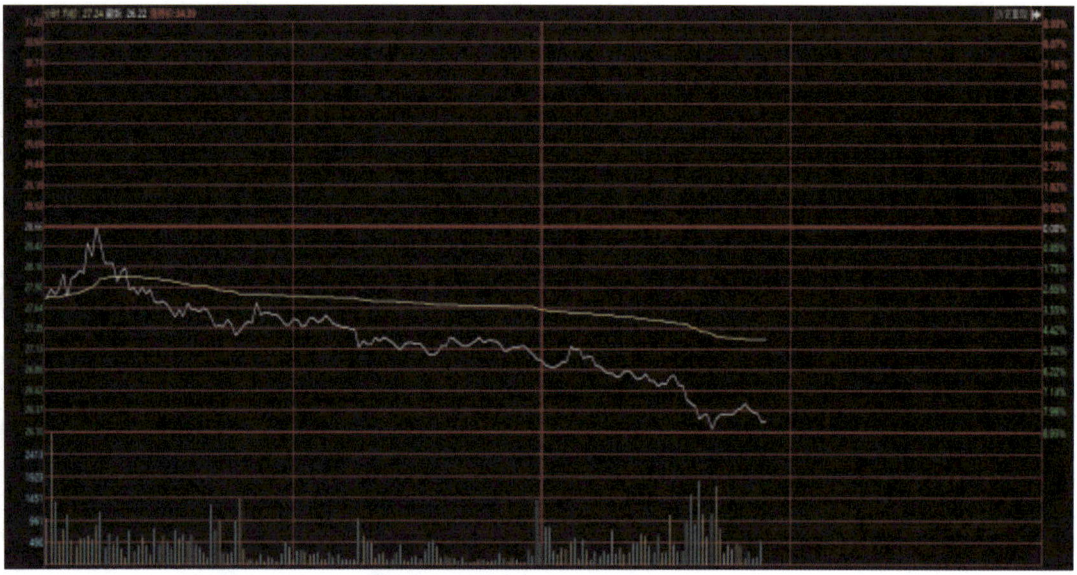

例5 下跌放量，上涨缩量

5. 分时图的趋势强势和弱势形态

- 开盘高开，平稳，横盘即为买点，强势。
- 开盘高开，向上，回调不破开点，强势。
- 开盘高开，向上，回调跌破开点，弱势。
- 开盘低开，走低，反弹突破开点，强势。
- 开盘低开，走低，反弹未破开点，弱势。

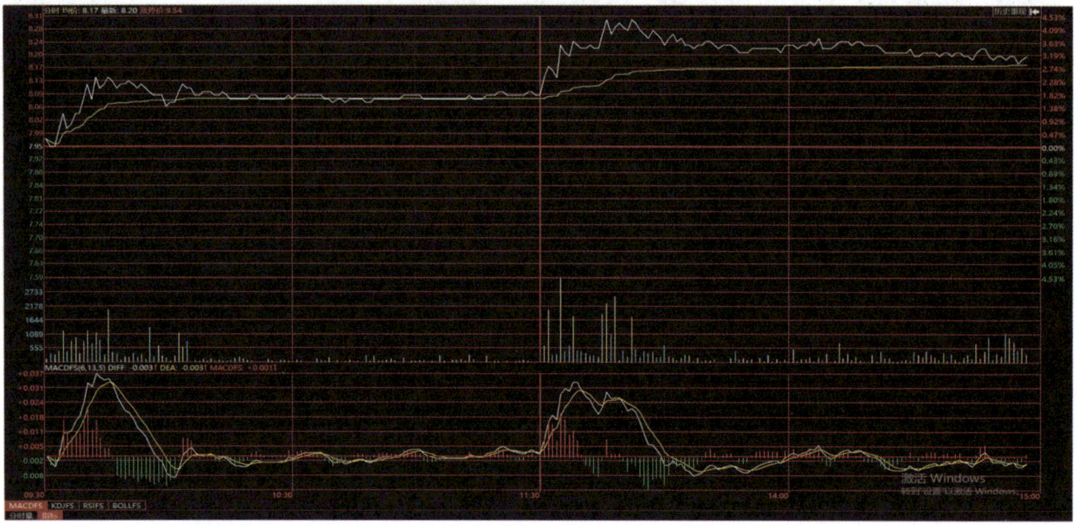

例1 开盘高开，平稳，横盘即为买点，强势

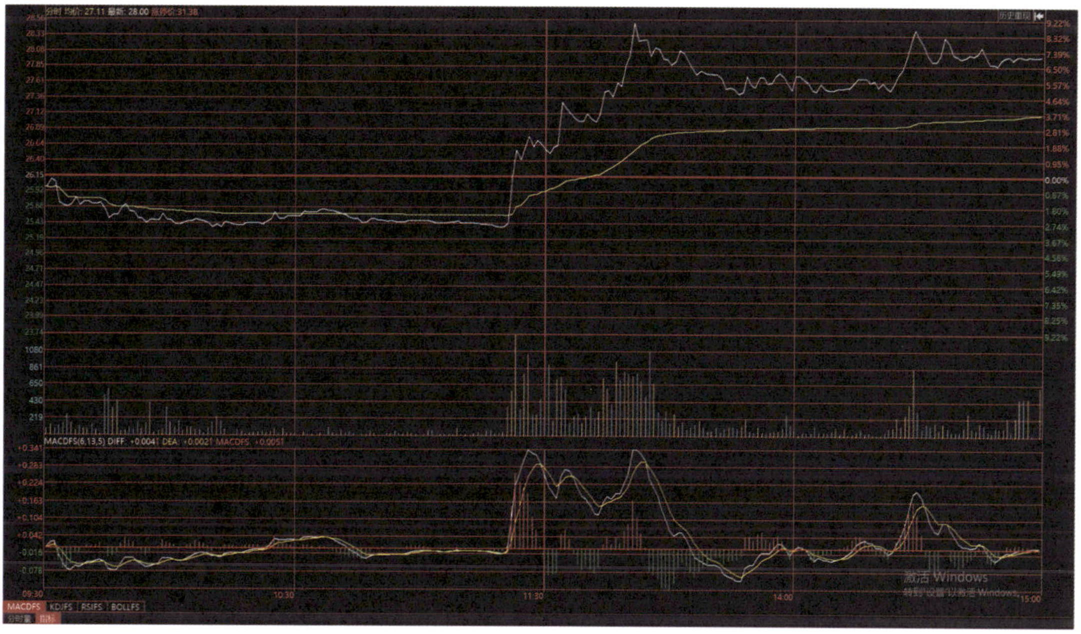

例2 开盘低开，走低，反弹突破开点，强势

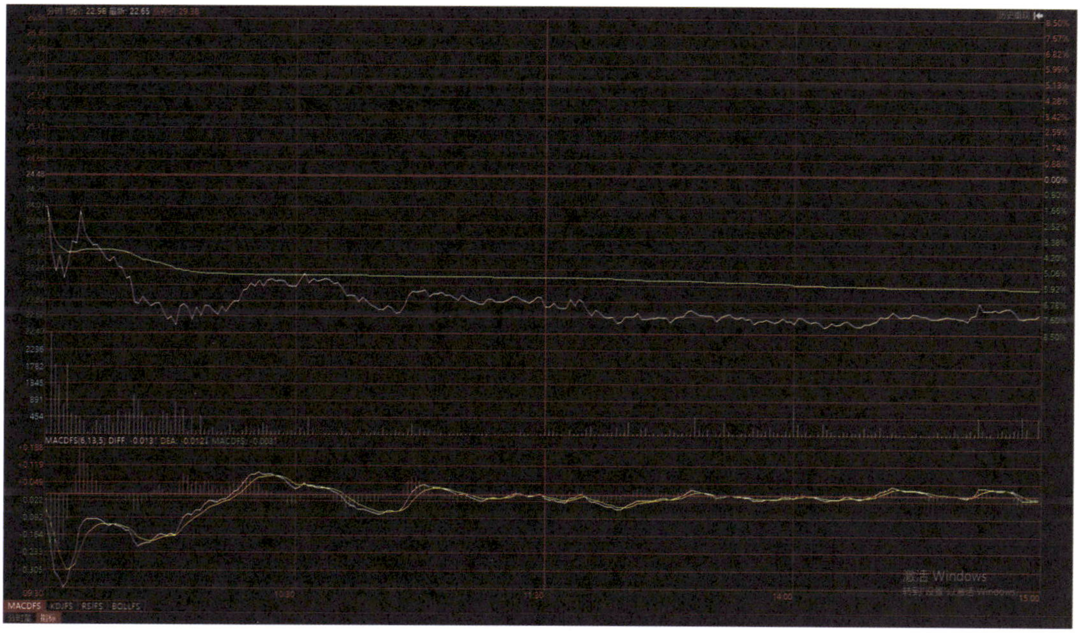

例3 开盘低开，走低，反弹未破开点，弱势

第三课　课后习题

1. A同学想买入一只股票，采用限价委托，限定价格为9.5元，则以下哪个价格出现的时候可以成交（　　）。

A. 9.6元　　B. 10.5元　　C. 9.3元　　D. 9.9元

2. 考虑以下三种情况，A、B、C三位同学想买入同一只股票，三人分别进行了如下委托：A同学在上午9:40提交委托，委托价格为9.5元；B同学在上午9:42提交委托，委托价格为9.5元；C同学在上午9:40提交委托，委托价格为9.2元。请问哪位同学会优先成交（　　）。

A. A同学　　B. B同学　　C. C同学　　D. B同学最后成交

3. 在集合竞价中，何时确定开盘价（　　）。

A. 9:30　　B. 15:00　　C. 9:25　　D. 9:15

4. 以下关于分时图的量价关系表述，说法正确的是（回调代表股价下跌回落）（　　）。

A. 分时冲高拉升时若放量，代表趋势向好

B. 分时冲高回调时若放量，代表趋势向好

C. 分时反弹拉升时若放量，代表趋势减弱

D. 分时冲高回调时若放量，代表趋势增强

5. 以下对于涨停封单量的叙述，正确的是（　　）。

A. 涨停之后，买二位置的委托手数　　B. 涨停之后，买一位置的委托手数

C. 当天的总成交量　　D. 当天的总成交额

第四课
技术分析——三大指标辨买卖

一、MACD指标

MACD指标又称为平滑异同移动平均线，主要由三部分组成，分别是红绿柱、快慢线和零轴。每个部分都拥有独特的作用，接下来我们一个一个地进行了解学习。

1.红绿柱

红绿柱分为红柱和绿柱两类，我们结合图片示例来了解学习。

其中红柱代表多方力量或上涨力量，绿柱代表空方力量或下跌力量。

2. 快慢线

快慢线分为快线和慢线，我们结合图片示例来了解学习。

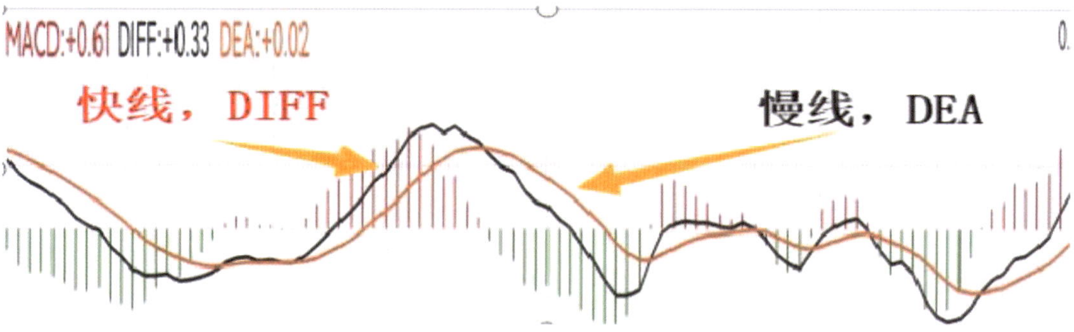

对于快慢线，我们主要是观察其两种形态，分别是金叉——看涨形态，死叉——看跌形态。接下来我们结合图片示例来了解学习这两种形态。

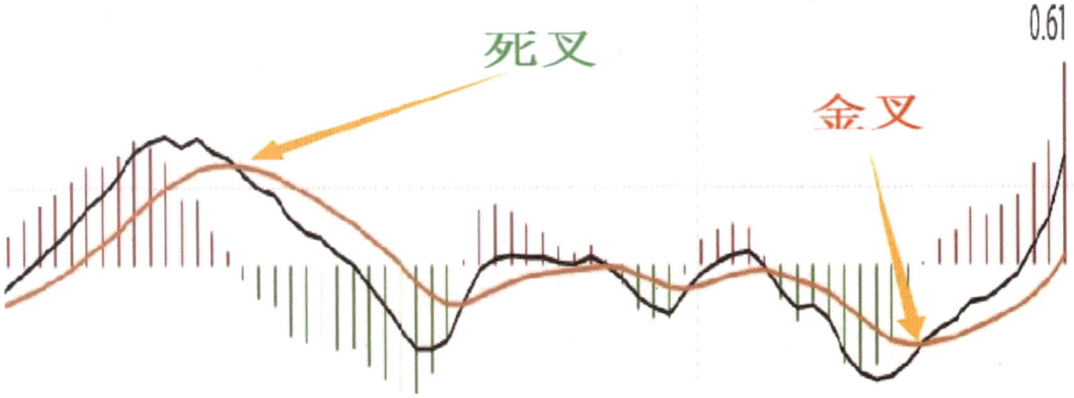

金叉：快线DIFF上穿慢线DEA，股价上涨概率变大。

死叉：快线DIFF下穿慢线DEA，股价下跌概率变大。

不同的软件，快慢线的颜色可能会有所区别，在这里给大家提供一个分辨快慢线的方法。

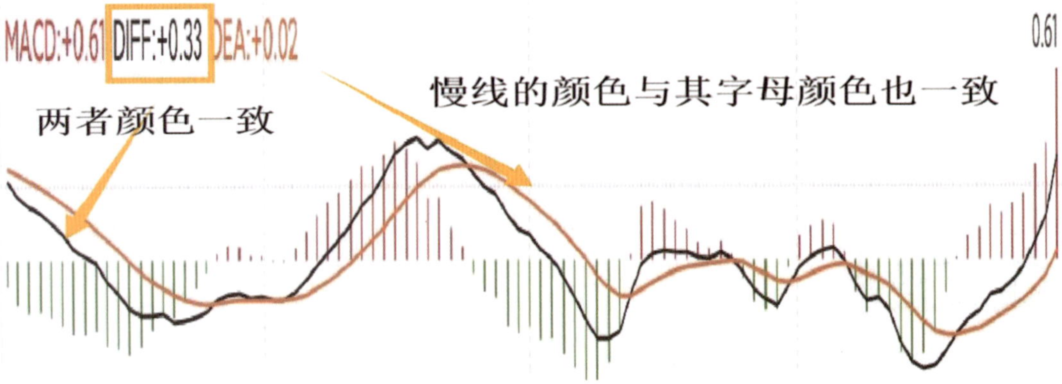

3. 零轴

对于零轴，我们先从图片中了解一下零轴在哪里。

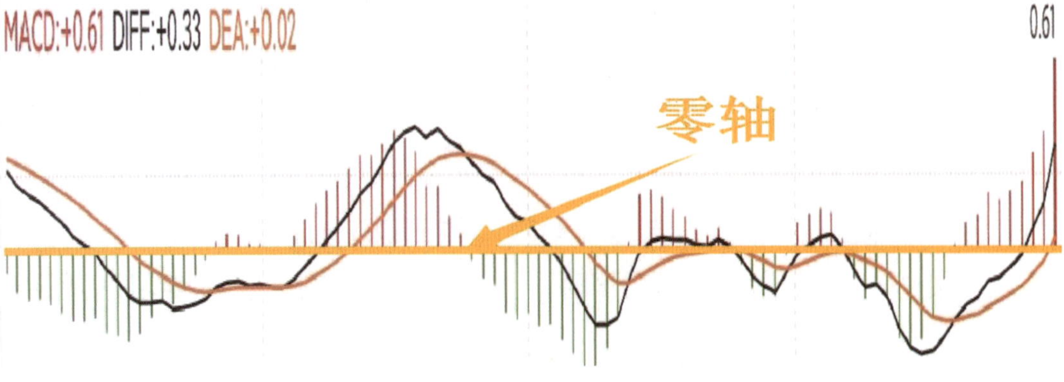

（1）零轴之上为多方市场，零轴之下为空方市场

当快线与慢线由零轴之上运行到零轴之下时，当前市场由强转弱；

当快线与慢线由零轴之下运行到零轴之上时，当前市场由弱转强。

（2）零轴之上也称水上，零轴之下也称水下

结合金叉与零轴的位置关系，又可以分为以下形态：

水上金叉 ：零轴之上形成金叉；

水上死叉 ：零轴之上形成死叉；

水下金叉 ：零轴之下形成金叉；

水下死叉 ：零轴之下形成死叉。

水下金叉：当快线和慢线都在零轴以下，而快线向上突破慢线时，代表价格即将出现反转或反弹。

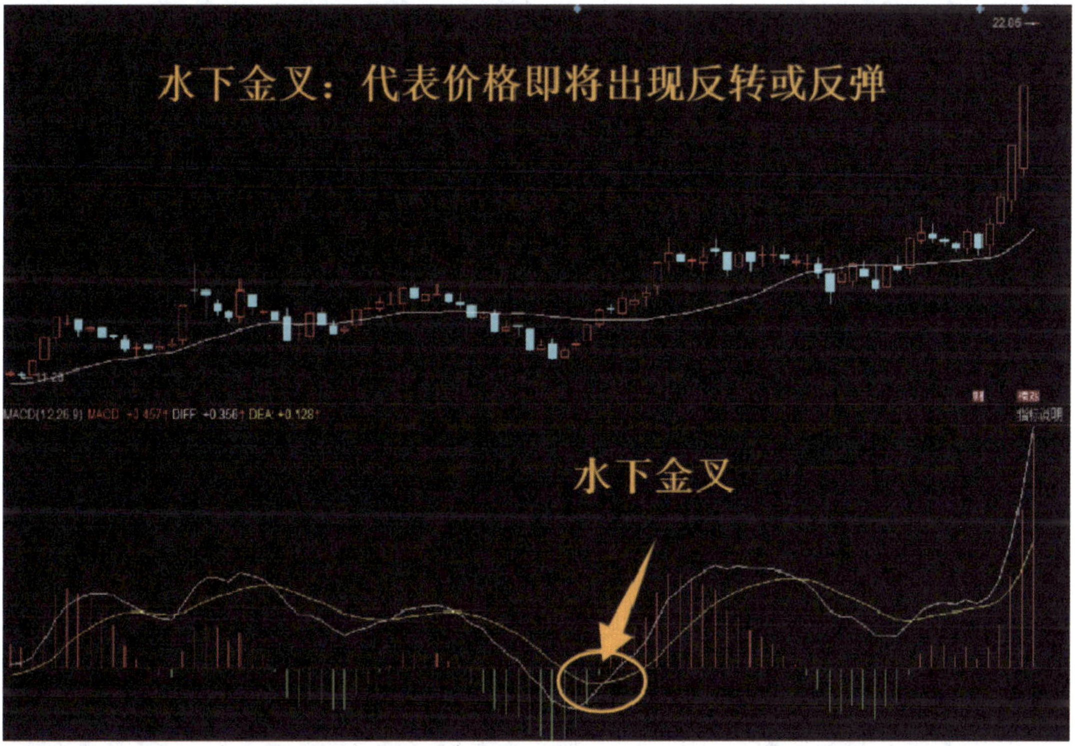

水上金叉：当快线和慢线都在零轴以上，而快线向上突破慢线时，代表价格即将出现下一轮上涨。

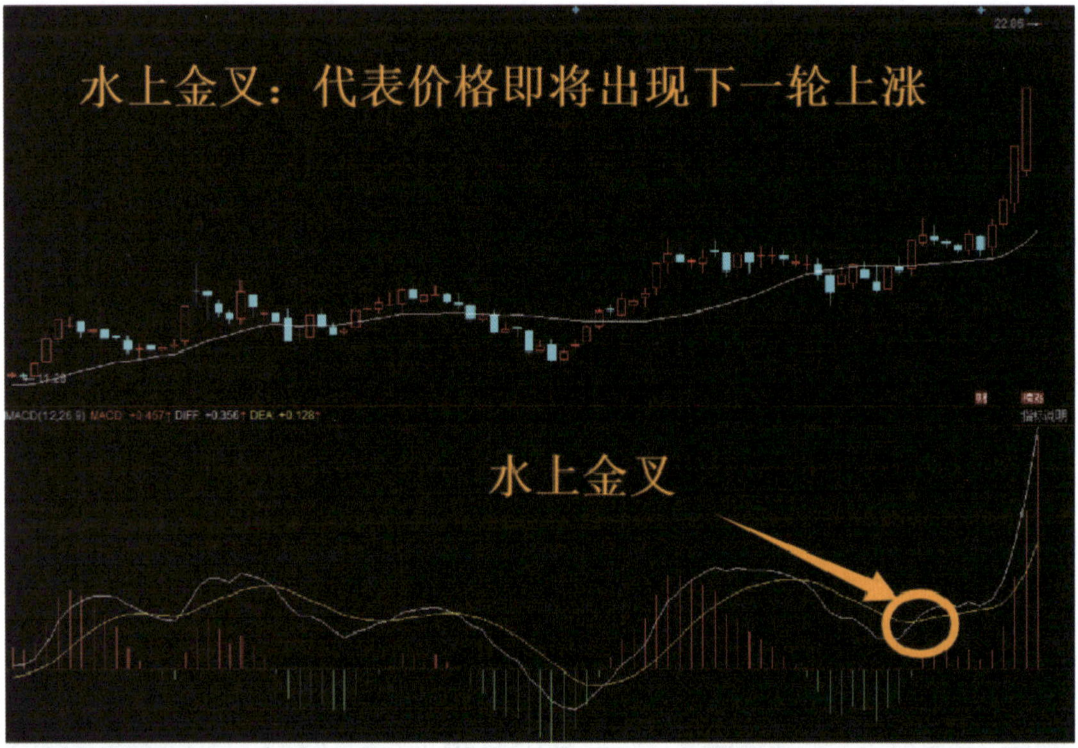

水上死叉：当快线与慢线都在零轴以上，而快线却向下跌破慢线时，表明市场即将由多头转为空头，价格将以大跌—调整为主 。

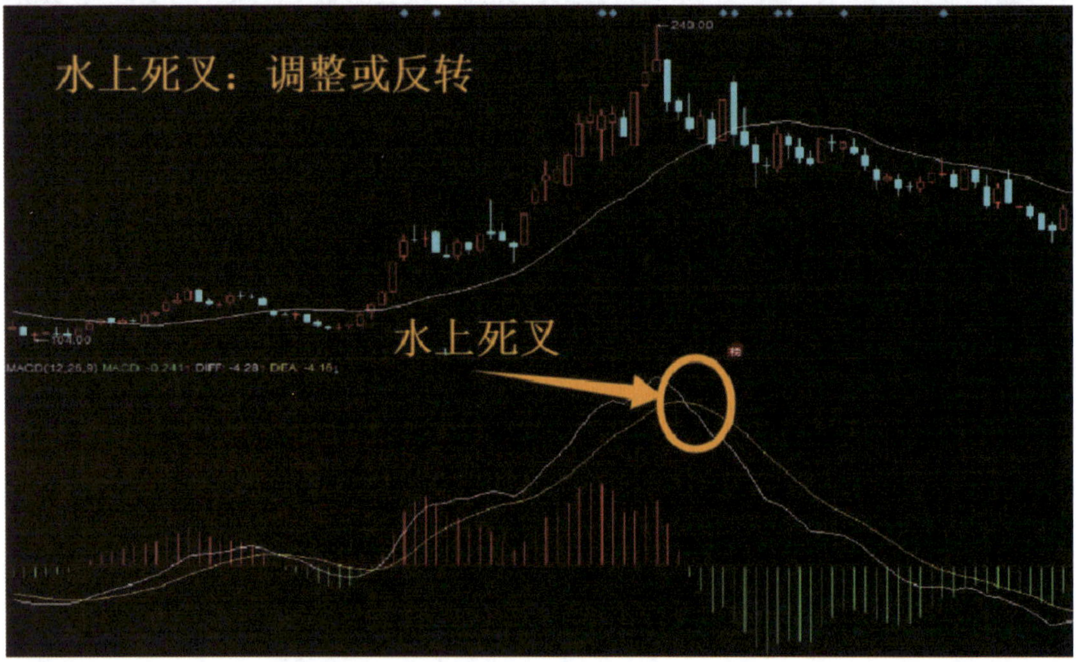

水下死叉：当快线和慢线都在零轴以下，而快线向下跌破慢线时，表明市场将再次进入极度弱市中，价格将以下跌—卖出为主。

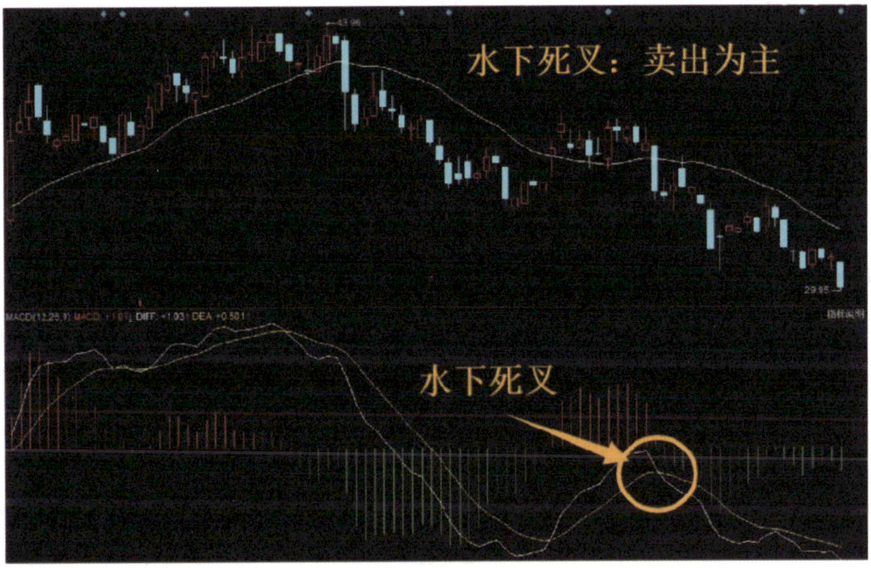

4. MACD指标的重要用法——背离

背离分为两种：顶背离和底背离。接下来我们一个一个地来了解学习。

底背离：股票价格下降，MACD 指标趋势向上。底背离现象一般是预示股价在低位可能反转向上的信号，表明股价短期内可能反弹向上，是短期买入的信号。

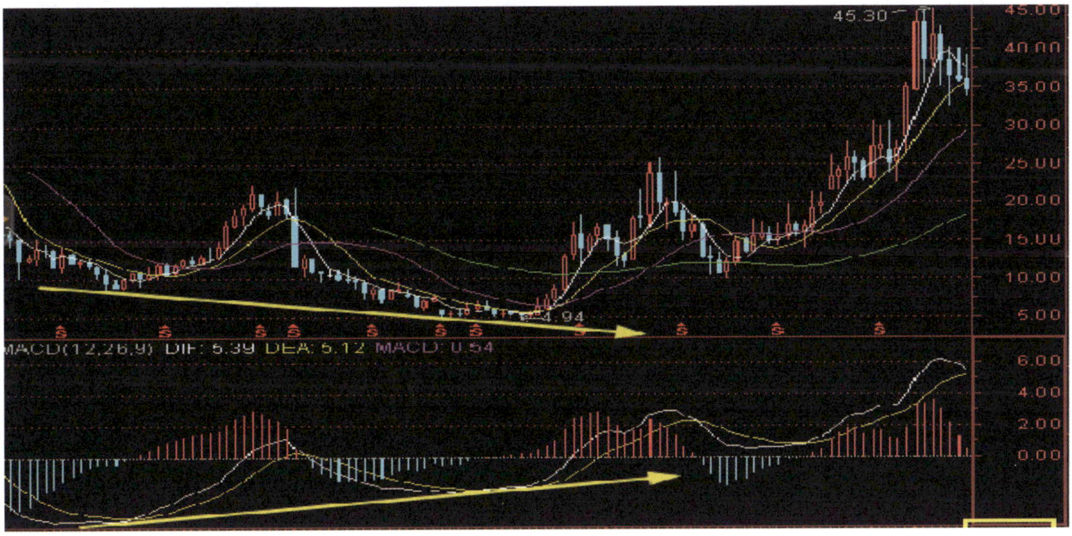

顶背离：股票价格上升，MACD指标趋势向下。顶背离现象一般是价格在高位即将反转的信号，表明价格短期内即将下跌，是看跌的信号。

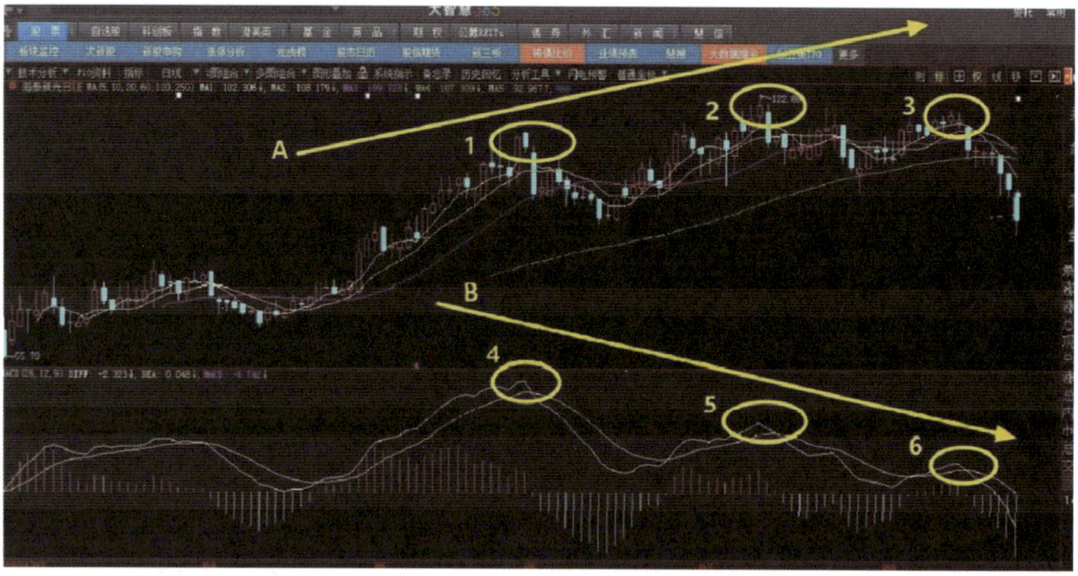

通常来说，顶背离和底背离对股价的影响比金叉和死叉的影响更大。

二、RSI 相对强弱指标

指标优点：反应快，灵敏。对区间震荡和转向的判断较为准确。

指标缺点：在趋势行情中，尤其是极强和极弱的单边行情，很容易因为其他级别的调整而出现钝化，导致预测不准确。

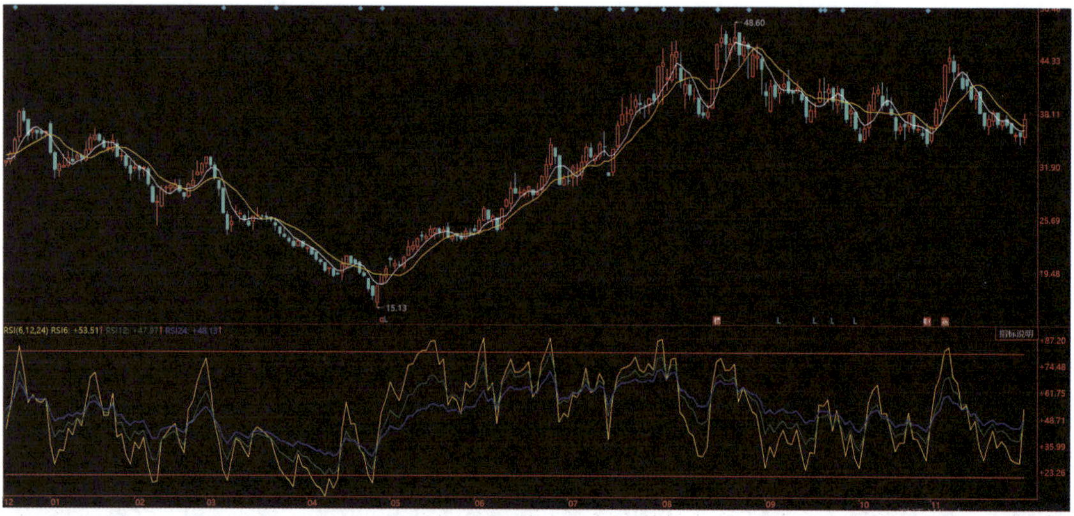

RSI 指标若是用默认的参数打开时便会如上图所示，并不容易把握分析。

这里提供一个修改的参数以及对应的使用方式。

首先将指标参数修改为：11,11,11。

完成参数的修改后，界面会变为下图示例。

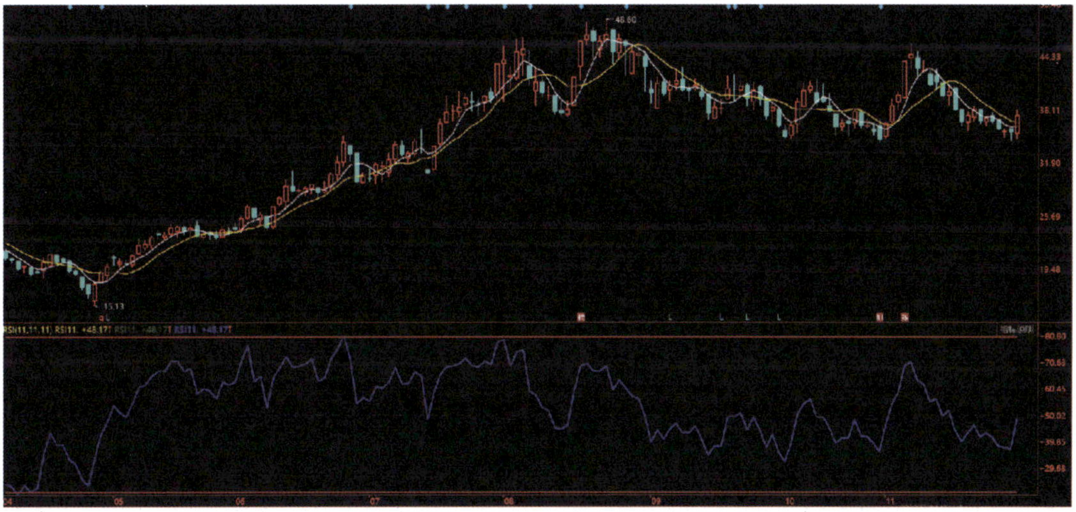

对于修改参数后RSI指标的使用，我们主要注意指标内这两个区域的划分：RSI超买区和RSI超卖区。

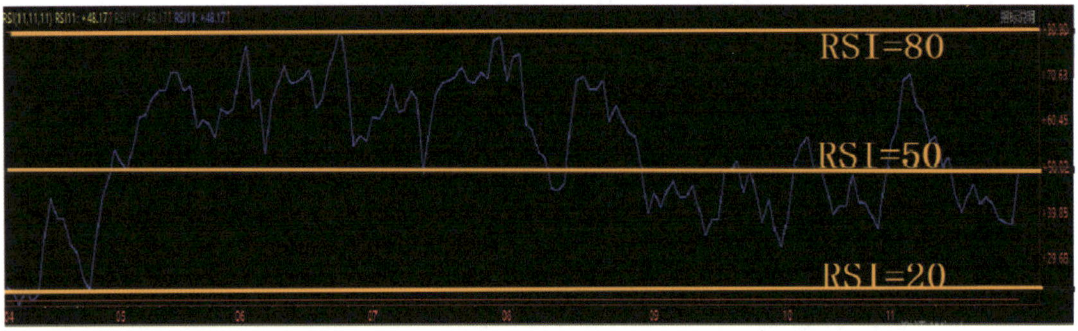

RSI超买区：80以上。

RSI超卖区：20以下。

RSI=50：多空分水岭。

超买区：即为过度买入，说明在此阶段买入个股的人过多，股价的涨幅过大，已经上升到了非常高的水平，很多人在此区域会选择落袋为安，卖出股票，对股价造成打压。

超卖区：即为过度卖出，说明在此阶段卖出个股的人过多，股价的跌幅过大，已经下跌到了非常低的水平，很多人在此区域会选择提前抄底，买入股票，股价会得到提升。

多空分水岭：在RSI指标数值中，50很关键，它是多空分水岭，指标数值等于50代表多空势均力敌，大于50多头占优势，小于50则空头占优势。

三、CCI顺势指标

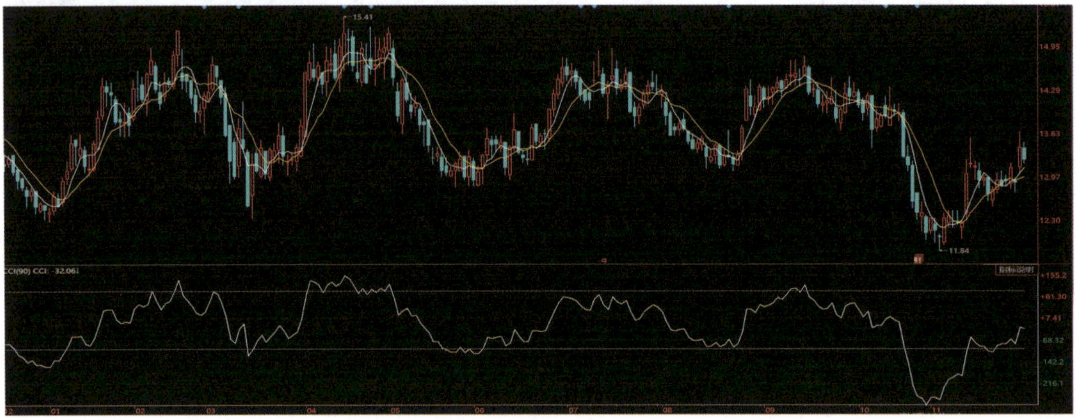

CCI指标也是先修改参数，然后使用对应的方法进行分析。

CCI参数修改：90。

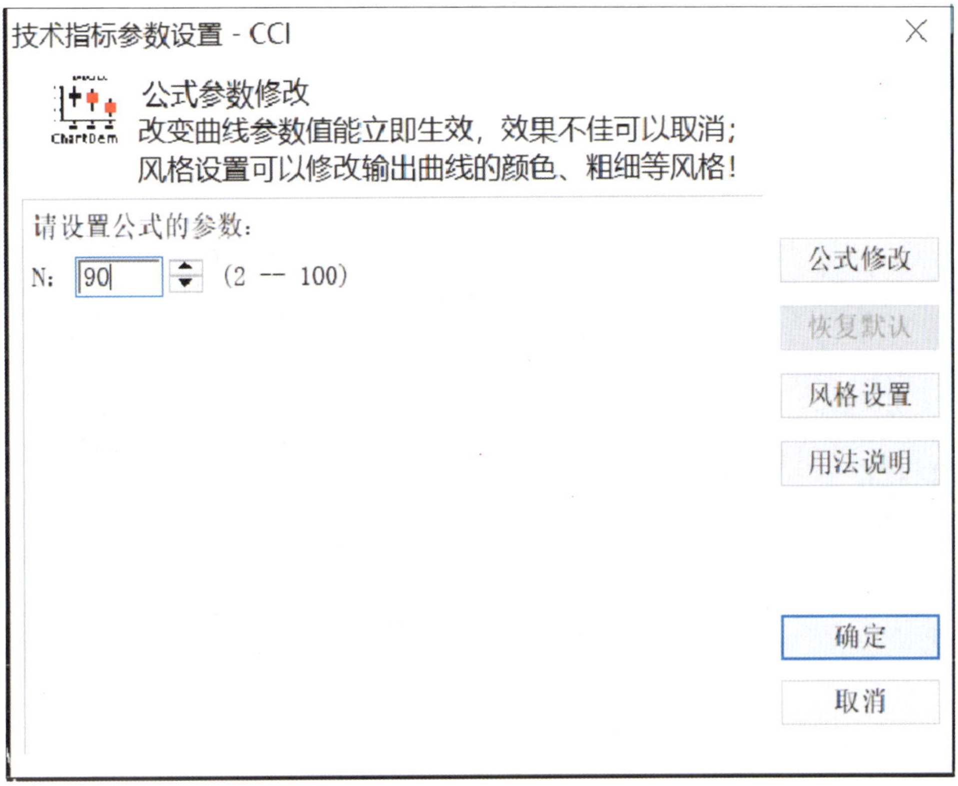

CCI指标主要注意这两个部分：

CCI超买区：100以上。

CCI超卖区：-100以下。

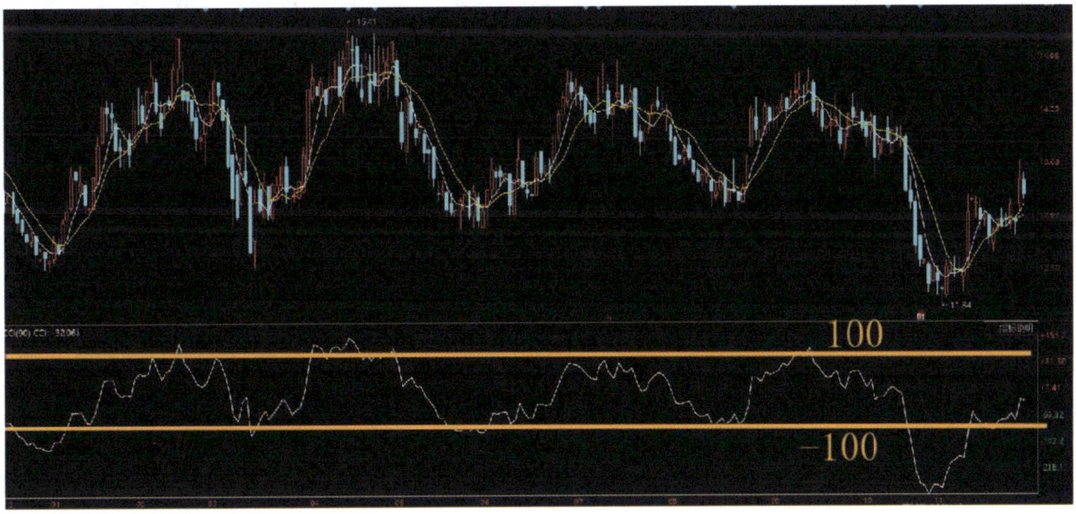

对于修改参数后的CCI指标，我们主要使用的方法为CCI月线翻倍战法。

战法的特点：快速，简洁，容易捕捉。

关键点位：-100，0，+100。

使用方法：由下而上，连续上穿三个关键点位，为基本买入点。

战法要点一：选择周期为月线级别

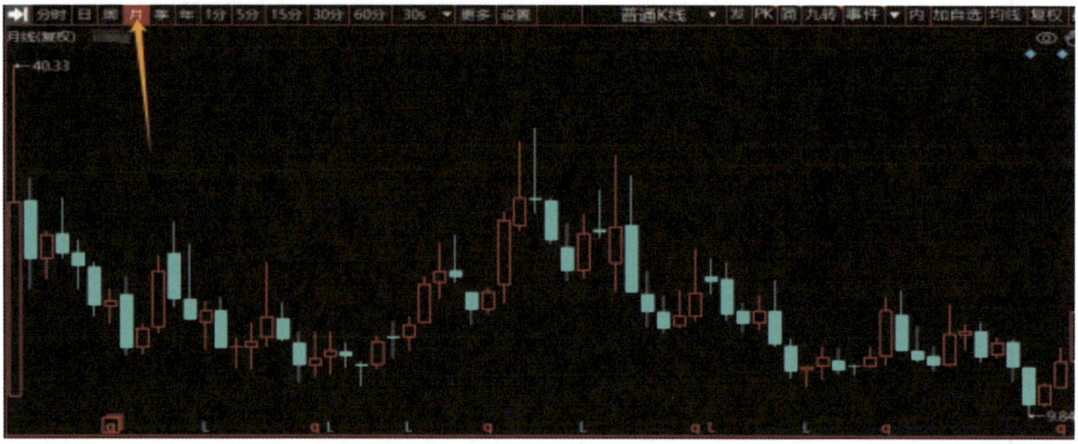

战法要点二：CCI指标线要自下而上从–100穿过+100

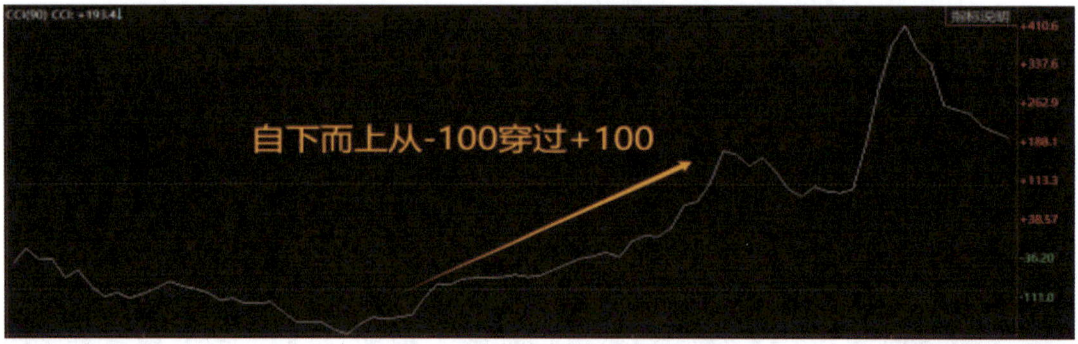

战法要点三：CCI指标线上穿+100之后，有两次零轴以上的筑底

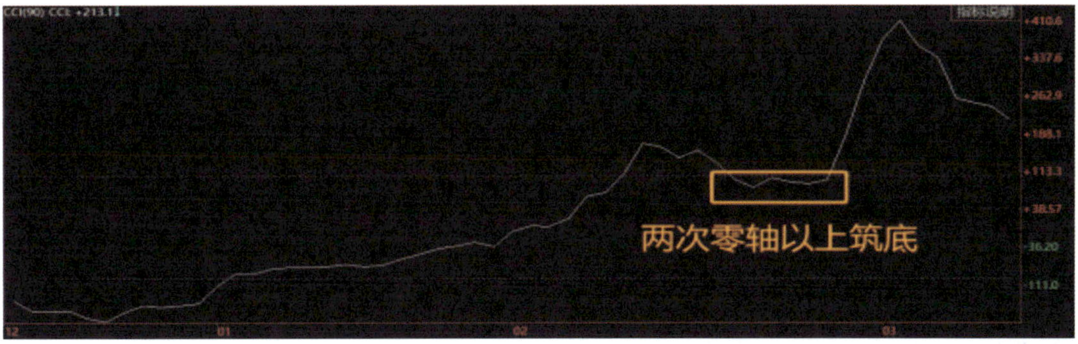

战法要点四：在第二个底部形成之时，切换到日线，日线突破5日均线为最好的介入时机

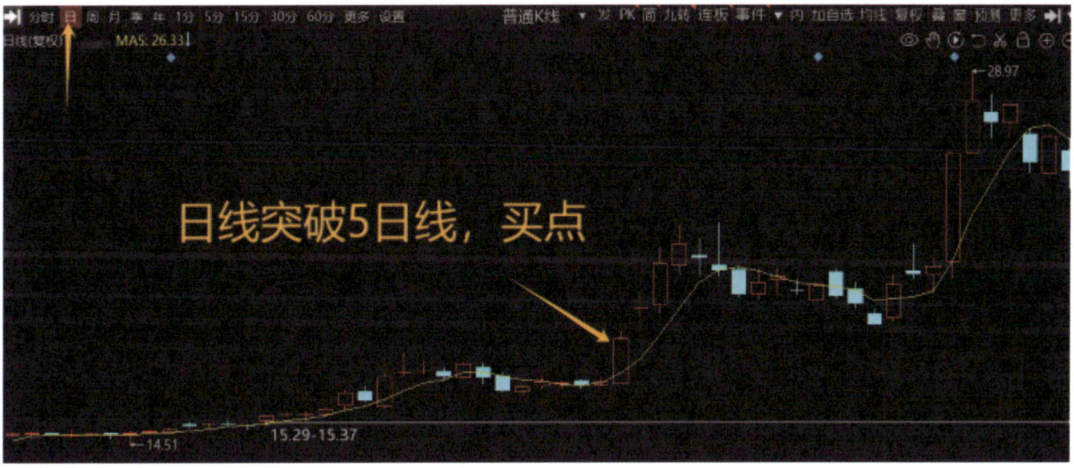

第四课　课后习题

1. MACD指标的红柱不断升高，说明（　　）。

A. 主力资金衰退，空方开始打压股价

B. 主力资金增加，股价开始显著推高

C. 主力资金和空方资金处于胶着状态

D. 此时MACD指标小于0

2. MACD指标水下金叉的优势在于（　　）（找优势，而不是劣势）。

A. 空方力量较强　　B. 上升空间较小

C. 上升空间较大　　D. 承担风险较小

3. 同一段时间，股价不断升高，MACD指标双线不断下降，此时股票的状态为（　　）。

A. 顶背离　　B. 底背离　　C. 金叉　　D. 死叉

4. 以下关于RSI指标说法错误的是（　　）。

A. RSI超买区为80以上　　B. RSI超卖区为20以上

C. 股票价格进入超买区，短时间大概率会回落

D. 股票价格进入超卖区，短时间大概率会拉升

5. 以下关于CCI指标说法错误的是（　　）。

A. CCI超买区为100以上　　B. CCI超卖区为-100以下

C. 在100以上，股价回落概率较大　　D. 在100以下，股价拉升概率较大

第五课
支撑压力——提前预知高低点

课前思考

100万元亏损50%就成了50万元，50万元增值到100万元却要盈利100%才行。

每一次的成功，只会使你迈出一小步，但每一次失败，却会使你向后倒退一大步。

请思考交易中成功的重要因素是什么？

是时机！时机就是一切，在恰当的时机买入并且在恰当的时机抛出，耐心把握时机，是投资者获得成功的诀窍。交易不是每天要做的事情，那种认为随时都要交易的人，忽略了一个条件，就是交易是需要理由的，而且是客观的、适当的理由。

今天的课程——支撑与压力，让我们学会客观地看待市场，做到买入有因，卖出有据。

一、技术支撑位和压力位

1. 什么是压力位

当市场上的价格达到某一水平位置时，似乎产生了一条对价格起到压力作用并且阻挡价格继续上涨的抵抗线，称为压力位。

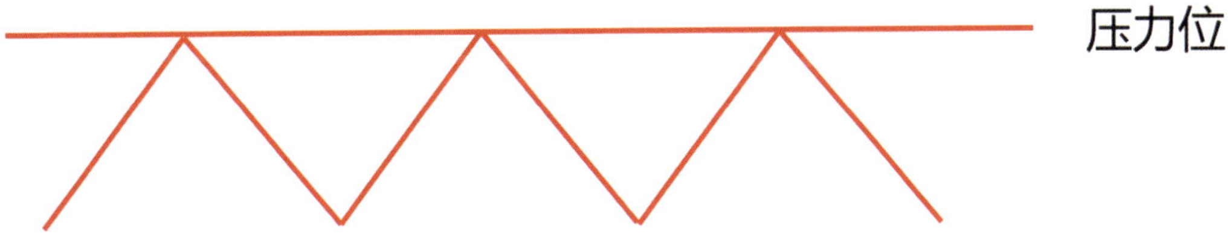

压力位：阻挡股价继续上涨的一条线

● 如何画出个股压力线（实操指导）

2. 压力线是如何形成的

股价受前期套牢盘急于解套的压力，当价格上行至某一价位区间的时候，会产生大量的卖盘，因卖盘明显大于买盘，造成价格回落。如果多次在此位置附近未能形成有效突破，则会形成较强的压力位。

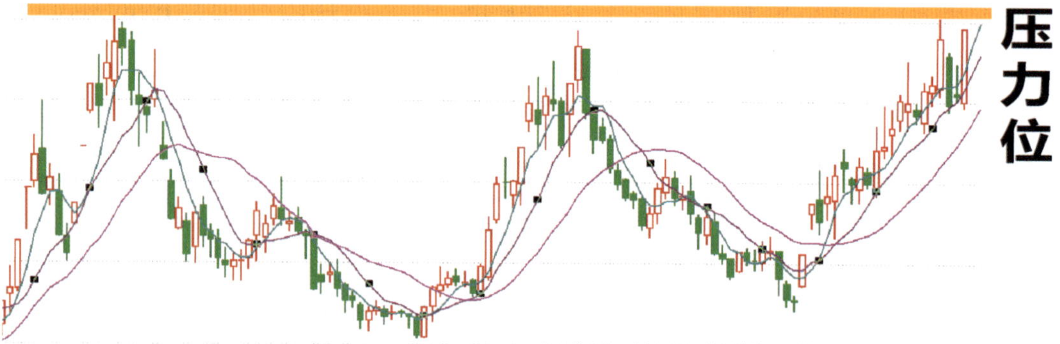

3. 什么是支撑位

支撑位的定义和压力位类似。当市场上的价格达到某一水平位置时，会产生一条对价格起到支撑作用并且阻挡价格继续下跌的线，称为支撑位。

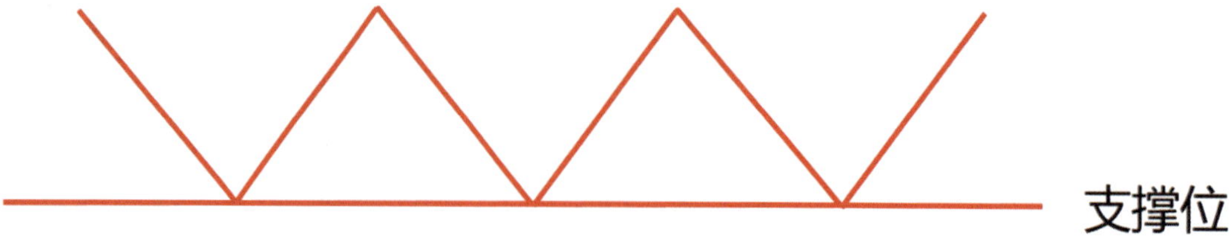

支撑位：阻挡股价继续下跌的一条线

● 如何画出个股支撑位（实操指导）

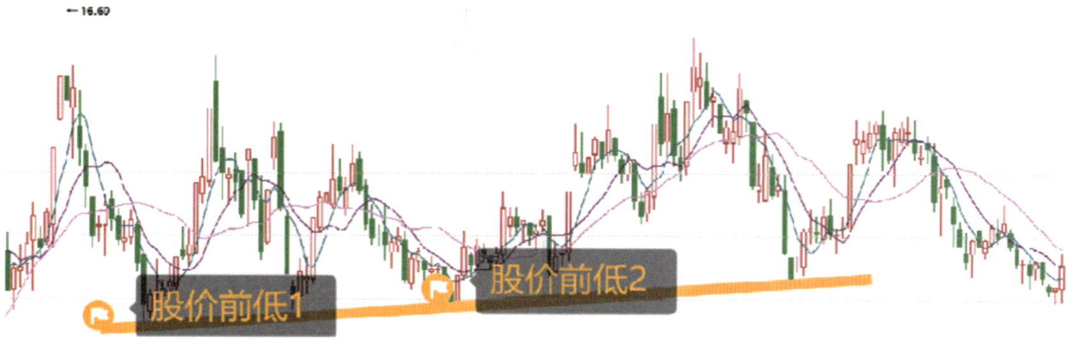

4. 支撑线是如何形成的

此位置属于绝大多数主力的成本价位，因此，当价格从上涨转为下跌的时候，到达此位置附近，会形成大量的筹码需求，形成大量的买单，进而形成价格反弹。多次在此位置反弹之后，就会形成较强的支撑线。

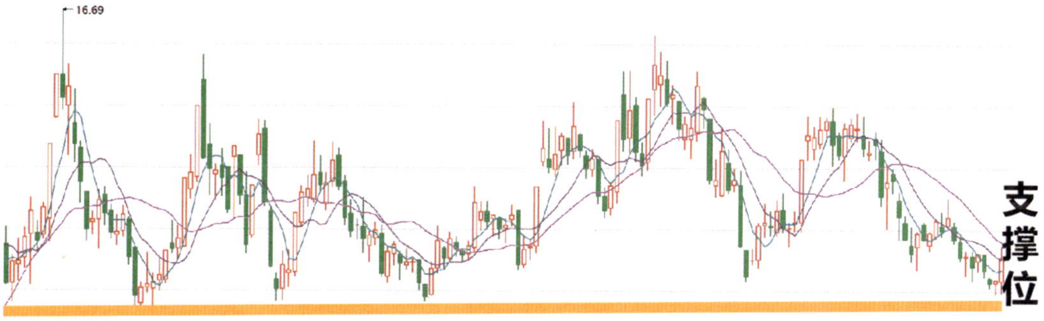

实操指导

● i问财语句：平台突破；MACD红柱放大或者绿柱缩小；当日涨幅排名；涨幅大于5%；主力资金净流入；放量；主板；非ST。

二、天然支撑位和压力位

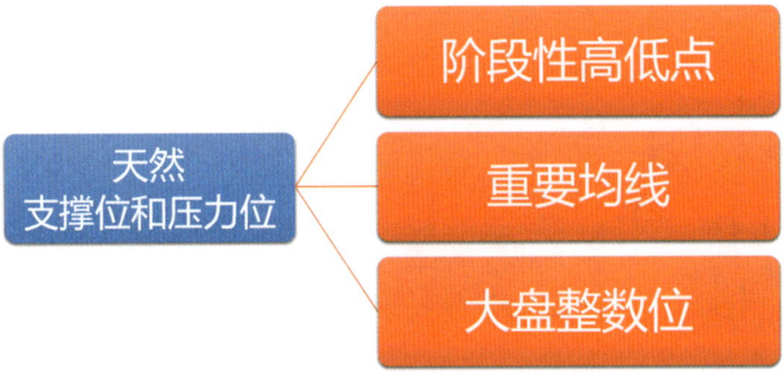

1. 股价的阶段性高点也是压力位

股价的阶段性高点也是压力位，股价在运行到高点时往往是市场极度火热时，在这个位置有大量的套牢盘，当股价再次运行到前期高点时，套牢盘会抛出筹码，造成阻力。

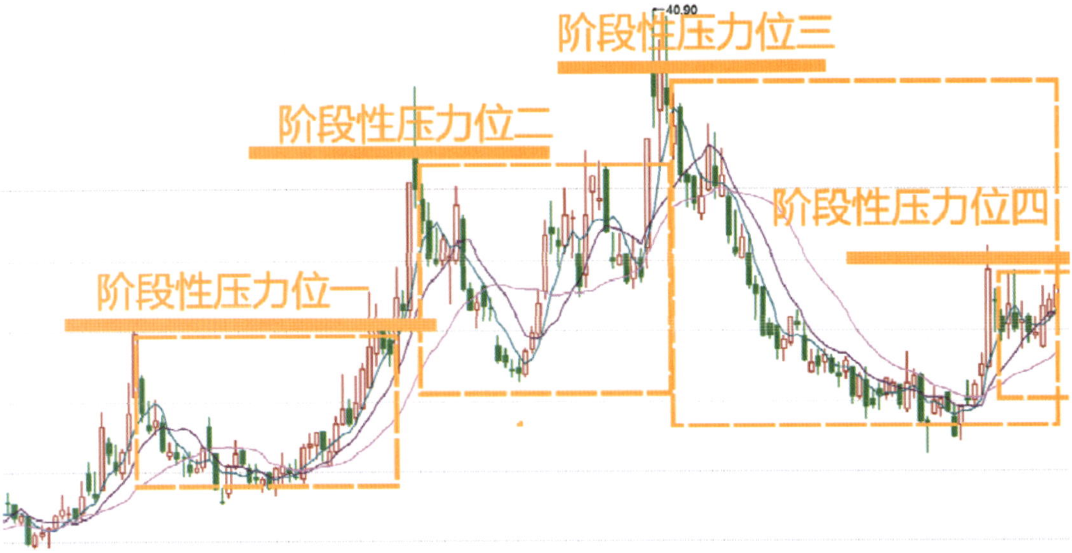

2. 股价的阶段性低点也是支撑位

股价的低点同样也是支撑位，股价在运行到低点时，便宜的股价会吸引抄底资金入场，代表这个价位是被人接受的，有一定的买盘支撑着价格不再继续下跌。

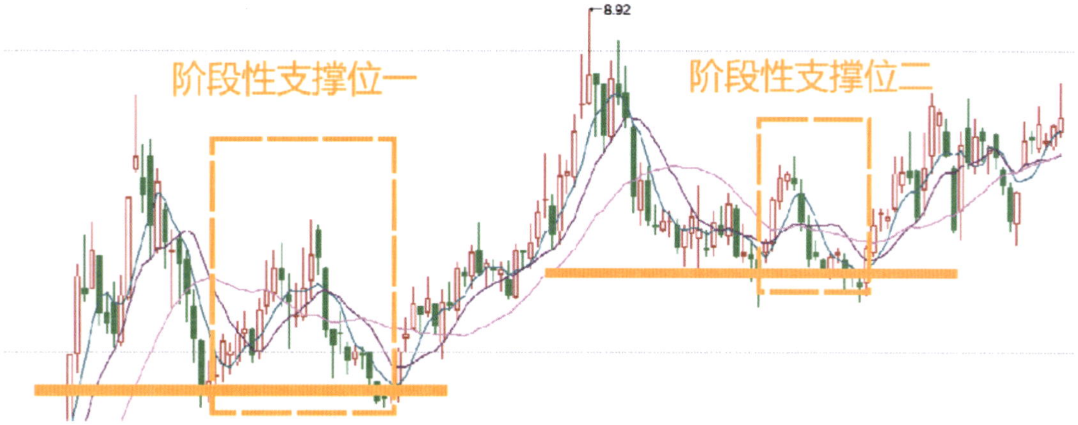

3. 股票的均线是天然的压力线和阻力线

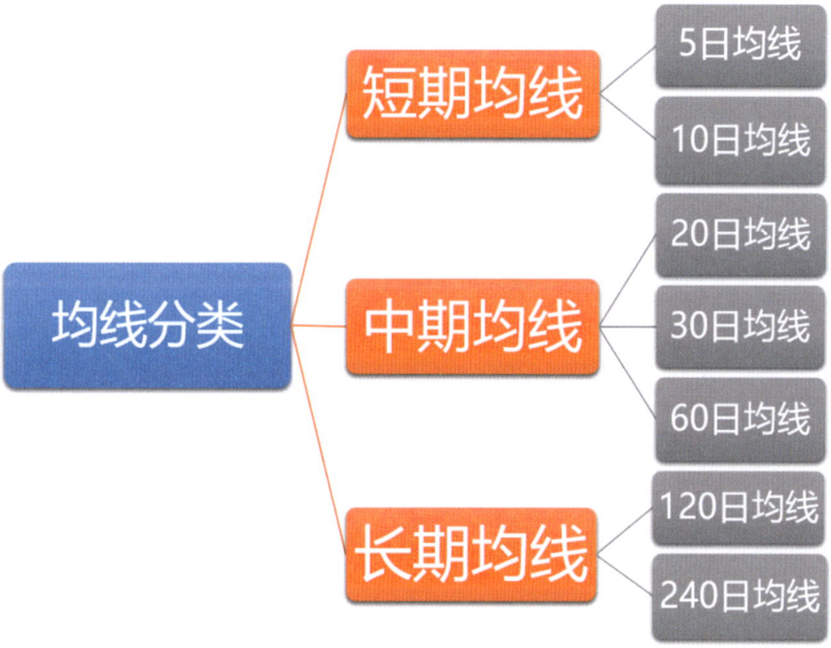

● 均线支撑

强股不破5日线，但非龙头股对不同均线会有不同的反应：

有的股票容易在10日线获得支撑；

有的股票容易在20日线获得支撑；

有的股票容易在60日线获得支撑。

● 股价沿5日均线运行，称为股价在5日线获得支撑。

● 在5日均线获得支撑的实际运用一：

当K线远离5日均线，不要再以均线作为支撑点止盈。

- 在5日均线获得支撑的实际运用二：

涨停板上放巨量，并且换手率大于30%，第二天如果低开低走或高开低走时，说明主力在出货，需要及时离场或避免买入。如果第二天高开高走或者低开高走，说明有二波接力，可继续持有或入场。

- 股价沿10日均线运行，称为股价在10日线获得支撑。

三、趋势支撑位和压力位

1. 什么是趋势线

趋势线是指通过连接K线图中一些特殊的价格点（阶段高点或阶段低点），画出的能够反映出价格走势的直线。

2. 趋势线的分类

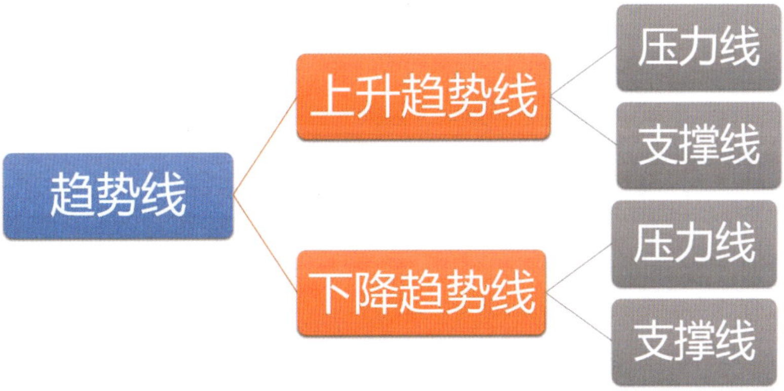

（1）上升趋势线

上升趋势线由依次上升的波动高点或低点连成。

（2）上升趋势线的应用

如果上升趋势线出现在K线的上方，则为压力线。

如果上升趋势线出现在K线的下方，则为支撑线。

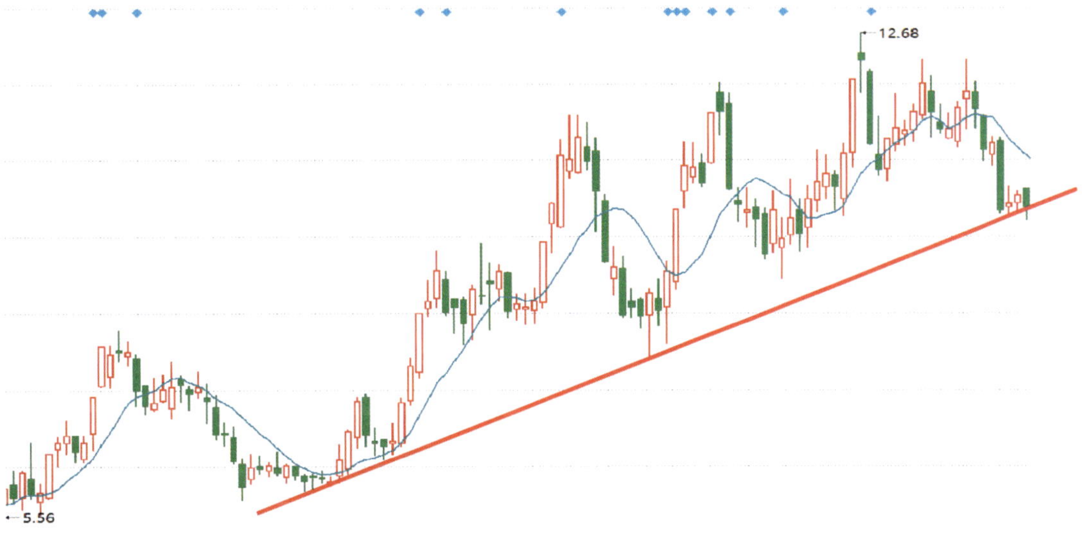

（3）下降趋势线

下降趋势线由依次递降的波动高点或低点连成。

（4）下降趋势线的应用

如果下降趋势线出现在K线的上方，则为压力线。

如果下降趋势线出现在K线的下方，则为支撑线。

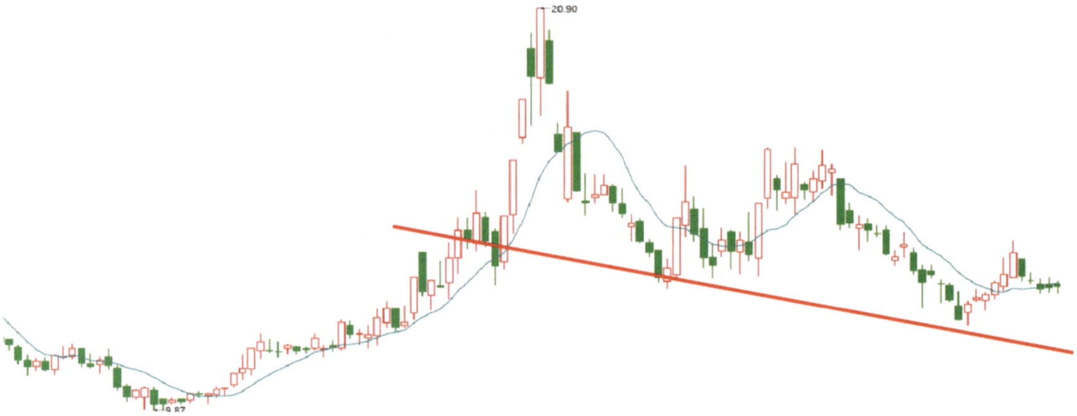

总结：

无论是在上升或下降趋势轨道中：

当价格触及上方的压力线时，就是卖出时机；

当价格触及下方的支撑线时，就是买入时机。

如果价格突破压力位，并且形成有效突破之后，短期之内股价大概率会上涨；

如果价格跌破支撑位，并且形成有效突破之后，短期之内股价大概率会下跌。

注释：

有效突破：股价连续三天站上压力位，且回踩原来的压力位不破。

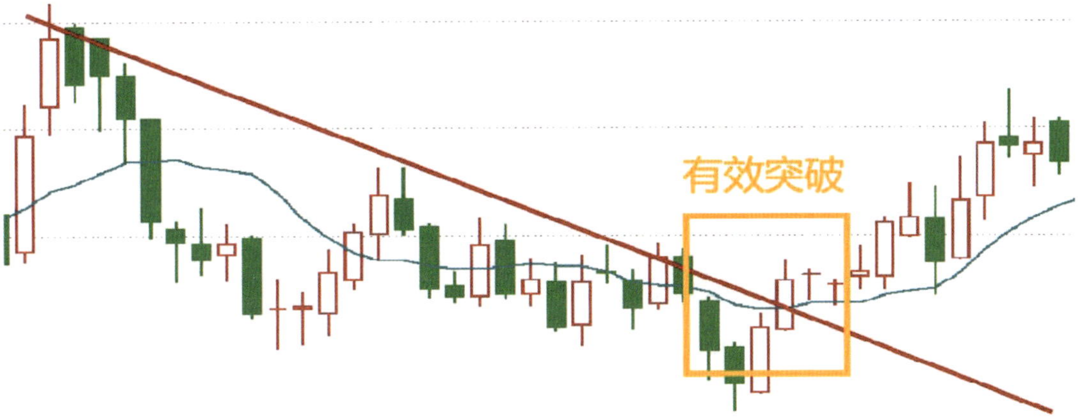
有效突破

有效突破
16.34

17.90
有效突破

实操指导

● i问财语句：股价位于5日均线之上；多头排列；主力资金净流入；MACD红柱放大或者绿柱缩小；非ST；主板。

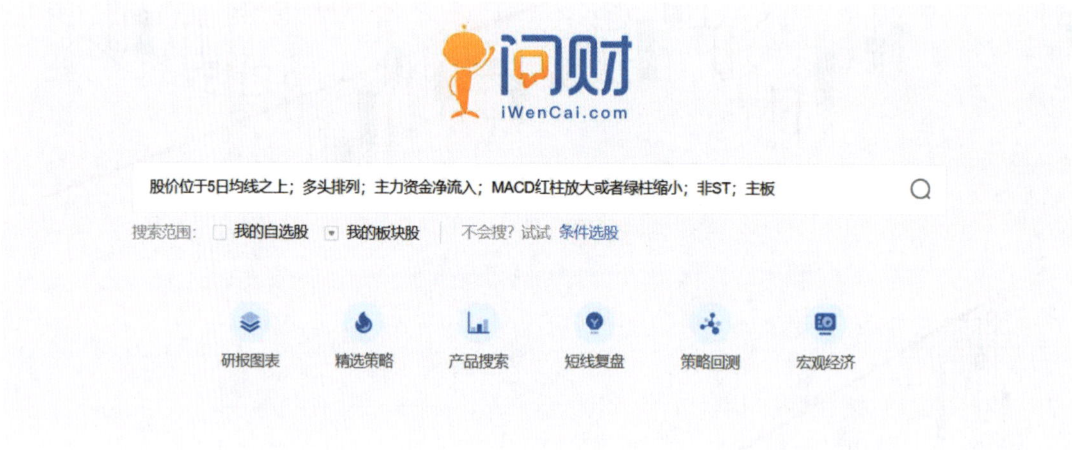

第五课 课后习题

1. 压力位的作用为（　　）。

A. 支撑股价上涨　　B. 阻碍股价上涨

C. 吸引主力资金　　D. 增加涨停概率

2. 以下指标，不属于天然压力位或支撑位的是（　　）。

A. 上升趋势线或下降趋势线　　B. 阶段性高低点

C. 重要均线　　D. 大盘整数位

3. 下面说法正确的是（　　）。

A. 股价只要跌破5日均线，就一定会走弱

B. 股价只要跌破10日均线，就一定会走弱

C 股价只要站上5日均线，就一定会走强

D. 不同个股对于均线的敏感度不同，要根据实盘情况灵活变通

4. 以下哪个数字不属于大盘天然压力位或支撑位（过去阶段高点除外）（　　）。

A. 3600　　B. 3561　　C. 3200　　D. 3000

5. 以下关于“有效突破”的说法正确的是（　　）。

A. 股价连续三天站上压力位，且回踩原来的压力位不破

B. 股价连续五天站上压力位，且回踩均线不破

C. 股价突破压力位，并站上5日均线

D. 股价站上5日均线，并且连续三天涨停

笔 记

第六课
投资组合——分散投资降风险

一、个股分散化投资

通过前面课程的学习，相信同学们都选出来一些符合自己买入条件的股票。目前市场上几千只股票，我们能选出来的可能会有几十只，那我们都需要买入吗？

- 对于散户来说，能不能持有十几只甚至几十只股票呢？

如下图所示，持有较多股票。

互娱	-39,138.57	8800	25.198
00.00	-17.652%	8800	20.750
股份	-10,170.61	3400	50.141
10.00	-5.965%	3400	47.150
平安	-7,541.42	2200	55.008
76.00	-6.232%	2200	51.580
机场	-1,635.94	1000	46.866
0.00	-3.491%	1000	45.230
酵母	-7,625.97	900	53.623
5.00	-15.801%	900	45.150
码	0.00	63	100.000
.00	0.000%	63	100.000
重工	-2,585.17	200	42.176
.00	-30.648%	200	29.250

当然，如果你是机构投资者，这样持仓没什么问题，因为机构的调研团队有十几个人甚至几十个人对这些股票进行跟踪调研，他们可以保证对每一只股票的把控。

而散户持仓过多，会影响对自己账户的掌控权，无法全面关注每一只股票，导致股票走势出现问题时无法及时发现。

都说不要把鸡蛋放到同一个篮子里，但是篮子太多也不是好事。

● 如果我们只重仓一只股票呢？

风险太大，账户的盈亏完全跟这只股票绑定，无法分散风险，一旦出现黑天鹅事件，造成的亏损是非常大的。

● 资金量均分

假如我们有十万元，购买五只股票，那平均分到一只股票的资金就是两万元。当然，股价的不同，无法保证每一只股票都购买两万元整，接近即可。

● 每个行业不超过两只

行业板块的走势影响板块中大部分股票的走势，所以我们要做到行业分散，才能起到分散风险的作用。每个行业的股票，持有不要超过两只。鸡蛋要放到不同的篮子里，但是也不能全部都放到款式相同的篮子里。

● 总体：持仓3到5只股票

二、龙虎榜北上资金

龙虎榜是游资表演的擂台，作为观众的我们要参与其中，千万要先摸清楚游资的脾气（交易思路）。所谓高手过招，拳脚无眼，到时“偷鸡不成蚀把米”，就亏大了。分析龙虎榜更多地是避免亏钱，然后才是跟着赚钱。

1. 龙虎榜上榜规则

● 沪深主板（排名靠前，则有机会登上龙虎榜）

① 日价格涨幅偏离值±7%；

② 日换手率达到20%；

③ 日价格振幅达到±15%；

④ 连续3个交易日内，涨幅偏离值累计达到20%。

● 创业板（排名靠前，则有机会登上龙虎榜）

① 股票当日收盘价格与对应指数涨跌幅之间的偏离值达到±15%以上；

② 股票日内价格振幅、日内换手率均为30%以上。

● 科创板（排名靠前，则有机会登上龙虎榜）

① 日收盘价格达±15%以上；

② 连续3个交易日内日收盘价格涨跌幅偏离值累计达到±30%。

注意：从条件里可以推断出，龙虎榜数据基本上代表着当前市场最大的异动，大涨、高换手、高振幅、高涨幅。如果能看懂龙虎榜数据，就能知道当前市场的方向和最佳操作标的，对我们的操作方向和个股都有明显的帮助。更重要的是，妖股基本都出自龙虎榜里，所以龙虎榜非常值得研究。

目的：看龙虎榜主要是为了揣摩当前市场中最活跃、最顶尖的资金操盘的思路。不管是机构也好游资也好，这些活跃在市场最前沿的资金，基本代表了国内最顶尖的操盘水平。通过龙虎榜观察他们的选股与操盘手法，使自己的操作逻辑尽可能靠近市场主流资金的逻辑，这才是研究龙虎榜最大的意义。这些资金特别是游资，基本都是小资金做大的，处于整个股市生物链的顶部。

2. 观察龙虎榜

龙虎榜每日16—18点更新，想要真正看透主力意图，每天至少要花半个小时解析数据。

● 龙虎榜查找方式例图（电脑版）

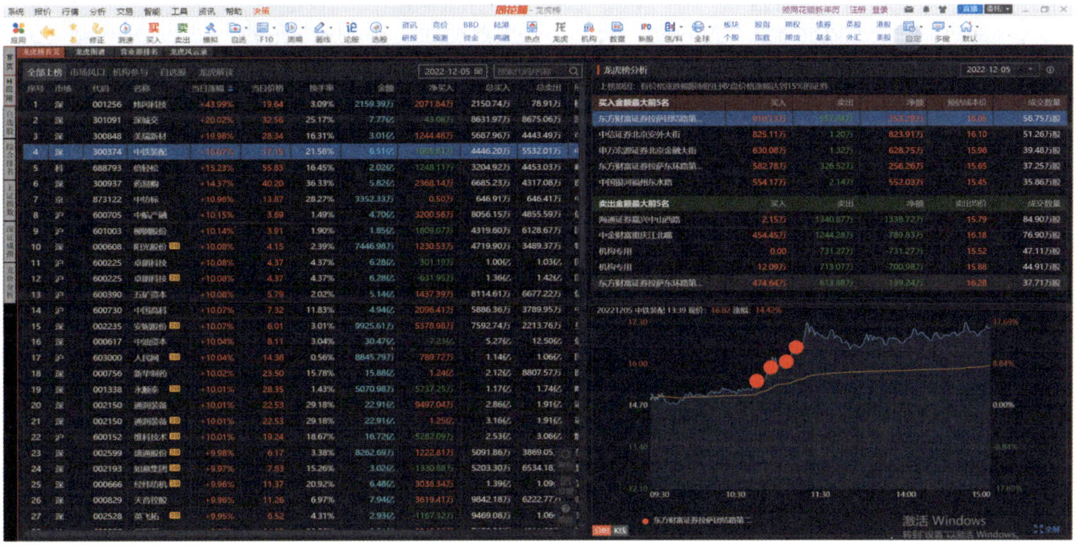

例1 进龙虎榜首页

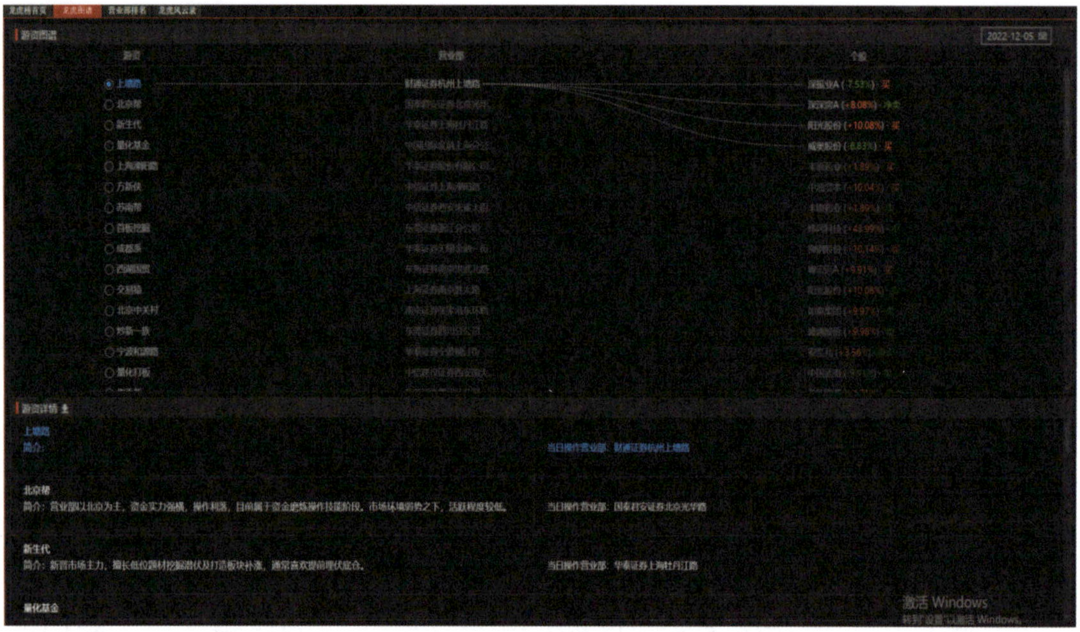

例2 进龙虎图谱

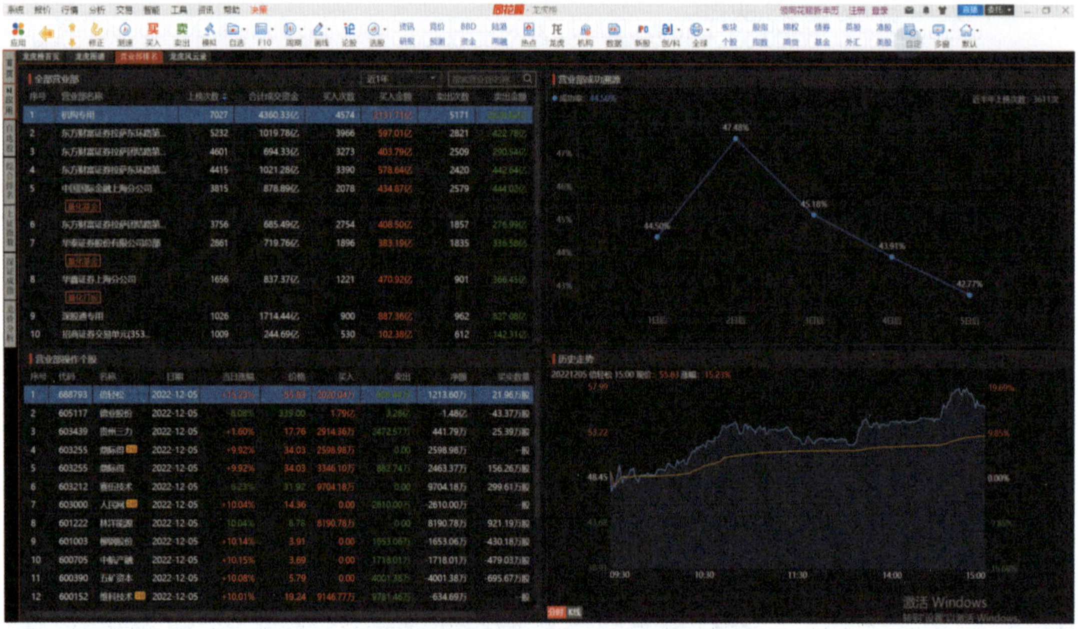

例3 进营业部排名

- 龙虎榜查找方式例图（手机版）

例1 龙虎榜

例2 龙虎榜单——总榜

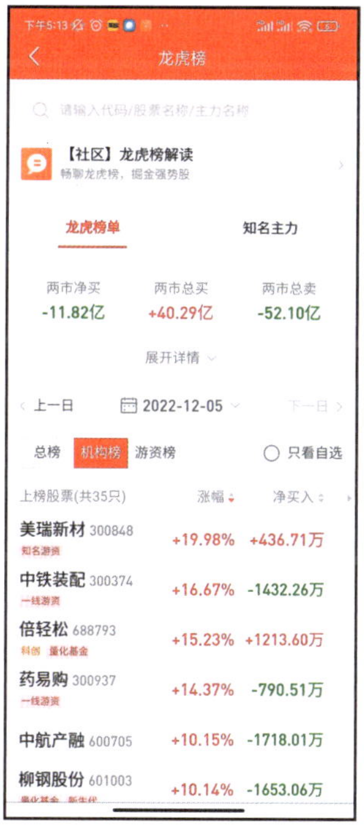

例3 龙虎榜单——机构榜

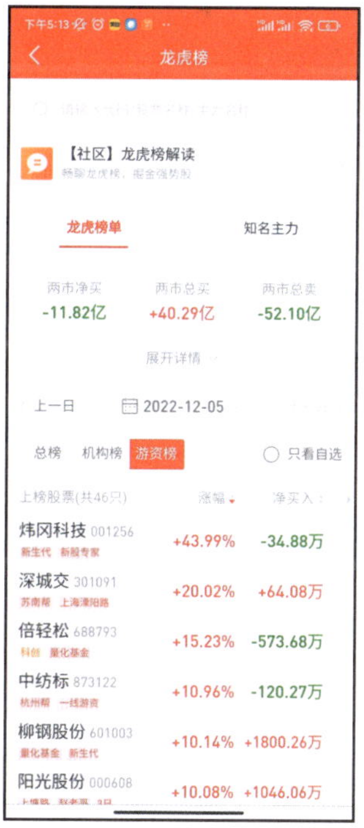

例4 龙虎榜单——游资榜

例5 知名主力——游资大佬

例6 知名主力——一线营业部

龙虎榜中的席位显示是营业部，一般就代表游资和大户。

龙虎榜席位显示“机构专用”，则是基金专用席位、券商自营专用席位、社保专用席位、券商理财专用席位、保险机构专用席位、保险机构租用席位、QFII专用席位等机构投资者买卖证券的专用通道和席位。

买入金额最大前5名	买入	卖出	净额	预估成本价	成交数量
东方财富证券拉萨团结路第...	910.73万	557.44万	353.29万	16.05	56.75万股
中信证券北京安外大街	825.11万	1.20万	823.91万	16.10	51.26万股
申万宏源证券北京金融大街	630.08万	1.32万	628.75万	15.96	39.48万股
东方财富证券拉萨东环路第...	582.78万	326.52万	256.26万	15.65	37.25万股
中国银河福州东水路	554.17万	2.14万	552.03万	15.45	35.86万股
卖出金额最大前5名	买入	卖出	净额	卖出均价	成交数量
海通证券嘉兴中山西路	2.15万	1340.87万	-1338.72万	15.79	84.90万股
中金财富重庆江北嘴	454.45万	1244.28万	-789.83万	16.18	76.90万股
机构专用	0.00	731.27万	-731.27万	15.52	47.11万股
机构专用	12.09万	713.07万	-700.98万	15.88	44.91万股
东方财富证券拉萨东环路第...	474.64万	613.88万	-139.24万	16.28	37.71万股

排序	营业部名称	买入金额/万	占总成交比例	卖出金额/万	占总成交比例	净额/万
买入金额最大的前5名 买入总计 **75387.39** 万元，占总成交比例 **16.09%**						
1	深股通专用	30920.90	6.60%	43625.50	9.31%	-12704.60
2	安信证券股份有限公司西安曲江池南路证券营业部	12150.40	2.59%	8085.54	1.73%	4064.86
3	机构专用	11456.50	2.45%	3016.20	0.64%	8440.30
4	中信证券股份有限公司西安朱雀大街证券营业部	10453.30	2.23%	0.74	0.00%	10452.56
5	机构专用	8703.36	1.86%	0.00	0.00%	8703.36
卖出金额最大的前5名 卖出总计 **82206.59** 万元，占总成交比例 **17.55%**						
1	深股通专用	30920.90	6.60%	43625.50	9.31%	-12704.60
2	中国国际金融股份有限公司上海分公司	1373.06	0.29%	15819.60	3.38%	-14446.54
3	安信证券股份有限公司西安曲江池南路证券营业部	12150.40	2.59%	8085.54	1.73%	4064.86
4	安信证券股份有限公司广州猎德大道证券营业部	205.70	0.04%	6708.12	1.43%	-6502.42
5	中信证券股份有限公司北京安外大街证券营业部	124.23	0.03%	4950.87	1.06%	-4826.64

买卖净差：**-6819.20**万元

龙虎榜数据会公布买卖各五个席位，竖着看，主要看资金性质。机构大量买入的标的要重点关注，游资需要分类来看。

三、各指标神奇组合

- i问财语句：强中选强；突破颈线；行业；非ST。

战法要点1：强中选强

战法要点2：突破颈线

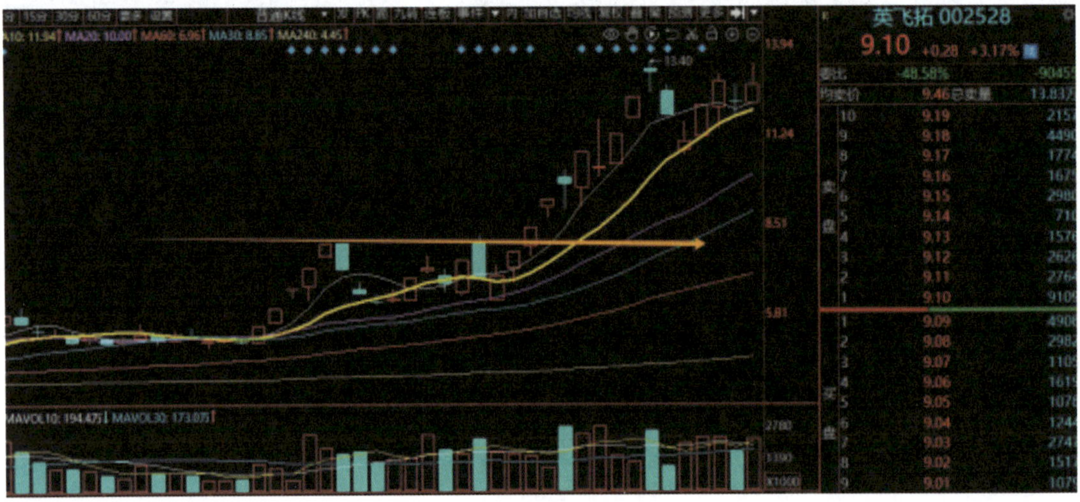

- i问财语句：两连板；主力高度控盘且控盘率不变或上升；强中选强；均线上移；MACD大于0；非新股与次新股。

战法要点1：两连板

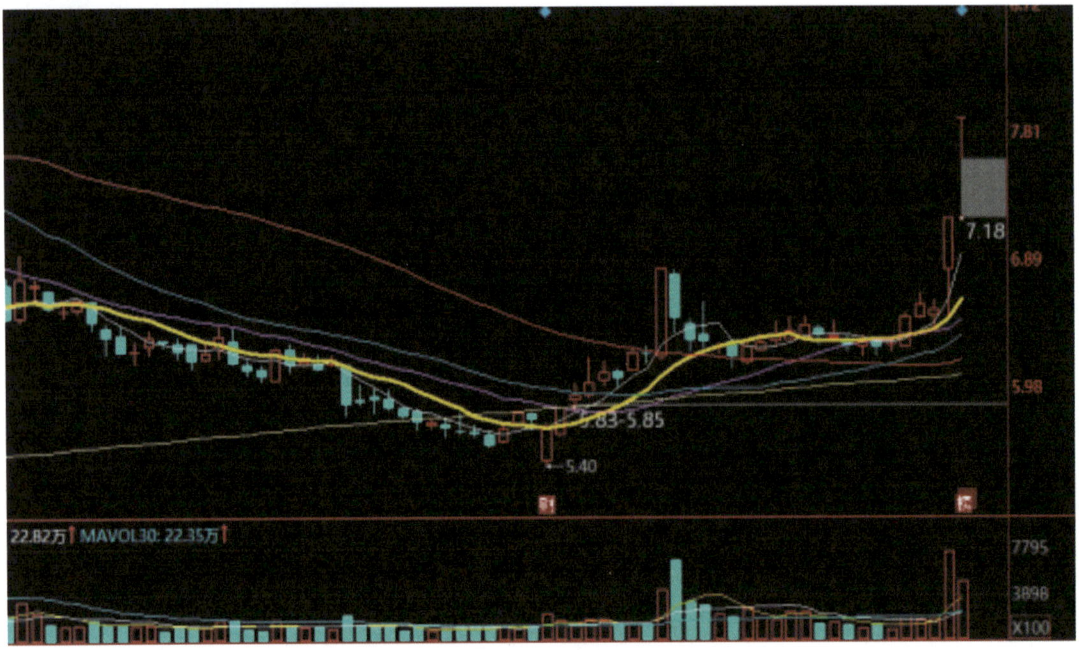

战法要点2：主力高度控盘且控盘率不变或上升

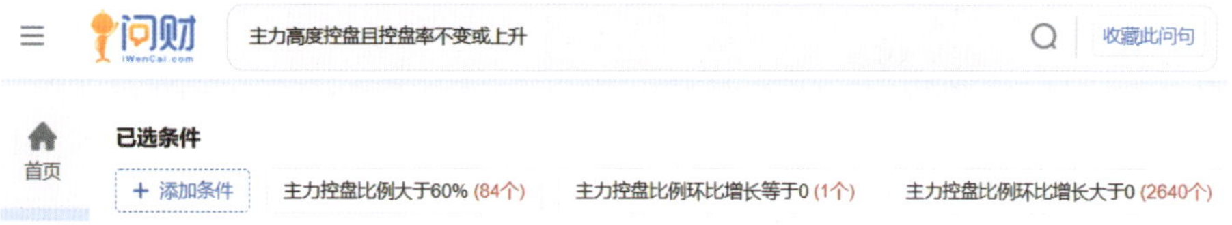

战法要点3：强中选强

战法要点4：均线上移

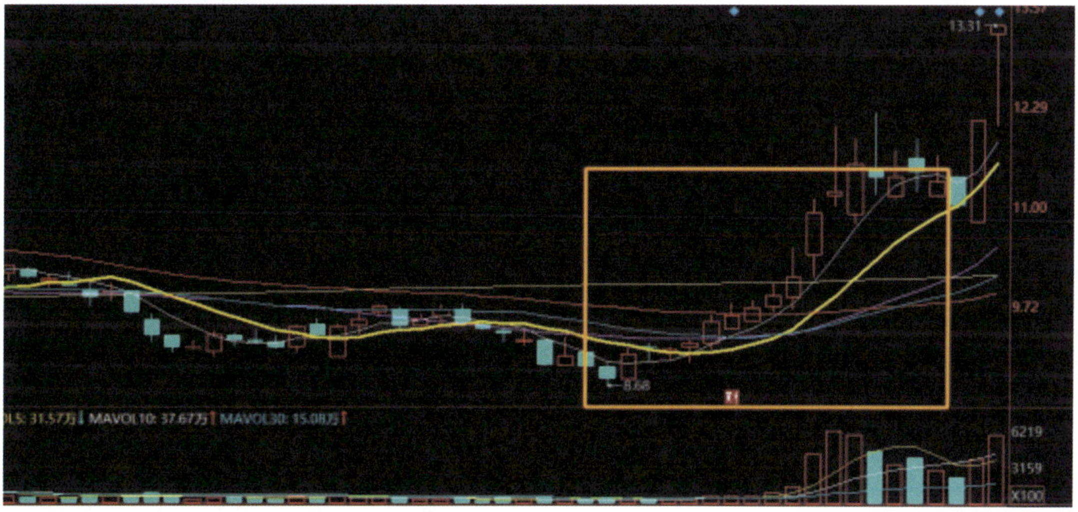

战法要点5：MACD大于0

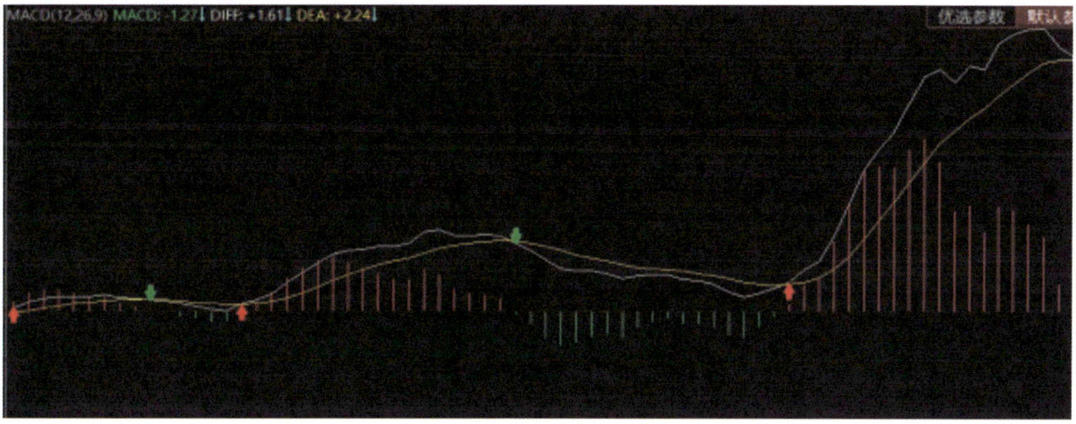

战法要点6：非新股与次新股

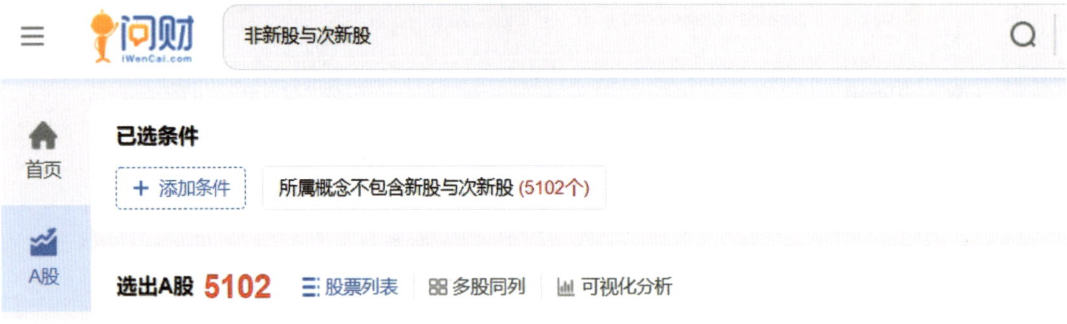

第六课　课后习题

1. 散户最佳的持股数量为（　　）。

A. 1只　　B. 10只以上　　C. 3到5只　　D. 20只以上

2. 以下说法正确的是（　　）。

A. 持有股票的数量越多，分散效果越好

B. 持有股票的数量越少，获得高收益的概率就越大

C. 可以持有3~5只股票，并且全部买入同一行业

D. 每个行业最好不要超过两只股票

3. 龙虎榜每天的更新时间为（　　）。

A. 实时更新　　B. 9:30 — 11:30

C. 13:00 — 16:00　　D. 16:00 — 18:00

4. 龙虎榜上资金量最大的一类席位是（　　）。

A. 游资　　B. 营业部　　C. 机构专用　　D. 分公司

5. i问财语句“强中选强”所代表的含义为（　　）。

A. 三个以上的技术指标出现了买入信号

B. 三个以上的技术指标出现了卖出信号

C. 股价突破了压力位

D. 均线多头排列

笔 记

第七课
盘口语言——封单连板试金石

一、爱问财涨停盘口语言

1.什么是涨停板

股票的涨停板，是一种市场买力极强，多头占据绝对优势的交易行为。最好的掌握涨停板的方法，就是读懂它的盘口语言。

实操指导

第一步：打开同花顺i问财（iwencai.com），跳转到下方界面。

注意：为了保证数据的准确性，请使用新版i问财，请注意下方版本对比示意图。

以上为新版i问财首页图示

以上为旧版i问财首页图示

第二步：输入口诀：今日涨停个股；涨停原因；行业

问财　今日涨停个股；涨停原因；行业

条件说明　添加条件

问财通过精准语义解析和关键词匹配，将您的问句解析为如下条件。

第三步：点击检索得出当日行情结果。

涨停原因类别 2022.03.23	所属同花顺行业	所属概念
氢能源	基础化工-化学原料-氯碱	转融券标的；三氯化磷；新股与次新股；注册制次新股；
通信服务+5G	通信-通信服务-通信服务III	5G；边缘计算；高校；军工
氢能源+智能电网	电力设备-电力设备-输变电设备	智能电网；智能家居；节能照明；安防；
房地产+租售同权	房地产-房地产开发-住宅开发	智慧城市；租售同权；融资融券；深股通；
煤炭+煤化工+节能环保	机械设备-专用设备-能源及重型设备	涉矿；央企控股；融资融券；沪股通；
房地产+装配式建筑	房地产-房地产开发-住宅开发	融资融券；转融券标的；富时罗素概念；富时罗素概念股；
通信设备+5G	通信-通信设备-通信线缆及配套	滨海新区；工业用地；环渤海；5G；
房地产	房地产-房地产开发-住宅开发	环渤海；雄安基建；参股券商；滨海新区；
房地产	房地产-房地产开发-住宅开发	参股保险；债转股；融资融券；转融券标的；
房地产+业绩预增	房地产-房地产开发-住宅开发	环渤海；滨海新区；雄安地产；雄安新区；

首次涨停时间 2022.03.23	最终涨停时间 2022.03.23	涨停明细数据 2022.03.23	连续涨停天数(天) 2022.03.23	涨停封单量(股) 2022.03.23	涨停封单额(元) 2022.03.23
09:30:00	09:30:00	查看明细	1	272.53万	1.56亿
09:46:30	10:19:59	查看明细	1	707.40万	7,894.59万
09:49:14	13:54:45	查看明细	1	280.94万	3,494.91万
09:30:15	10:02:14	查看明细	5	8,220.84万	2.86亿
10:33:44	13:30:00	查看明细	1	557.60万	2,793.50万
13:34:45	13:34:45	查看明细	1	1.12亿	2.32亿
09:43:45	13:20:00	查看明细	1	1,087.59万	3,435.80万
10:04:59	13:04:00	查看明细	2	1,444.03万	7,566.74万
09:33:30	13:29:00	查看明细	6	1,137.89万	5,959.98万
13:31:45	13:31:45	查看明细	1	3,027.39万	9,596.81万

2. 涨停盘口特征

①涨停时间越早，第二天继续涨停的概率越高，前1个小时封死涨停为最佳。

注释笔记：涨停时间早，说明市场共识比较一致，或者有大资金主导，以起到板块带动市场的作用。涨停时间早也能锁住浮筹，让想要抛出的筹码能稳稳拿住，减轻拉升压力，另外一部分场外资金没有来得及进场，成为次日的潜在买盘。

举例说明：如下图所示，2023年11月14日，南京熊猫首板涨停，首次封板时间为上午9点40分。11月15日，南京熊猫早盘高开后快速上板，首次上板时间为9点31分，于9点33分彻底封死涨停。11月16日，南京熊猫大单一字板涨停，连续三天涨停时间越来越早，自此彻底打出辨识度，最终收得5连板，触及6连板回落。

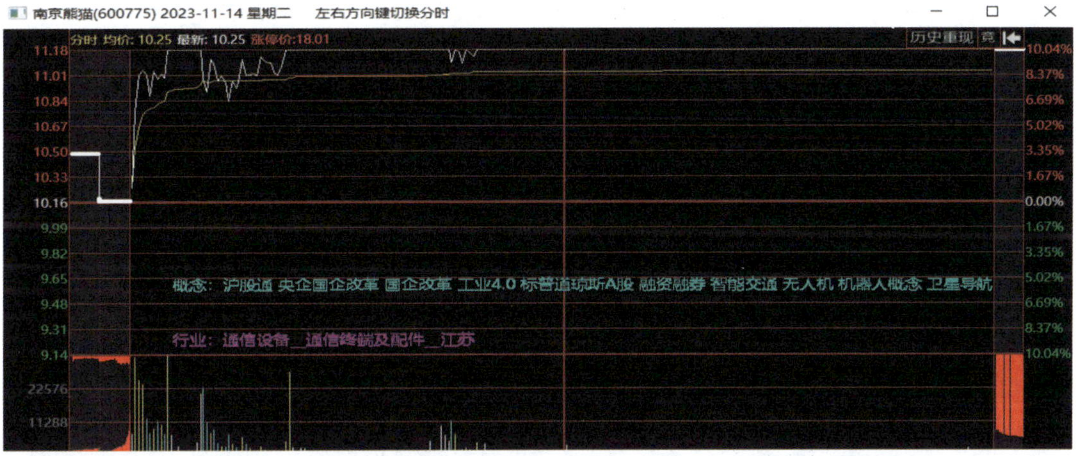

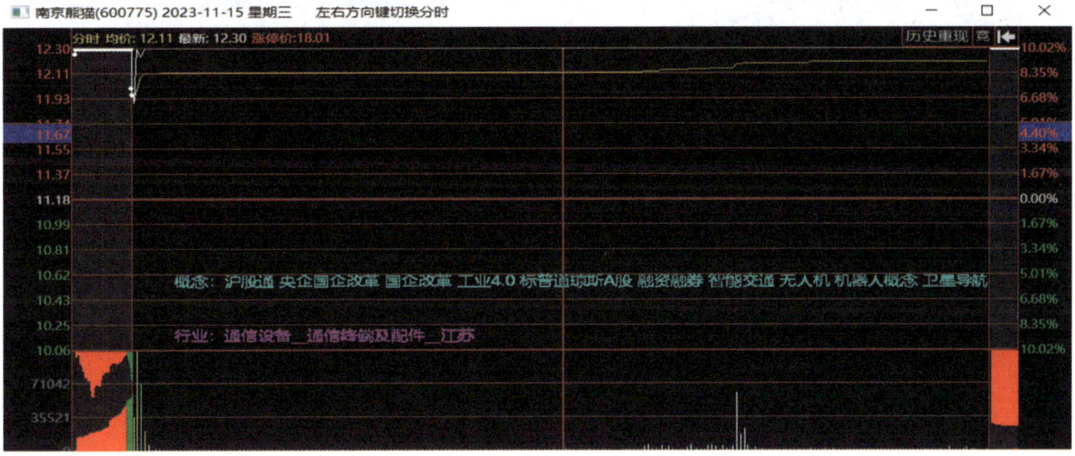

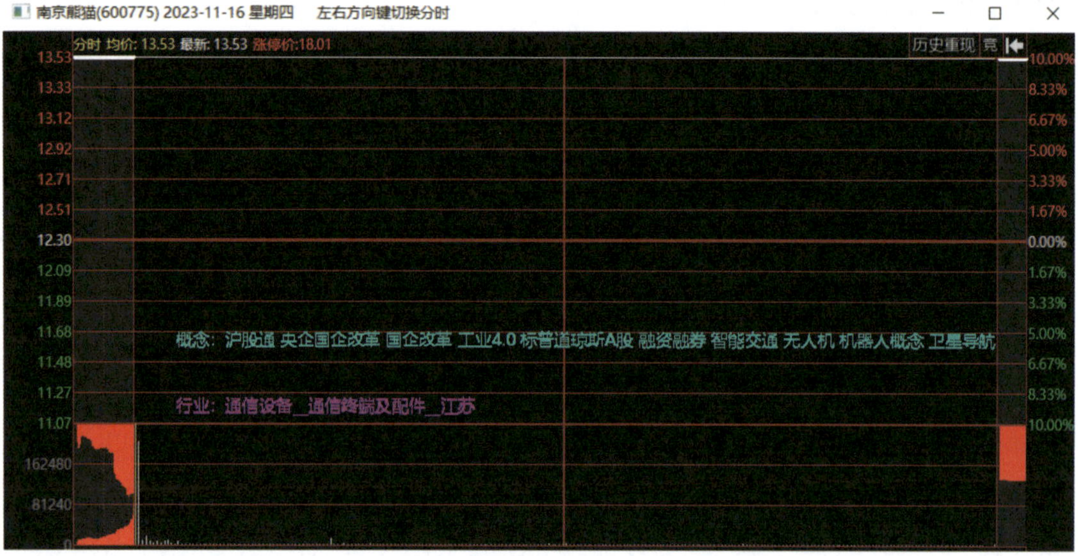

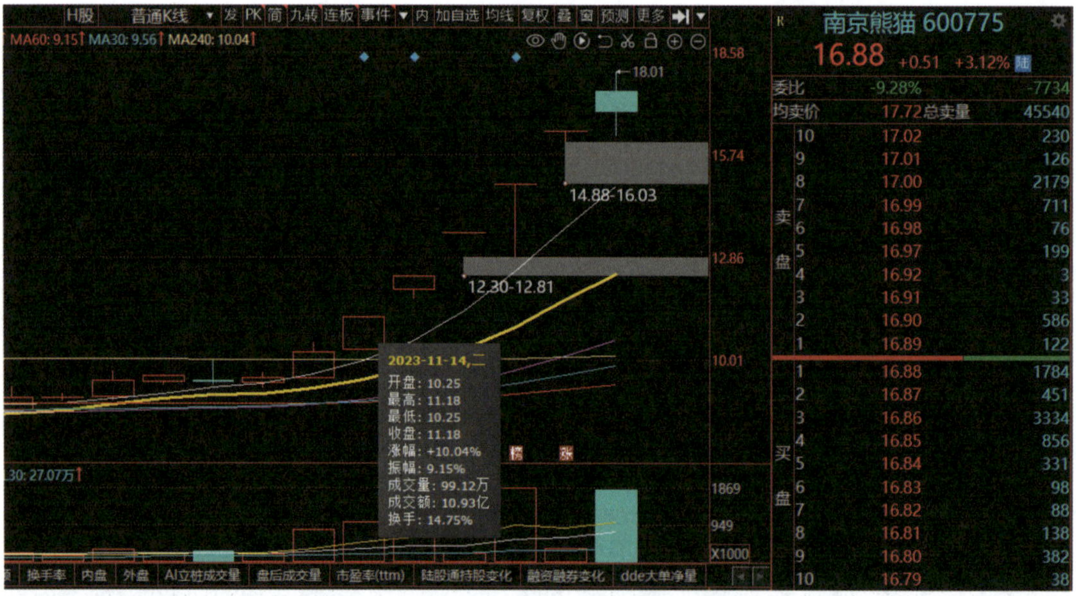

②涨停封成比：比值越高，持续涨停的概率越大。

注释笔记：涨停封成比为涨停封单量占最新成交量的比例。

涨停封成比计算公式：

涨停封成比=买一封单手数/个股总成交量×100%

例题：已知一只个股当天的买一封单手数为100万手，个股总成交量为200万手，请计算该个股当天的涨停封成比。

请作答：

③涨停封流比：比值越高，持续涨停的概率越大。

注释笔记：涨停封流比为最新的涨停封单量占最新流通A股的比例。

涨停封流比计算公式：

涨停封流比=买一封单手数/个股总流通值×100%

例题：已知一只个股当天的买一封单手数为100万手，个股总流通值为1000万手，请计算该个股当天的涨停封流比。

请作答：

实操指导

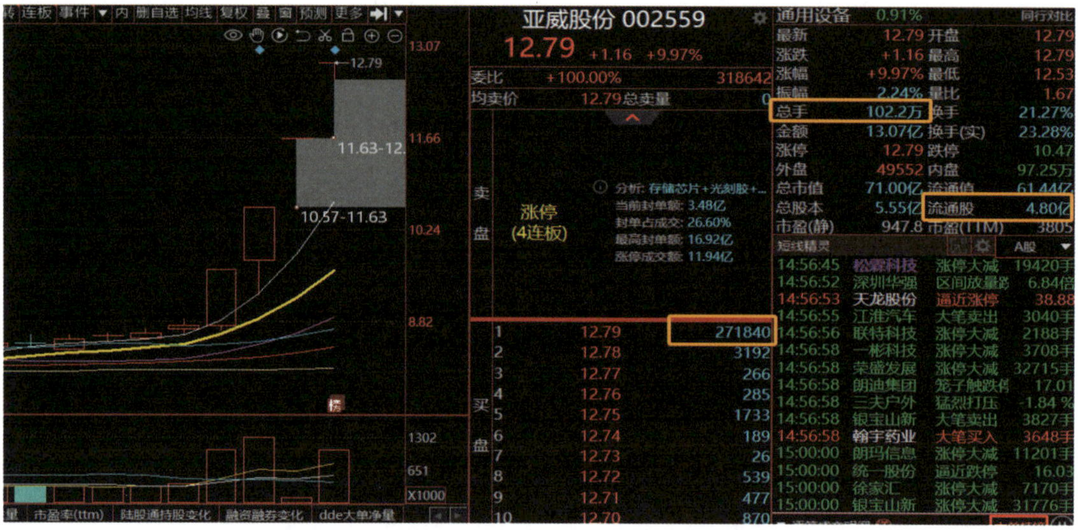

上图为计算数据的统计出处（电脑版）

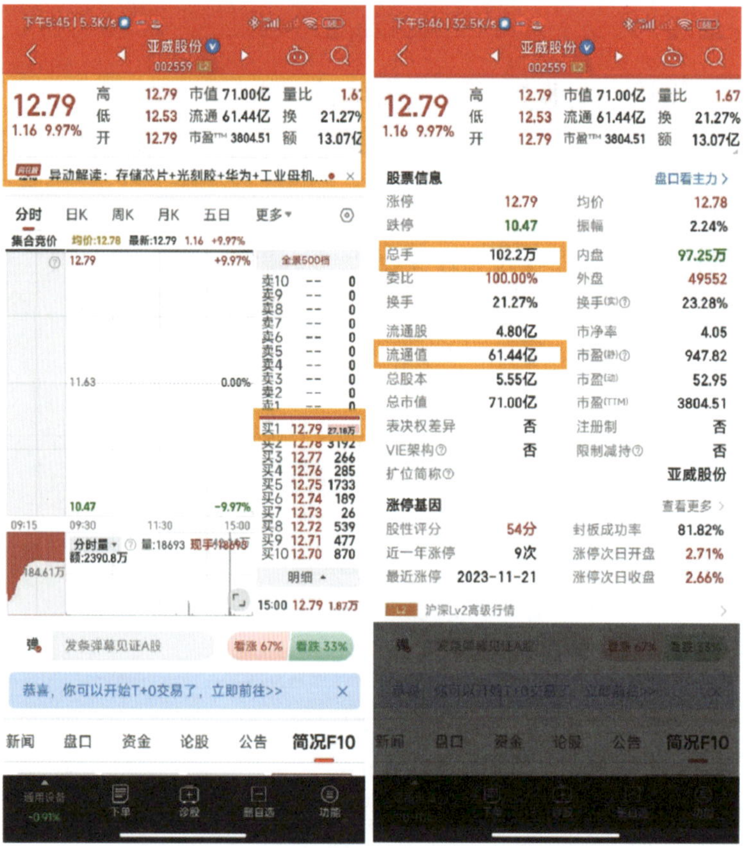

上图为计算数据的统计出处（手机版）

④封成比和封流比达到多少比较合适。

由于个股所处的状态不同，所处的市场行情不同，封成比和封流比的数值也会不同。对于这两个数值，不能只看绝对值，要结合其他指标进行分析，看相对值。

⑤开板次数。

开板次数多，意味着主力资金封板不坚决，或者说市场对这只个股的涨停没有达成共识，整体分歧较大。对于持筹者来说，持续开板说明资金兑现欲望强烈，容易引发场内抛盘；对于持币者来说，买入后不确定能否封死涨停，买盘更加冷淡。当天想买的资金基本都进场了，次日缺乏资金接力，同时当天买入的资金在次日也会有较大的兑现欲望，所次日低开的概率较大。

举例说明：如图所示，2023年11月21日，通达创智午后首板涨停，但是涨停之后封板不坚定，持续开板达5次之多，最终在14点36分才彻底封死涨停，严重降低了个股次日预期。11月22日竞价就低开低走，资金兑现欲望强烈，全天收阴。

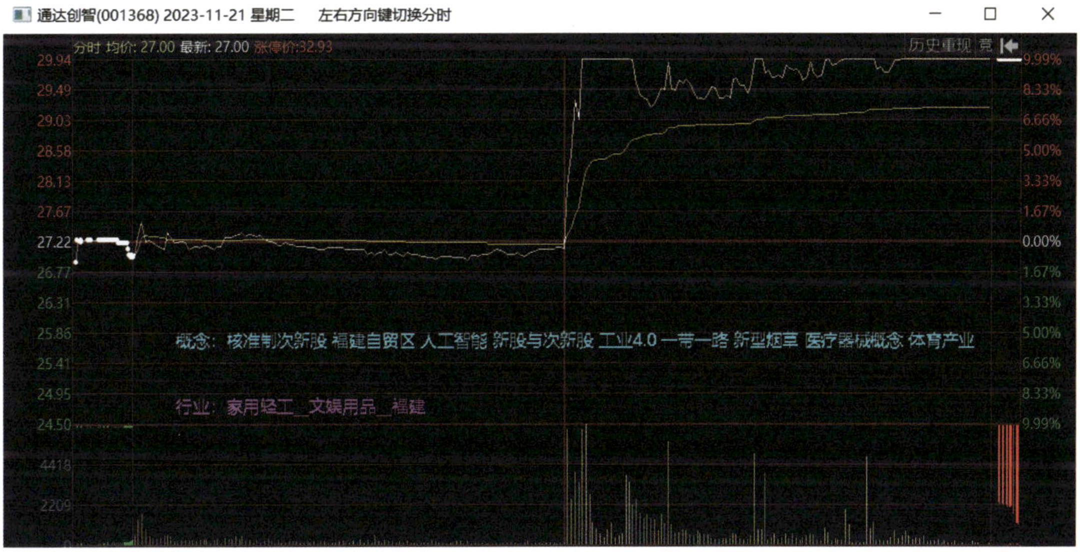

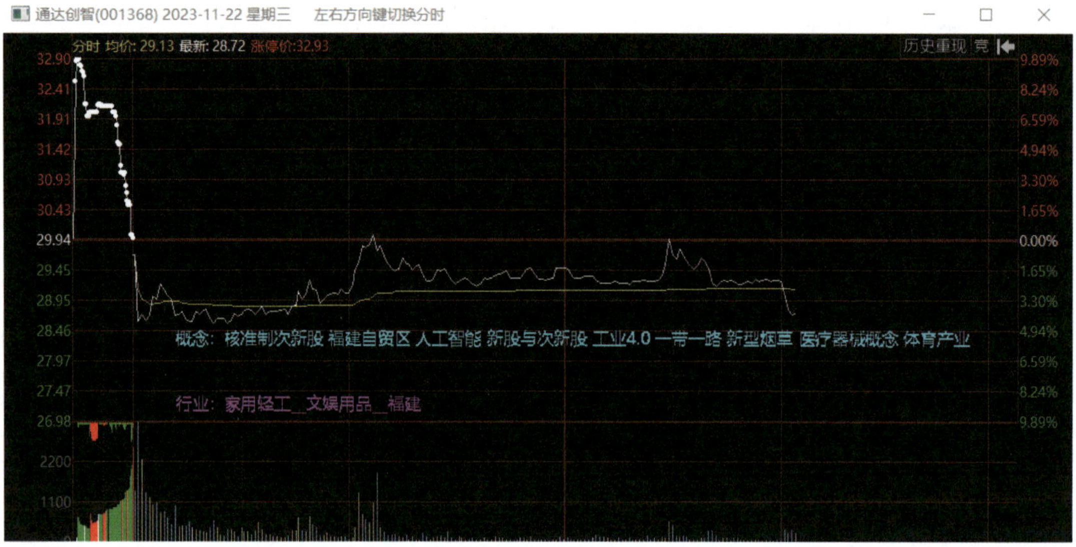

● 如何统计当日涨停个股开板次数（实操指导）

涨停封成比(%) 2022.03.23	涨停封流比(%) 2022.03.23	涨停开板次数(次) 2022.03.23	几天几板 2022.03.23	涨停类型 2022.03.23
70.31	11.32	0	首板涨停	【一字涨停】;【放量涨停】
16.53	3.20	1	首板涨停	【放量涨停】
7.66	0.90	2	首板涨停	【放量涨停】
18.58	2.03	3	5天5板	【放量涨停】
3.64	0.13	7	首板涨停	【放量涨停】
31.65	4.59	0	首板涨停	【放量涨停】
7.43	0.90	2	首板涨停	【放量涨停】
10.42	0.51	3	2天2板	【放量涨停】
3.93	1.02	7	6天6板	【放量涨停】
29.15	1.87	0	首板涨停	【放量涨停】
61.73	1.45	1	首板涨停	【放量涨停】
138.54	1.99	0	首板涨停	【一字涨停】;【缩量涨停】
20.84	0.97	2	首板涨停	【放量涨停】
43.20	3.80	0	首板涨停	【放量涨停】
0.19	0.10	16	7天7板	【T字涨停】;【放量涨停】

涨停封成比(%) 2022.03.23	涨停封流比(%) 2022.03.23	涨停开板次数(次) 2022.03.23	几天几板 2022.03.23	涨停类型 2022.03.23	a股流通市值(元) 2022.03.23
3.67	0.56	22	首板涨停	【T字涨停】;【放量涨停】	54.68亿
1.05	0.86	19	10天10板	【放量涨停】	19.19亿
0.98	0.50	16	7天7板	【T字涨停】;【放量涨停】	44.35亿
0.64	0.03	15	首板涨停	【放量涨停】	60.16亿
0.87	0.14	15	4天4板	【放量涨停】	67.68亿
0.37	0.03	12	首板涨停	【放量涨停】	56.82亿
15.33	0.17	12	首板涨停	【放量涨停】	51.35亿
8.52	0.34	9	首板涨停	【放量涨停】	48.46亿
2.04	0.12	7	首板涨停	【放量涨停】	74.70亿
2.36	0.04	7	首板涨停	【放量涨停】	149.18亿
3.76	0.14	7	首板涨停	【放量涨停】	207.34亿
4.45	1.16	7	6天6板	【放量涨停】	58.16亿
0.04	0.01	6	2天2板	【放量涨停】	84.41亿
1.71	0.13	6	首板涨停	【放量涨停】	42.08亿
4.16	0.21	6	10天6板	【放量涨停】	17.50亿

⑥连板高度。

一般首板数量较多，个股很难打出辨识度。二板是一个筛选门槛，一部分个股经过分歧后转一致晋级。而三板之上就是妖股角逐，个股之间竞争卡位，弱势淘汰，强者上位，最终成就妖股。所以连续3天以上的涨停板，要加入自选股，耐心观察。三连板为妖股成型的基本标志，但涨停天数超过7天之后，注意高位回落风险。

举例说明：如图所示，2023年10月10日圣龙股份一字板晋级三板，同批次三板个股还有欧菲光、塞力斯、莲花健康等6只股票。当日圣龙股份的强度最高，到次日10月11日，仅有圣龙股份和欧菲光两只股票晋级。到后面圣龙股份一路突破，连涨14天，触及15连板断板，成就史诗级大妖股。

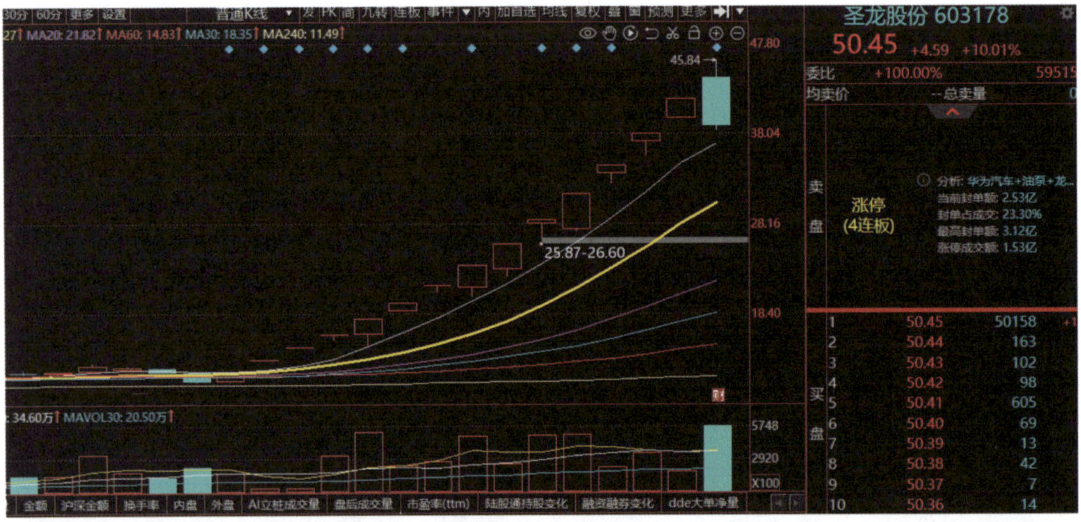
普通K线
圣龙股份 603178
50.45 +4.59 +10.01%
委比 +100.00%
均卖价
总卖量
卖盘
涨停
(4连板)
45.84
47.80
38.04
28.16
18.40
25.87-26.60
MAVOL30: 20.50万
5748
2920
X100
买盘
50.45 50158
50.44 163
50.43 102
50.42 98
50.41 605
50.40 69
50.39 13
50.38 42
50.37 7
50.36 14

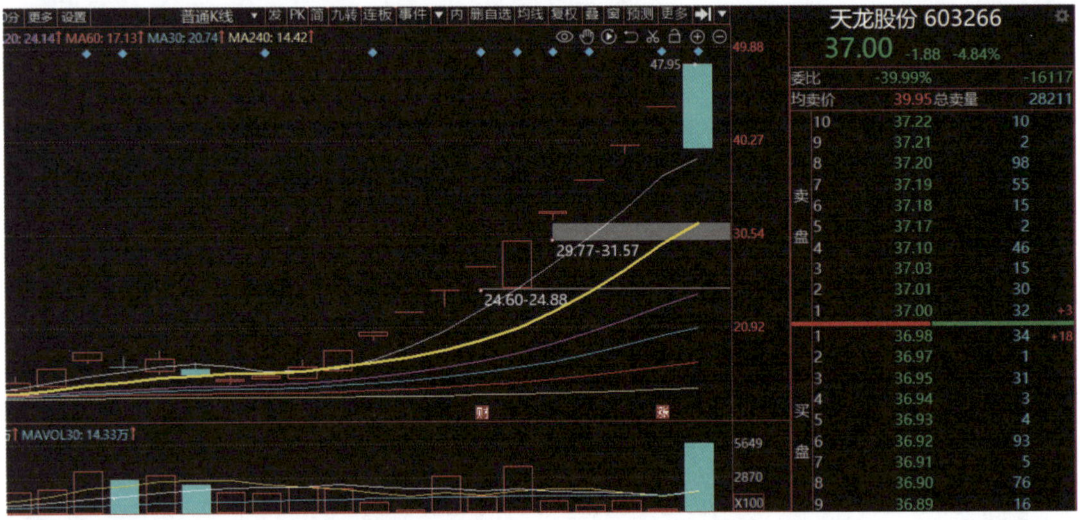
普通K线
天龙股份 603266
37.00 -1.88 -4.84%
委比 -39.99%
均卖价 39.95 总卖量 28211
47.95
49.88
40.27
30.54
20.92
29.77-31.57
24.60-24.88
MAVOL30: 14.33万
5649
2870
X100
卖盘
买盘

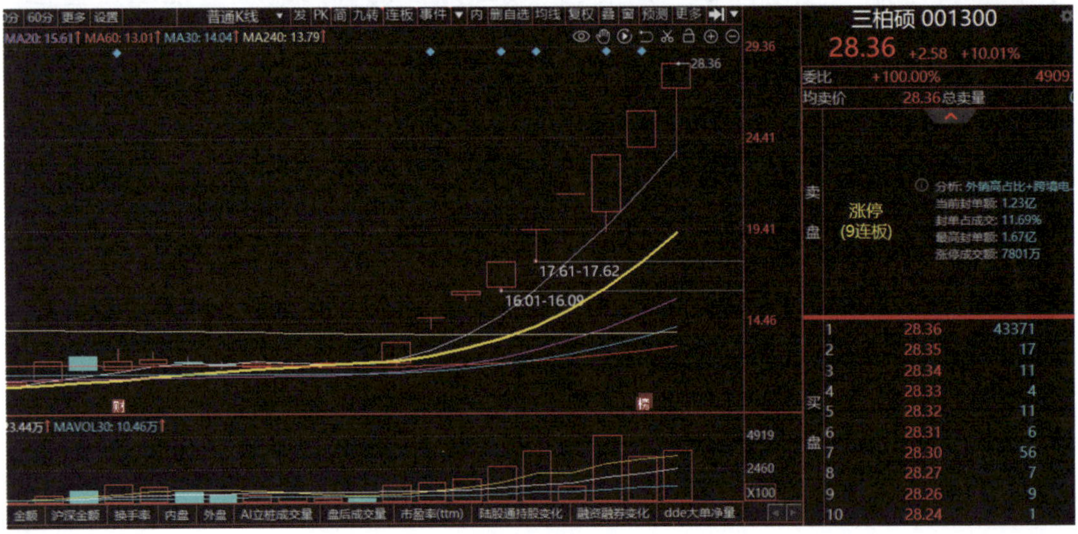
普通K线
三柏硕 001300
28.36 +2.58 +10.01%
委比 +100.00%
均卖价 28.36 总卖量
卖盘
涨停
(9连板)
28.36
29.36
24.41
19.41
14.46
17.61-17.62
16.01-16.09
MAVOL30: 10.46万
4919
2460
X100
买盘
28.36 43371

⑦DDE大单净额。

指的是大单净流入金额，也可以看成是主力净流入金额。DDE大单净额要显示为净流入（红色），如果为净流出（绿色）,就说明当天个股虽然涨停，但主力已经有了出货的迹象。

举例说明：如图所示，2023年11月16日，引力传媒DDE大单净流入1.6亿元，股价首板启动，随后几天DDE大单持续净流入，股价连续涨停。

引力传媒(603598)2023年11月16日大单买入金额**1.60亿**元，大单卖出金额**8447.48万**元，大单净额为**7536.09万**元，超过**99.00%**的上市公司。

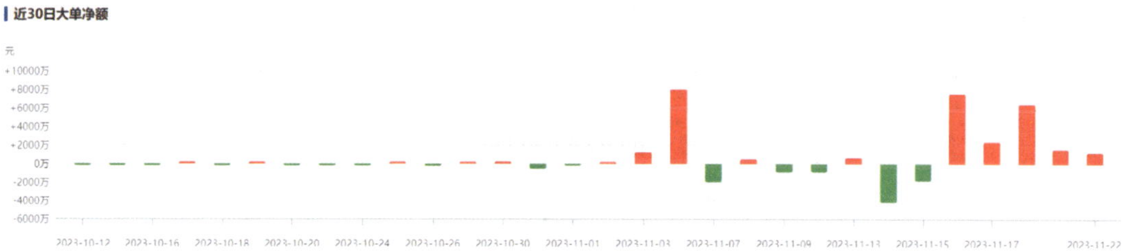

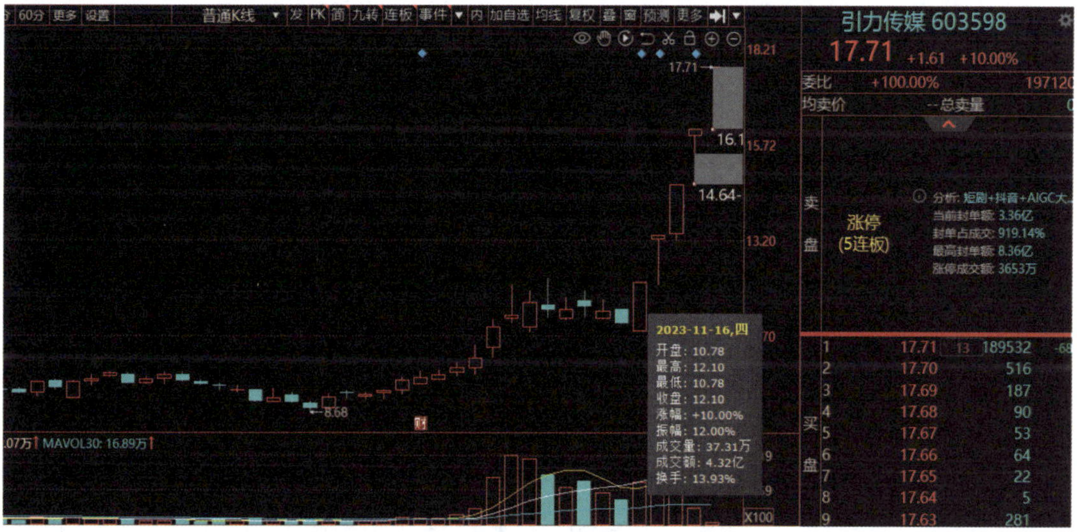

二、同花顺涨停盘口语言

（1）涨停分析：当前封单额和最高封单额

当前封单额指的是当天收盘之后买一位置的封单金额，最高封单额指的是历史最高的封单金额。二者的数字越接近，股票未来涨停的持续性越强。当前封单额距离最高封单额的差距越大，代表股票高位下跌的风险越高。

● 如何找到同花顺盘面中的涨停分析（实操指导）

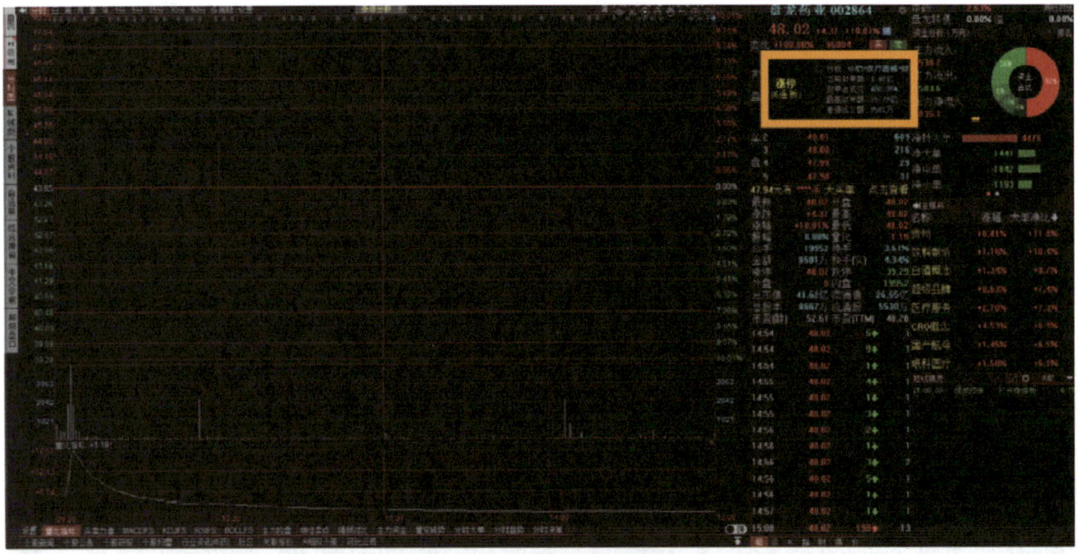

举例说明：最高封单额和收盘封单比较相差近9个亿，股价次日下跌。

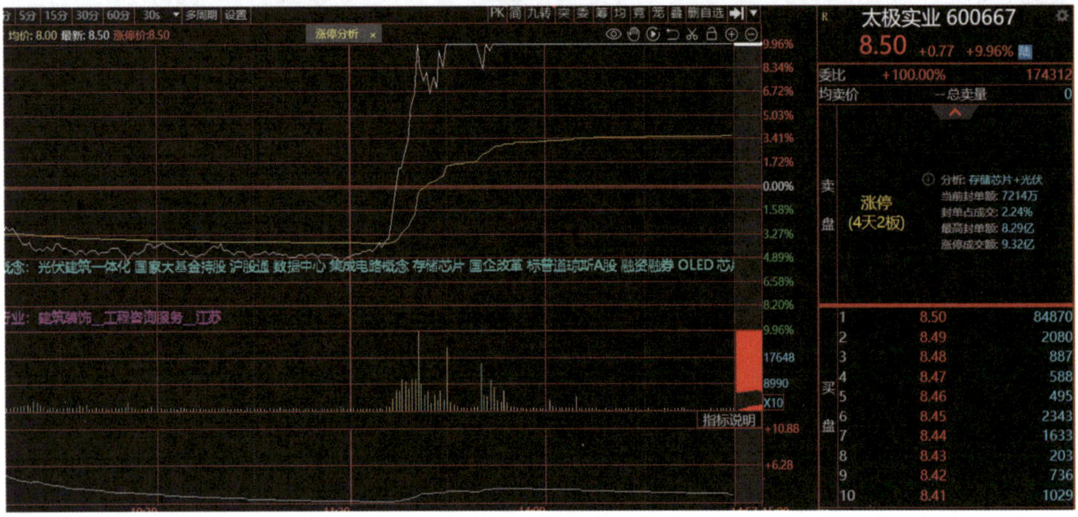

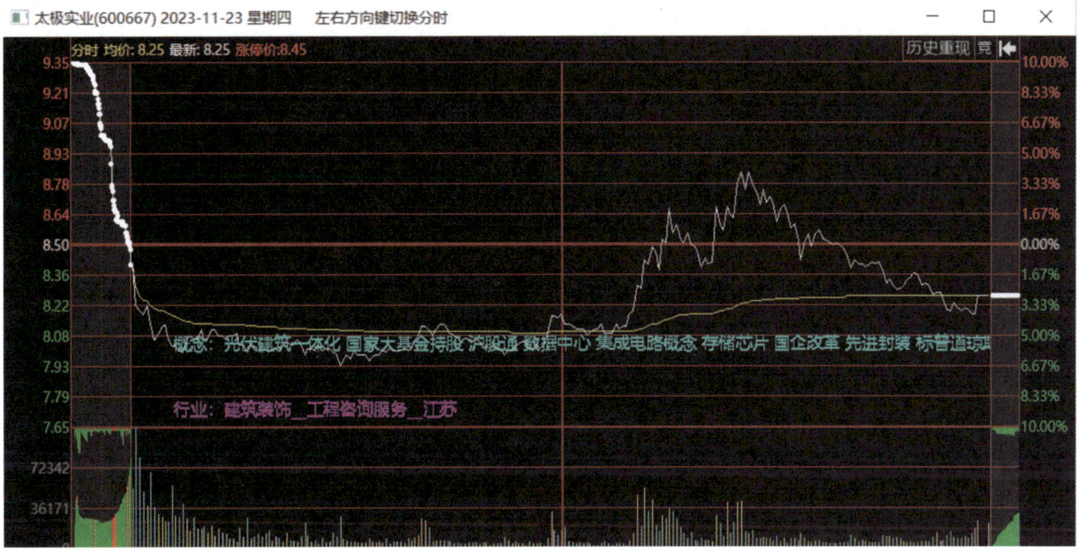

(2）资金分析

特大单：超过1000手的委托单量。

大单：超过500手的委托单量。

中单：超过200手的委托单量。

小单：低于100手的委托单量。

- 如何找到同花顺盘面中的资金分析（实操指导）

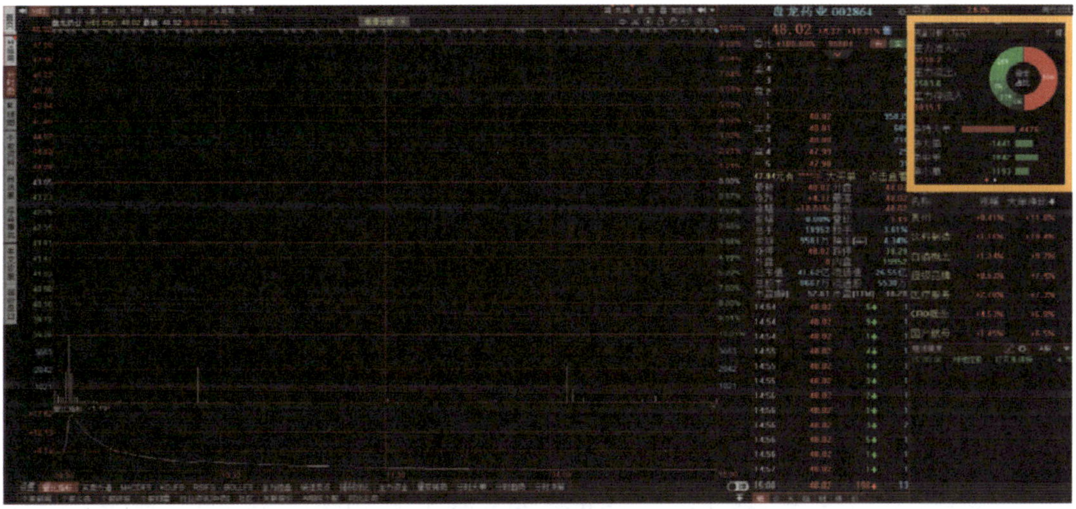

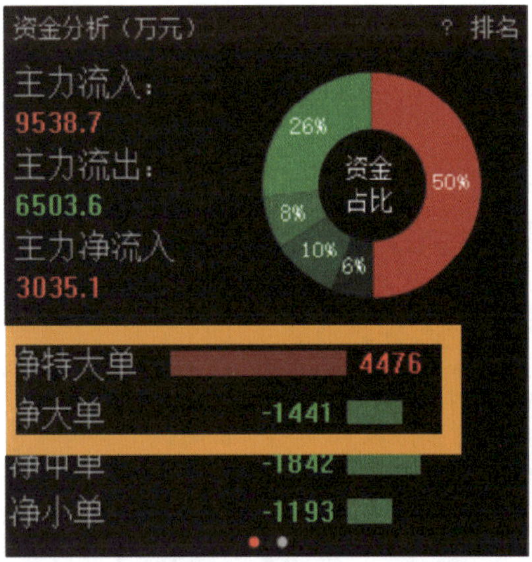

净中单和净小单代表散户

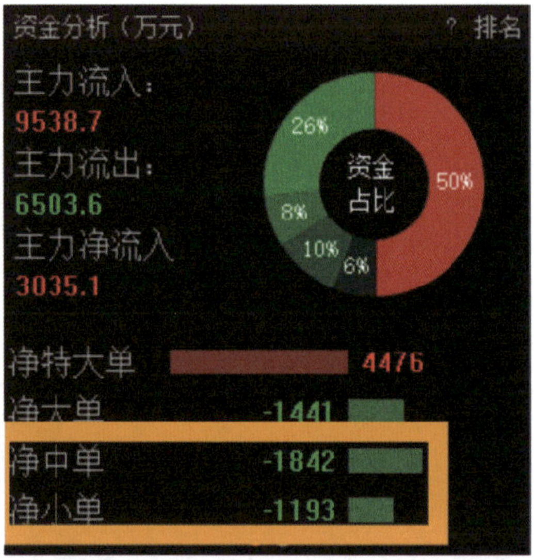

特大单：超过1000手的委托单量

大单：超过500手的委托单量

中单：超过200手的委托单量

小单：低于100手的委托单量

（3）盘口数据

盘口数据主要反映个股当天的表现状态，比如开盘时的价格、最新实时价格、当天的振幅、换手率等，用来帮助投资者判断当前个股的强弱，揣摩买卖双方的博弈，指导自己的交易。

- 如何找到同花顺盘面中的盘口数据（实操指导）

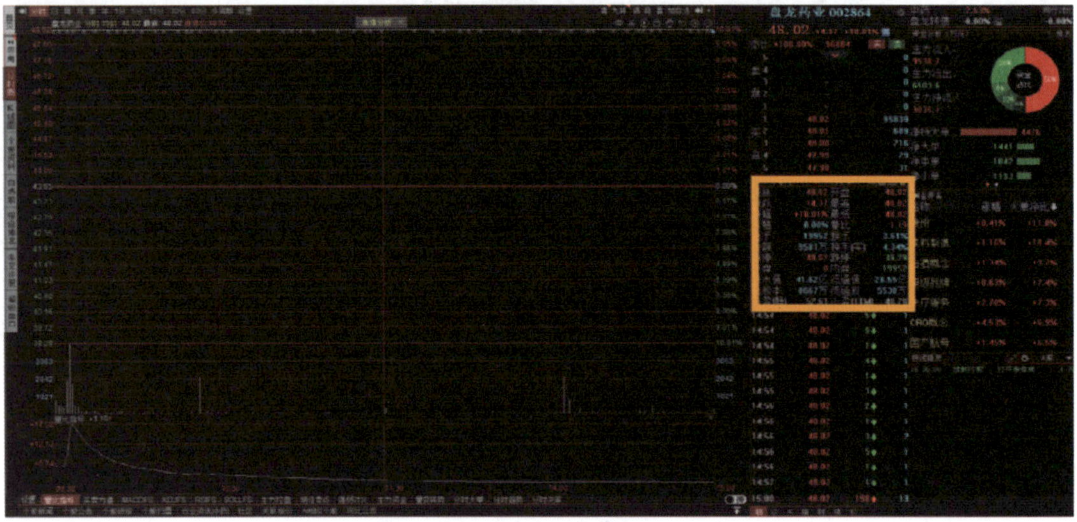

（4）成交明细

成交明细主要呈现个股全天的交易数据明细，通过实时监测来观察大单小单的流入或流出，以此判断个股的承接以及是否有资金运作等状态。

● 如何找到同花顺盘面中的成交明细（实操指导）

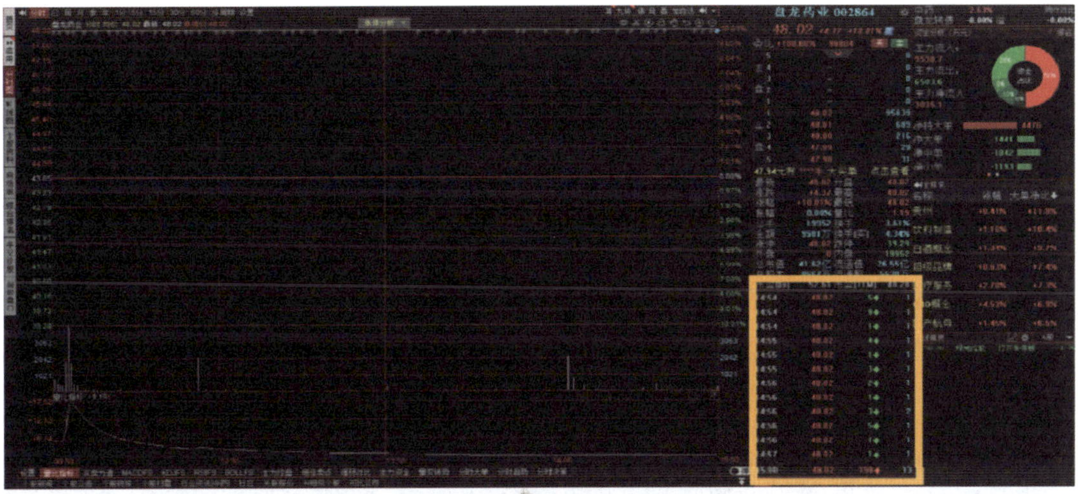

时间	成交	现手	笔数	时间	成交	现手	笔数	时间	成交	现手	笔数	时间	成交	现手	笔数
10:39	48.02	2↓	1	13:20	48.02	29↓	1	14:11	48.02	6↓	1	14:37	48.02	400↓	1
10:40	48.02	5↓	1	13:24	48.02	2↓	1	14:11	48.02	276↓	2	14:37	48.02	3↓	1
10:41	48.02	20↓	1	13:25	48.02	4↓	1	14:11	48.02	15↓	1	14:38	48.02	9↓	1
10:43	48.02	3↓	1	13:30	48.02	3↓	1	14:11	48.02	1↓	1	14:38	48.02	1↓	1
10:43	48.02	1↓	1	13:30	48.02	3↓	1	14:12	48.02	2↓	1	14:39	48.02	20↓	1
10:43	48.02	1↓	1	13:31	48.02	2↓	2	14:13	48.02	10↓	1	14:41	48.02	18↓	1
10:49	48.02	24↓	2	13:33	48.02	1↓	1	14:13	48.02	1↓	1	14:41	48.02	2↓	1
10:50	48.02	2↓	1	13:35	48.02	1↓	1	14:13	48.02	1↓	1	14:41	48.02	66↓	1
10:51	48.02	8↓	1	13:36	48.02	1↓	1	14:14	48.02	5↓	1	14:43	48.02	10↓	1
10:52	48.02	4↓	1	13:39	48.02	10↓	1	14:15	48.02	5↓	1	14:43	48.02	2↓	1
10:53	48.02	7↓	1	13:39	48.02	144↓	1	14:15	48.02	15↓	2	14:44	48.02	5↓	1
10:55	48.02	9↓	1	13:42	48.02	1↓	1	14:16	48.02	43↓	1	14:44	48.02	1↓	1
10:56	48.02	30↓	1	13:42	48.02	1↓	1	14:16	48.02	2↓	1	14:46	48.02	1↓	1
10:59	48.02	3↓	1	13:43	48.02	1↓	1	14:16	48.02	3↓	1	14:46	48.02	3↓	1
11:01	48.02	40↓	1	13:43	48.02	1↓	1	14:17	48.02	10↓	1	14:46	48.02	49↓	2
11:07	48.02	4↓	1	13:44	48.02	20↓	1	14:17	48.02	20↓	1	14:48	48.02	1↓	1
11:08	48.02	3↓	1	13:47	48.02	5↓	1	14:18	48.02	5↓	1	14:49	48.02	1↓	1
11:08	48.02	1↓	1	13:50	48.02	6↓	1	14:18	48.02	1↓	1	14:50	48.02	2↓	1
11:09	48.02	30↓	1	13:51	48.02	2↓	1	14:19	48.02	2↓	1	14:51	48.02	5↓	1
11:10	48.02	1↓	1	13:56	48.02	2↓	1	14:19	48.02	5↓	1	14:51	48.02	1↓	1
11:11	48.02	1↓	1	13:58	48.02	10↓	1	14:19	48.02	1↓	1	14:52	48.02	5↓	1
11:16	48.02	6↓	1	14:00	48.02	3↓	1	14:20	48.02	3↓	1	14:52	48.02	6↓	1
11:17	48.02	22↓	1	14:00	48.02	5↓	1	14:20	48.02	2↓	1	14:52	48.02	5↓	1
11:18	48.02	1↓	1	14:01	48.02	2↓	1	14:20	48.02	8↓	1	14:52	48.02	2↓	1
11:19	48.02	2↓	1	14:02	48.02	20↓	1	14:21	48.02	3↓	1	14:53	48.02	5↓	1
11:20	48.02	2↓	1	14:03	48.02	8↓	1	14:22	48.02	6↓	1	14:53	48.02	1↓	1
11:20	48.02	8↓	1	14:04	48.02	15↓	1	14:23	48.02	1↓	1	14:53	48.02	2↓	1
11:22	48.02	5↓	1	14:04	48.02	5↓	1	14:24	48.02	1↓	1	14:53	48.02	10↓	1
11:23	48.02	1↓	1	14:04	48.02	5↓	1	14:25	48.02	4↓	1	14:54	48.02	10↓	1
11:23	48.02	3↓	1	14:04	48.02	13↓	1	14:25	48.02	10↓	1	14:54	48.02	1↓	1
11:26	48.02	17↓	1	14:05	48.02	1819↓	7	14:28	48.02	9↓	1	14:54	48.02	1↓	1
13:00	48.02	95↓	3	14:05	48.02	292↓	1	14:29	48.02	5↓	1	14:54	48.02	5↓	1
13:00	48.02	151↓	16	14:05	48.02	1↓	1	14:29	48.02	1↓	1	14:54	48.02	9↓	1
13:00	48.02	2↓	2	14:06	48.02	2↓	1	14:30	48.02	1↓	1	14:54	48.02	1↓	1
13:03	48.02	2↓	1	14:07	48.02	619↓	2	14:30	48.02	1↓	1	14:55	48.02	4↓	1
13:05	48.02	2↓	1	14:07	48.02	10↓	1	14:31	48.02	1↓	1	14:55	48.02	1↓	1
13:06	48.02	2↓	1	14:07	48.02	19↓	2	14:31	48.02	1↓	1	14:55	48.02	3↓	1
13:06	48.02	20↓	1	14:07	48.02	105↓	1	14:32	48.02	8↓	1	14:56	48.02	2↓	1
13:07	48.02	2↓	1	14:07	48.02	16↓	1	14:32	48.02	1↓	1	14:56	48.02	1↓	1
13:07	48.02	1↓	1	14:08	48.02	5↓	1	14:32	48.02	149↓	1	14:56	48.02	3↓	2
13:09	48.02	1↓	1	14:09	48.02	12↓	1	14:34	48.02	4↓	1	14:56	48.02	5↓	1
13:14	48.02	10↓	1	14:10	48.02	2↓	1	14:34	48.02	9↓	1	14:56	48.02	1↓	1
13:14	48.02	1↓	1	14:10	48.02	15↓	1	14:34	48.02	8↓	1	14:57	48.02	1↓	1
13:18	48.02	1↓	1	14:10	48.02	6↓	2	14:36	48.02	2↓	1	15:00	48.02	198↑	13

知识补充：

某些游资有默认下单手数，比如9987、9900等，成为市场共识后，当成交明细出现这些手数，其他资金会认为某某游资进场或者出场，用来作为判断个股走势的因素之一。

（5）上涨速度

指股票在其攻击涨停板过程中的快与慢。一般而言，股价上涨的速度越快，其涨停的概率越大，反之，则越小。这是因为上涨速度反映出主力向上攻击的决心，速度越快，决心越大，尤其是拉升性质的涨停板，主力已经吸足筹码，通过快速上涨可以快速摆脱成本区，同时也是打压市场上其他筹码的好方法。

● 如何找到同花顺盘面中的上涨速度（实操指导）

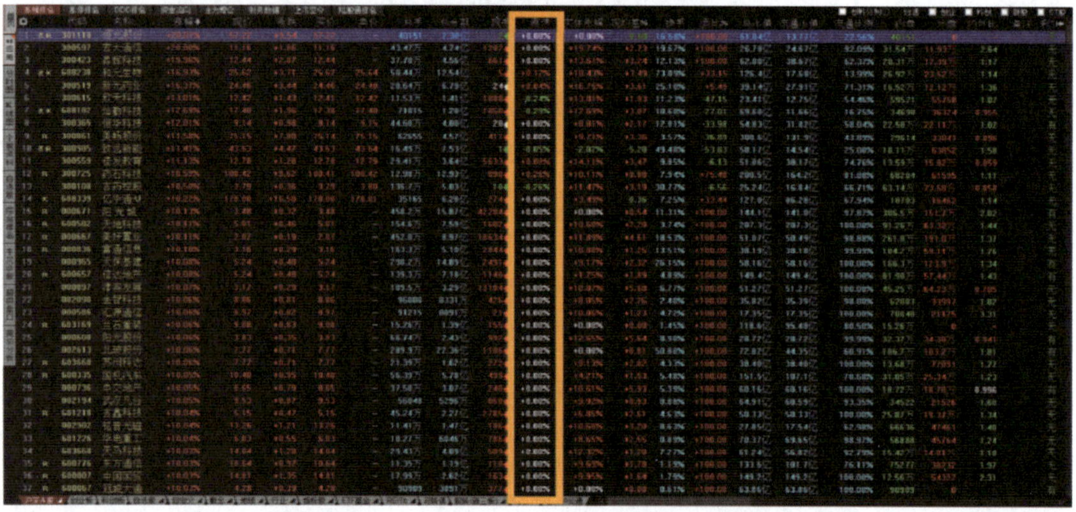

● 如何用i问财找到个股的上涨速度（实操指导）

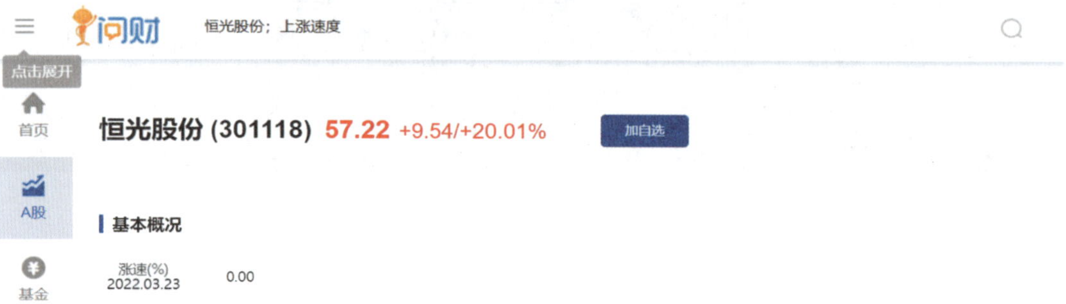

三、课后作业

打开新版i问财官网，在搜索框中输入：今日涨停个股；涨停原因；行业。得出搜索结果后，把搜索结果按“涨跌幅”由高到低进行排序，选出前5名，并列出前5名股票的“涨停封成比”。

作业书写示例：
股票名称1：涨停封成比为57%
股票名称2：涨停封成比为38%
股票名称3：涨停封成比为12%

第七课 课后习题

1. 涨停封成比的数值（　　），第二天封板的概率越高。

A. 越大　　B. 越小　　C. 不变

2. 涨停时间（　　），第二天继续涨停的概率越高。

A. 越早　　B. 越晚　　C. 不变

3. 涨停封成比的定义为（　　）。

A. 成交量占涨停封单量比例　　B. 涨停封单量占成交量比例

C. 涨停封单量与成交量之和

4. 妖股成型的基本标志为（　　）。

A. 个股涨停　　B. 股价站上5日均线　　C. 三连板以上

5. 超过（　　）的委托量称为特大单。

A. 200手　　B. 500手　　C. 1000手

第八课
集合竞价——早盘趋势擒妖股

一、集合竞价

1.什么是集合竞价

所谓集合竞价，就是在当天还没有成交价的时候，投资者可根据前一天的收盘价和对当日股市的预期输入股价进行挂单，集合竞价期间挂单，不按照正式交易时“时间优先”和“价格优先”的原则进行买卖匹配定价，而是按最大买卖匹配量的原则来定出股票的价位，这个价位就称为集合竞价的价位，而这个过程被称为集合竞价。

2.集合竞价红、绿、白柱规则

（1）集合竞价红柱

集合竞价“红柱”代表多方，是希望把资金买成股票的一方，即买进的资金。

（2）集合竞价绿柱

集合竞价“绿柱”代表空方，是希望把股票转成资金的一方，即卖出的股票。

（3）集合竞价白柱

集合竞价”白柱“代表当时的委托买单和委托卖单全部匹配，没有未匹配的单量。

集合竞价的绿柱和红柱还分为上下两个部分，见下图。

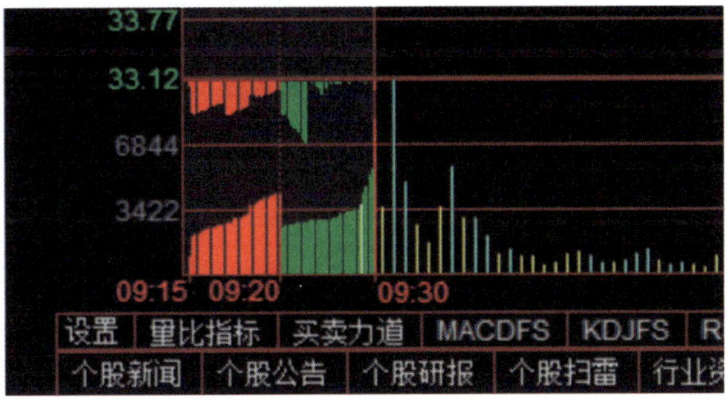

（4）集合竞价红绿柱盘面解读

如下图所示，蓝色横线上面的红柱代表的是希望买进的资金，绿柱代表的是希望卖出的股票，蓝线上方的红绿柱都代表挂单但尚未成交的数量。蓝色横线上方的红柱越长，代表希望买进的资金越多，蓝色横线上方的红柱越短，则代表希望买进的资金越少。

同理，蓝色横线上方的绿柱越长，代表希望卖出的股票越多，蓝色横线上方的绿柱越短，则代表希望卖出的股票越少。

蓝色横线下面的红柱代表的是已经撮合的净买入数量，绿柱则代表的是已经撮合的净卖出数量。蓝色横线下方的红柱越长，代表撮合的净买入数量就越多，相反，柱子越短，代表撮合的净买入数量就越少。同理，蓝色横线下方的绿柱代表撮合净卖出数量，蓝色横线下方的绿柱越长，代表撮合净卖出数量就越多，相反，柱子越短，代表撮合净卖出的数量就越少。在集合竞价期间，撮合的买入卖出委托单都会在9: 25之后统一成交。

- 同花顺调出集合竞价（电脑版实操指导）

在个股分时图右上角找到“竞”的标识，再勾选保持开启，就可以调出个股的集合竞价。

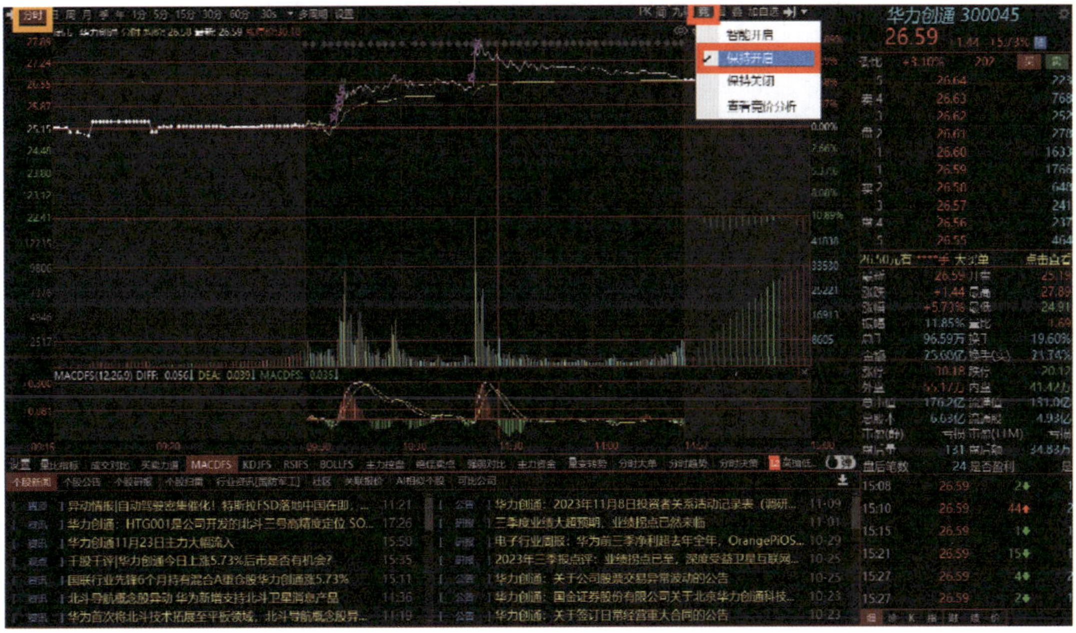

调出集合竞价以后，用鼠标指到想要了解的集合竞价量柱上，就可以看到竞价明细。

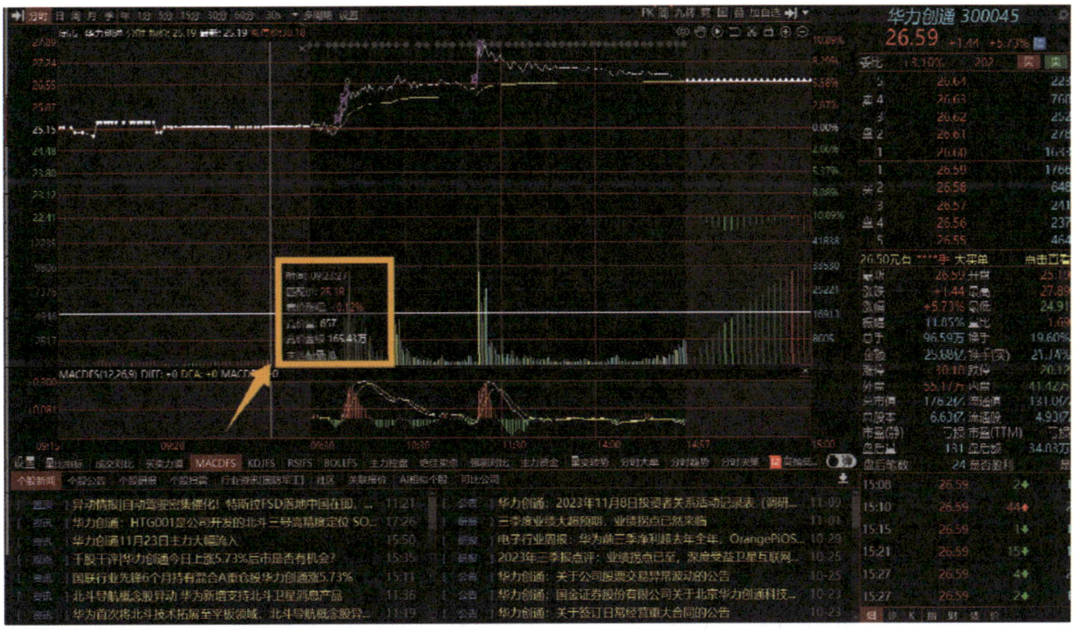

- 手机同花顺调出集合竞价（手机版实操指导）

在个股分时图右上角找到“ ”的标识，再勾选保持开启，就可以调出个股的集合竞价。

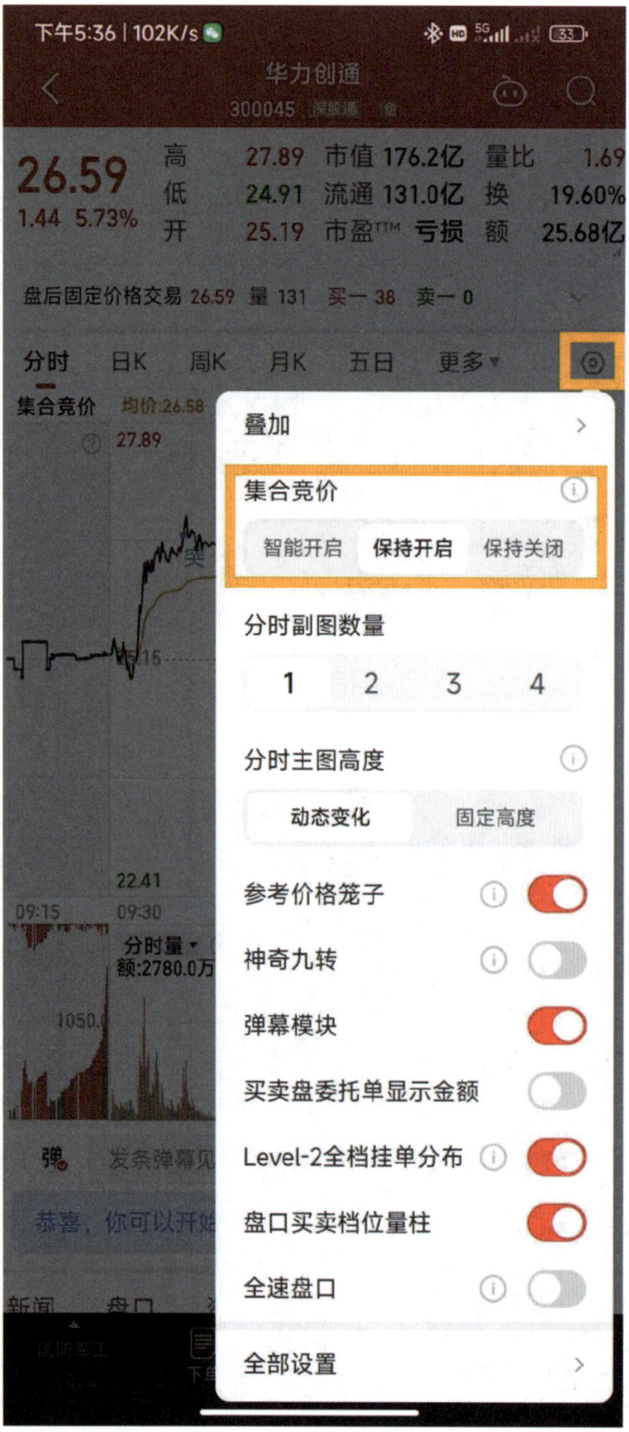

总结：竞价最后阶段出现大量红柱，代表尾盘出现抢筹，开盘之后若无大资金砸盘，上升概率较大。但是在实际交易过程中，可能会出现多种可能。例如：竞价最后阶段出现大量红柱，开盘之后遭到大资金砸盘，导致股价震荡下跌。

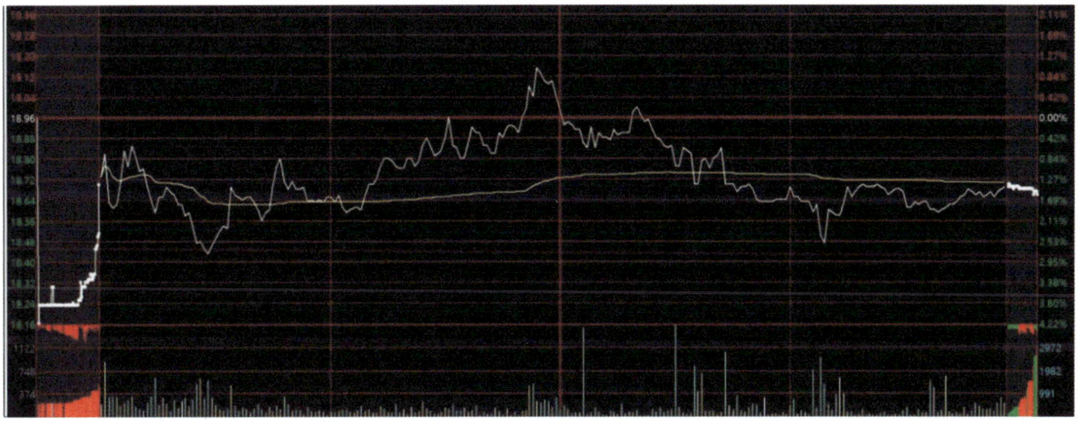

竞价最后阶段出现大量绿柱，开盘之后遭到大资金抢筹，导致股价直接封死涨停。

以上案例都说明，在早盘集合竞价中，红绿白柱是我们预测当日股价的依据之一，但是不能把其视为影响当日股价走势的唯一依据。在股市当中，没有任何事情是绝对的。盘面如同战场，要根据不同的变化进行随机的排兵布阵，要有临场应变的能力，接受各种可能的结果。

3. 集合竞价挂单

（1）集合竞价交易规则

早盘集合竞价分为三个时间段，分别如下：

9：15—9：20

9：20—9：25

9：25—9：30

每个时间段都有不同的规则，很多时候主力便是利用这些规则进行操盘。了解这三个时间段的操盘规则，有利于散户投资者进行主力跟踪。我们先来看一下这三个时段的交易规则。

第一个时间段：9：15—9：20

这五分钟为开放式集合竞价，期间可以委托买进和卖出的单子，同时也可以撤单。正因为可以撤单，所以投资者在这一阶段看到的匹配成交可能是虚假的，很多主力会通过大量资金来控制集合竞价的价格，但是如果不想增加筹码的话，他们一定会在9：20之前撤单。

第二个时间段：9：20—9：25

这五分钟同为开放式集合竞价，期间也可以去委托买进和卖出的单子，但是这个期间不可以撤单，即使是委托了撤单，也是无效委托。

第三个时间段：9：25—9：30

这个时间段的交易规则就是不交易，交易中心的电脑这五分钟可接收买卖委托和撤单，但不受理，一直累积到9：30正式开盘时，按时间优先原则和数量优先原则统一受理。

● 例题

已知一只个股在集合竞价阶段报价和买卖挂单情况如下，请思考以下问题：

报价一：10元　　挂10元买单100手　　挂10元卖单10000手

报价二：9.9元　　挂9.9元买单1000手　　挂9.9元卖单1000手

问题一：该个股的开盘价是多少？

问题二：如果你持有该股，想要在集合竞价期间卖出，应该挂什么价位卖出？

问题三：如果你想在集合竞价期间买入该个股，应该挂什么价位买入？

（2）集合竞价挂单优势

能够提前排队买入股票，尤其是已经涨停的股票，在集合竞价阶段挂涨停价更容易成交。而对于已经跌停的股票，在集合竞价阶段挂跌停价更容易成交。

（3）集合竞价挂单劣势

集合竞价挂买单成交后，有可能出现开盘表现不及预期，股价快速回落造成亏损的情况。又或者集合竞价委托卖单成交后，开盘股价快速拉升，导致卖在最低点，获利减少。

4. 集合竞价白点

投资者在实际交易的过程中，只会选取盘中活跃的个股进行集合竞价的买卖，但是在集合竞价期间，个股还没有具体的盘面表现，投资者也看不到具体的盘口语言去判断该个股是否活跃，那这个时候怎么办呢？

接下来要学习的“集合竞价白点”，就能帮投资者解决这个问题——在集合竞价期间判断个股股性是否活跃，以及具体的活跃程度。

观察下图我们不难发现，在集合竞价期间，白点和量柱呈现的是一一对应的关系，也就是说，集合竞价分时线上出现一个白点，就会有相应的买卖挂单行为出现，这就意味着在挂单量一定的情况下，集合竞价白点越多的个股，股性就越活跃。

在白点一定的情况下，投资者可以对比发现，量柱高的个股开盘后股价更强势。所以可以得出结论，在集合竞价期间，交易活跃的标志为白点多且量能延续。

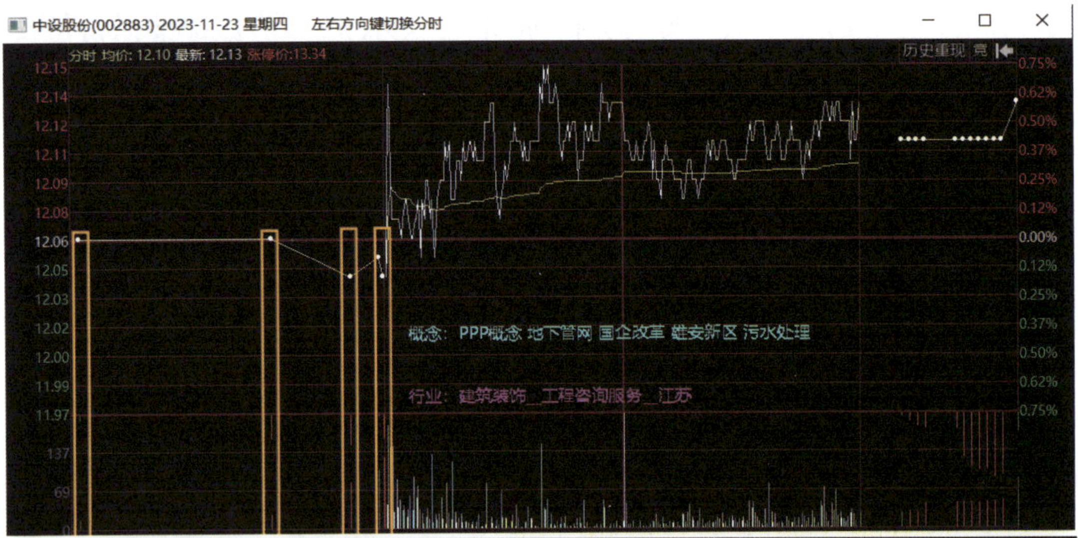
中设股份(002883) 2023-11-23 星期四 左右方向键切换分时
分时 均价: 12.10 最新: 12.13 涨停价:13.34
历史重现
概念: PPP概念 地下管网 国企改革 雄安新区 污水处理
行业: 建筑装饰_工程咨询服务_江苏

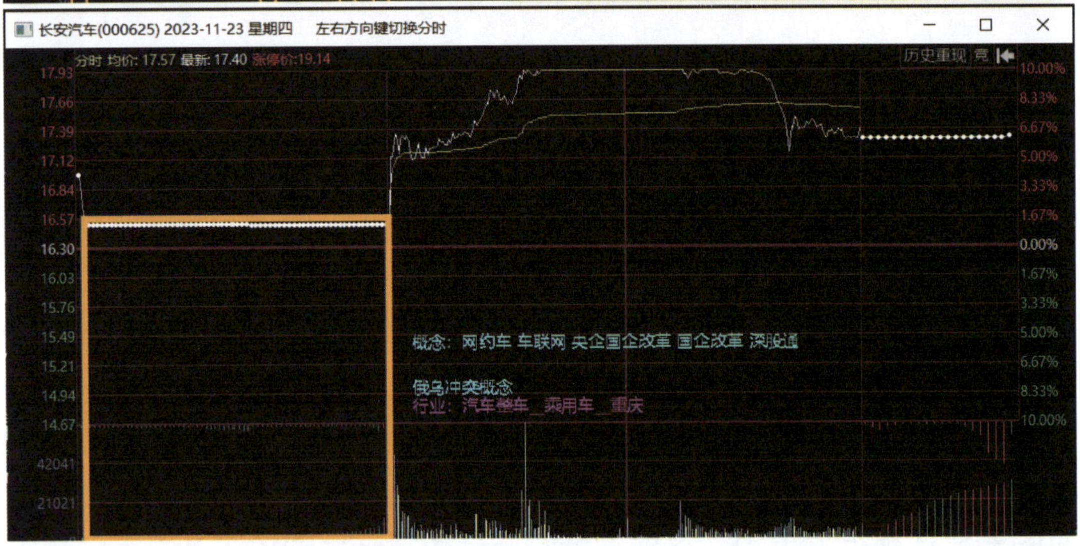
长安汽车(000625) 2023-11-23 星期四 左右方向键切换分时
分时 均价: 17.57 最新: 17.40 涨停价:19.14
历史重现
概念: 网约车 车联网 央企国企改革 国企改革 深股通
俄乌冲突概念
行业: 汽车整车_乘用车_重庆

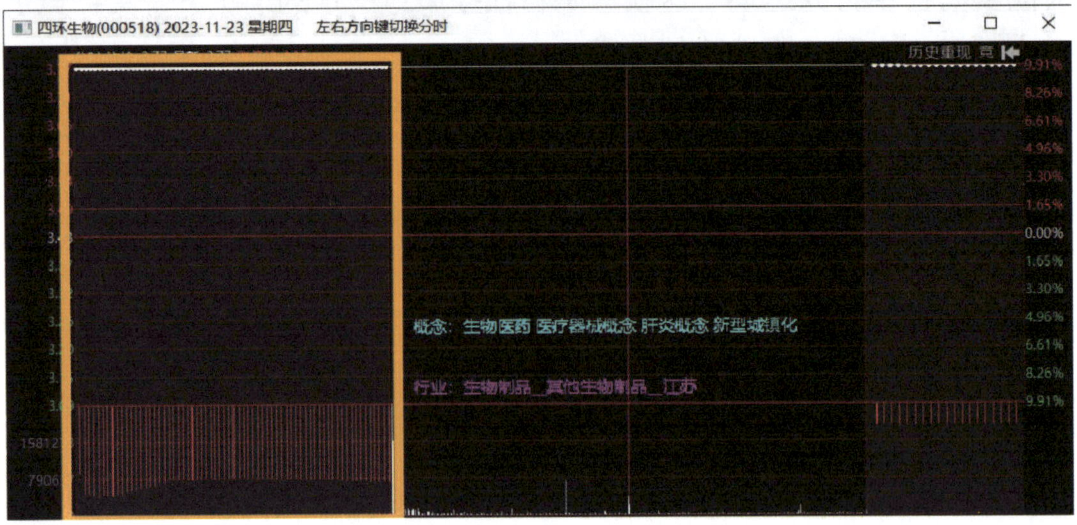
四环生物(000518) 2023-11-23 星期四 左右方向键切换分时
历史重现
概念: 生物医药 医疗器械概念 肝炎概念 新型城镇化
行业: 生物制品_其他生物制品_江苏

5. 集合竞价试盘

集合竞价试盘是主力在进行正式交易之前，去试探市场情绪和跟风情况的行为，这个行为对一只个股当天的开盘点位和当天的走势有非常大的参考借鉴价值。我们需要在集合竞价试盘阶段做出如下操作。

① 9:15 — 9:20，把集合竞价出现涨停试盘的股票全部收藏。

- 股价低位的涨停试盘

这种情况必须是前期股价经过一轮下跌行情，然后在某一日出现了竞价涨停试盘，之后也多次出现此种情况，可能就存在主力计划拉升了。通过涨停试盘来测试开盘后的市场抛压力度，只要抛压力度不大，后面个股的涨势可期。

- 股价高位的涨停试盘

如果股价前面已经是持续出现多个涨停行情，或者涨幅较高，此时出现竞价涨停试盘，有可能主力想测试下跟风盘有多少，以便后面可以顺利砸盘或者出货。如果股民都不跟，主力可能就会慢慢地继续折腾，直到吸引跟风盘入市后离场。

实操指导

在每天的9:15—9:20期间，打开i问财官网同花顺问财（iwencai.com），并输入“集合竞价涨停试盘股票”。

② 9:25，把刚才保存的股票中适度高开的股票 (1%~5%)进一步保留。

实操指导

9:25，在i问财中继续输入“集合竞价涨停试盘股票；高开1%~5%”。

③ 集合竞价尾部最好出现的是红色柱体。

竞价最后阶段出现大量红柱，代表尾盘出现抢筹，开盘之后若无大资金砸盘，上升概率较大。

④ DDE大单净流入。

⑤ 分时主线一定要在均线之上。

二、集合竞价选股

实操指导

当天9:25在i问财官网输入“集合竞价涨停试盘股票：高开1%~5%；DDE大单流入；股价在分时均线之上；非ST”。

三、课后作业

将“集合竞价涨停试盘股票；高开1%~5%；DDE大单流入；股价在分时均线之上；非ST”输入到i问财中，并通过模拟炒股在第二天进行测试。

请作答：

第八课 课后习题

1. 集合竞价红柱代表（　　）。

A. 买方主动提高价格买入　B. 卖方主动降低价格卖出　C. 股价下跌

2. 集合竞价绿柱代表（　　）。

A. 买方主动提高价格买入　B. 卖方主动降低价格卖出　C. 股价上涨

3. 集合竞价中，可以挂单但不能撤单的时间段为（　　）。

A. 9:15—9:20　B. 9:20—9:25　C. 9:25—9:30

4. 集合竞价中的“白点”显示较多，说明成交（　　）。

A. 活跃　B. 低迷　C. 和成交无关

5. 想买入一只股票时，最好要满足（　　）。

A. 分时主线在分时均线之上
B. 分时主线在分时均线之下
C. 不看分时均线

第九课
分时成交——四大法则成体系

一、什么是分时图

分时图是指大盘和个股的动态实时分时走势图，其在实战研判中的地位极其重要，是即时把握多空力量转化即市场变化直接的根本所在。

- 同花顺调出分时图（电脑版实操指导）

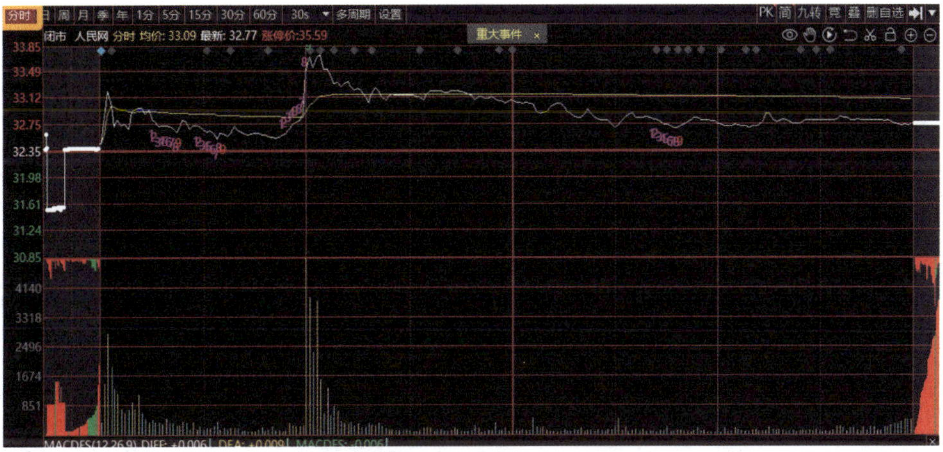

- 同花顺调出分时图（手机版实操指导）

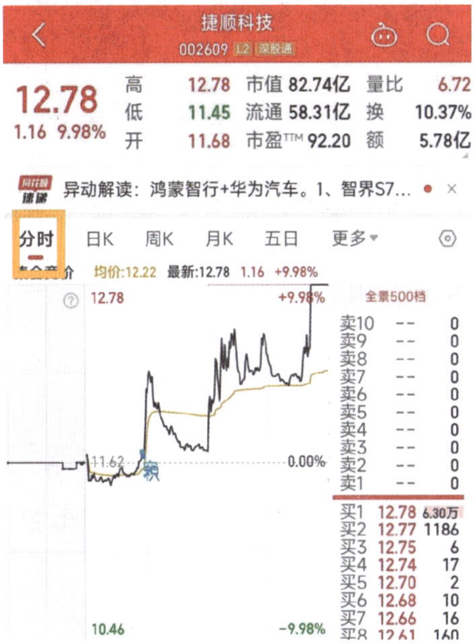

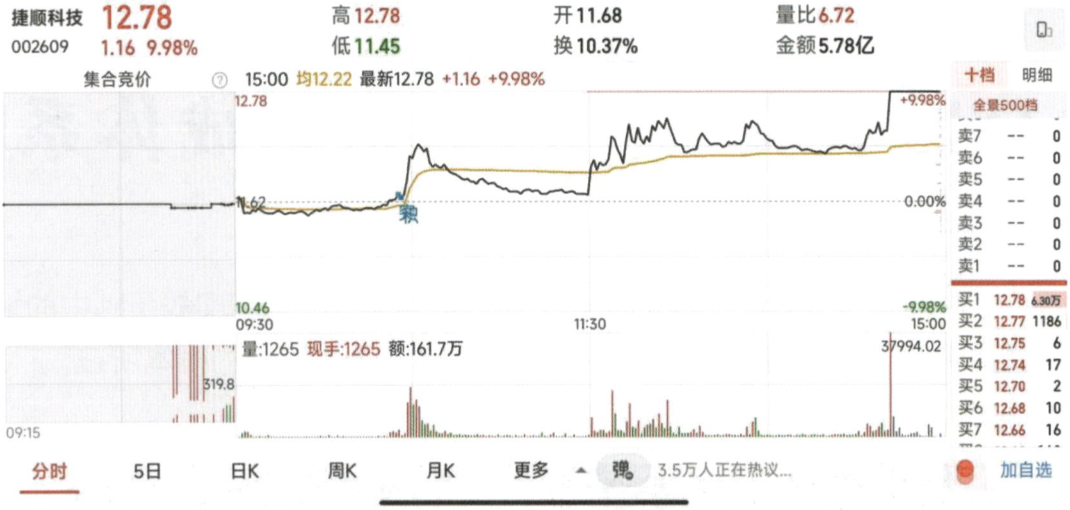

二、分时图盘面讲解

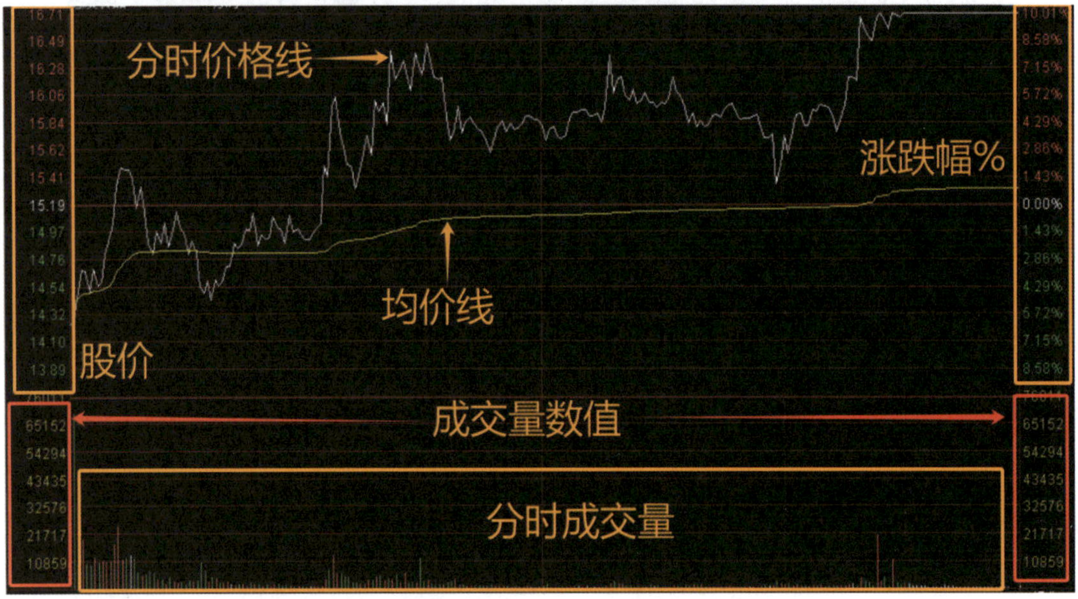

三、分时交易四大法则

1.第一法则

①在分时图中，股价创新高时的成交量，相对于前一个高点时的成交量不升反降，导致分时走出量价背离的形态。每当出现这种分时形态时，日内趋势大概率会反转。

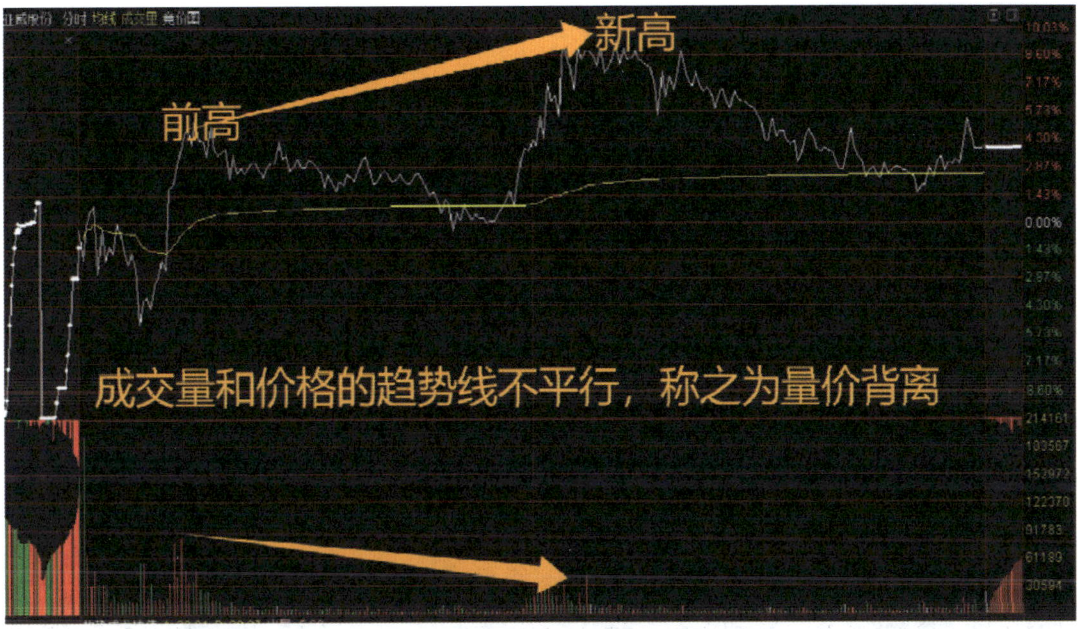
新高
前高
成交量和价格的趋势线不平行，称之为量价背离

② 在分时图中，股价创新低时的成交量，相对于前一个低点时的成交量不降反升，导致分时走出量价背离的形态。每当出现这种分时形态时，日内趋势大概率会反转。

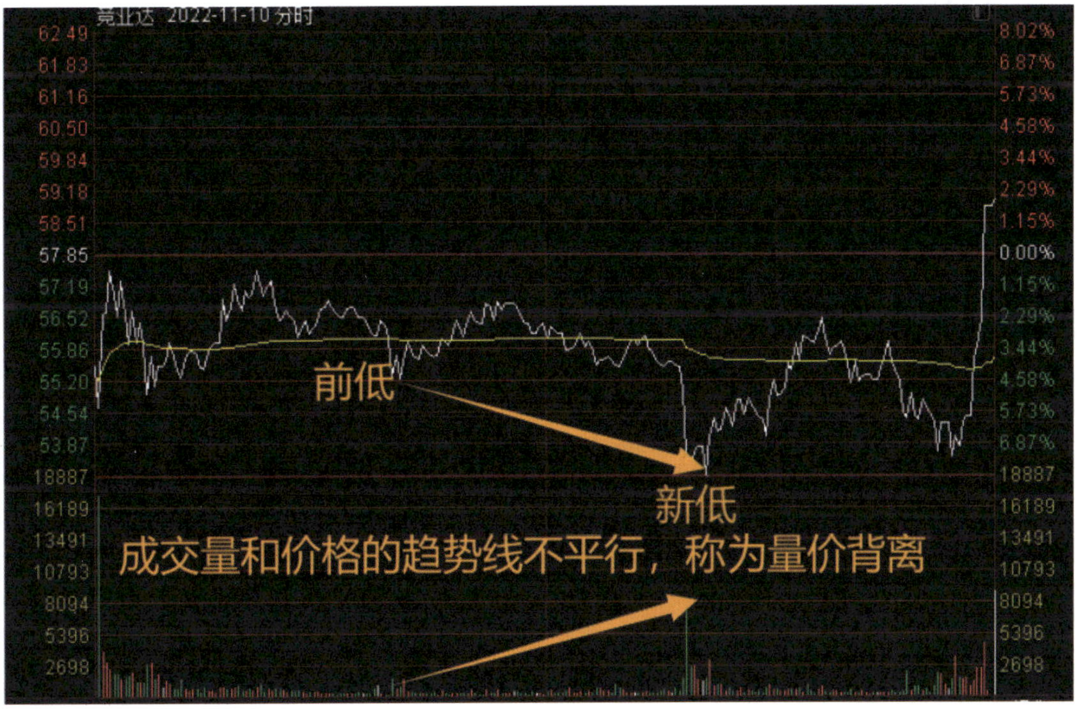
竞业达 2022-11-10 分时
前低
新低
成交量和价格的趋势线不平行，称为量价背离

2.第二法则

股价在第一个小时放量上涨，在第二个小时的时候虽然依旧保持冲高的趋势，但成交量出现萎缩，故此时的上涨大概率为拉高出货，做T时可注意减仓。

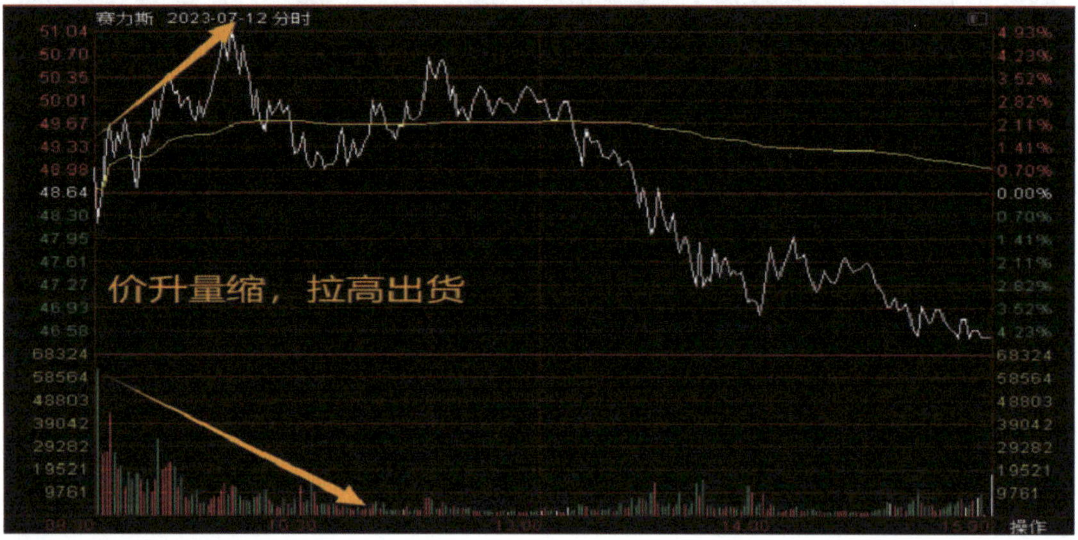

3.第三法则

在下跌走势中，早盘到10:30的成交量如果没有达到上一个交易日尾盘最后1个小时尾盘成交量1倍的话，通常反弹高度不会超过11点，当天该个股大概率也不会走出大行情。

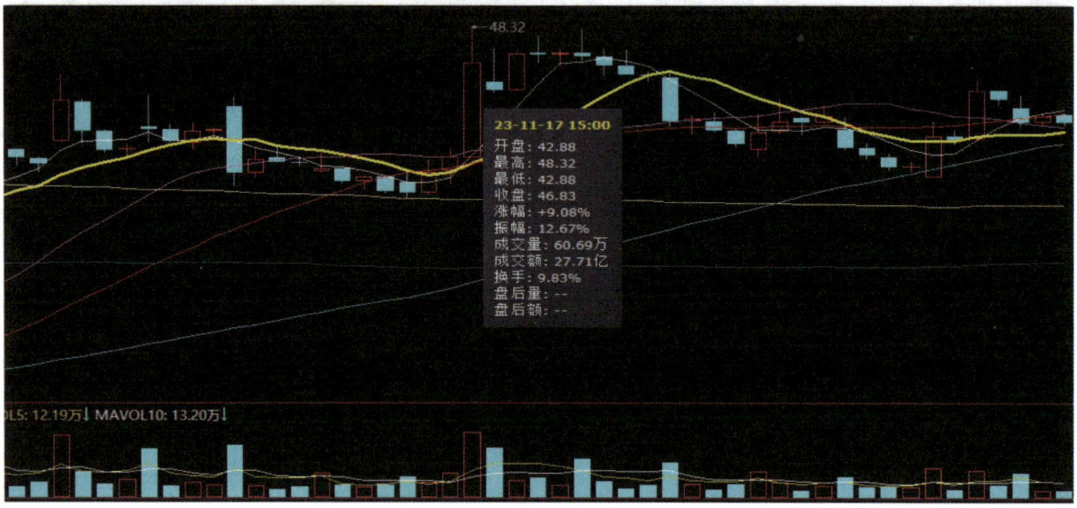

17日尾盘1小时成交量60.69万

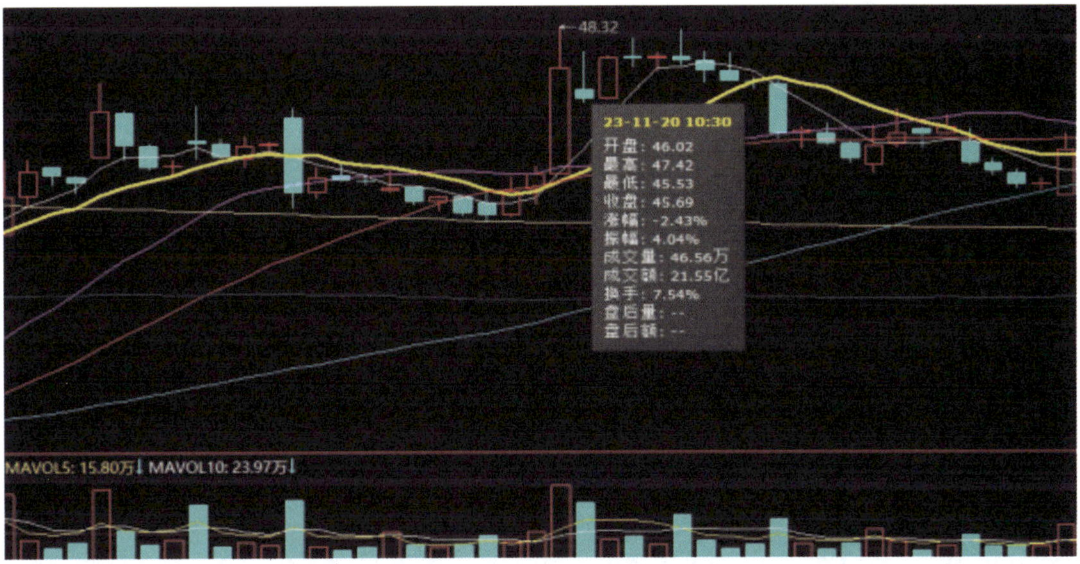

次日早盘到10:30的成交量46.56万

早盘1小时的成交量甚至没有上一个交易日最后1小时的成交量大，则当天延续反弹的力度较弱。

4.第四法则

早盘高开或低开，连续三个15分钟的量能不断放大，而且开盘的三个15分钟K线中连续出现阳线或阴线，则当天会出现全天上涨或者下跌的走势。

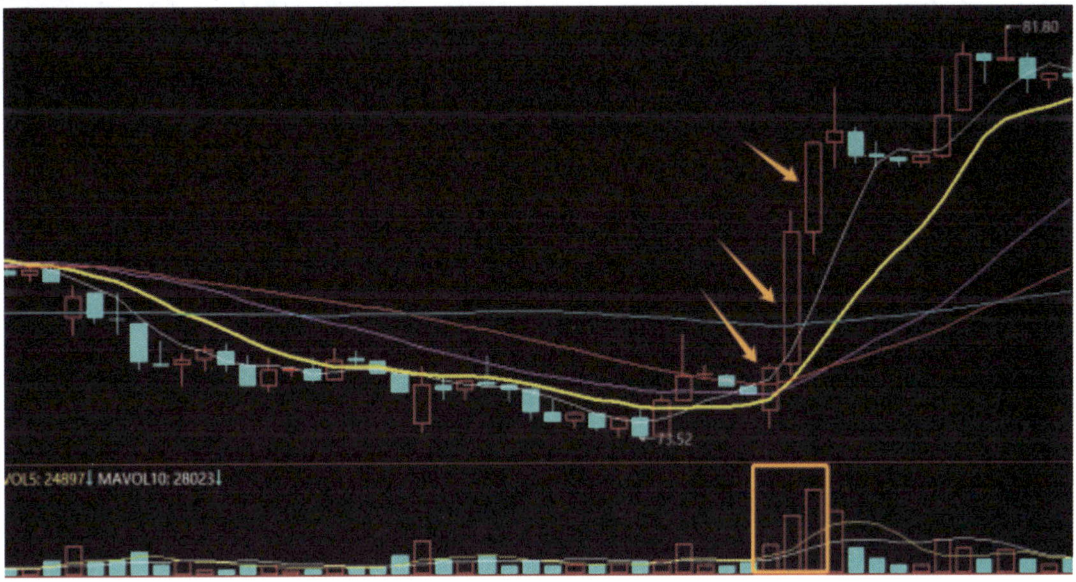

四、分时交易六大技巧

1.尾盘无量拉升

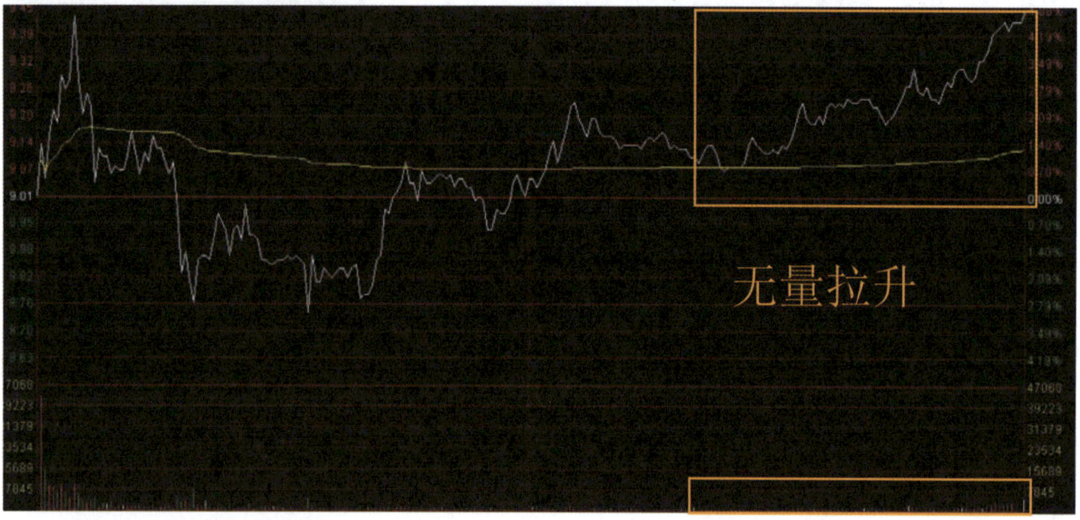

2.出货经典分时

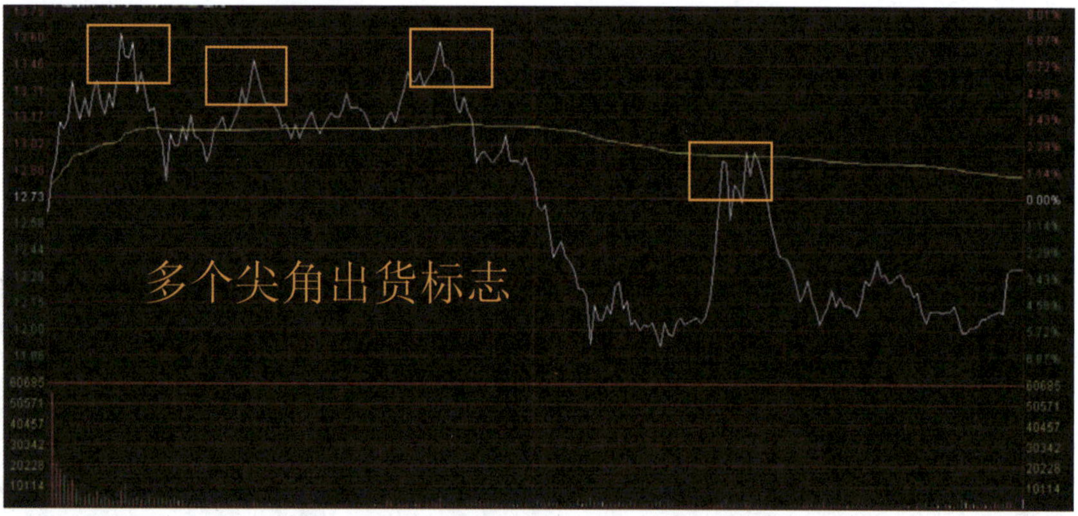

3.盘中急速拉升

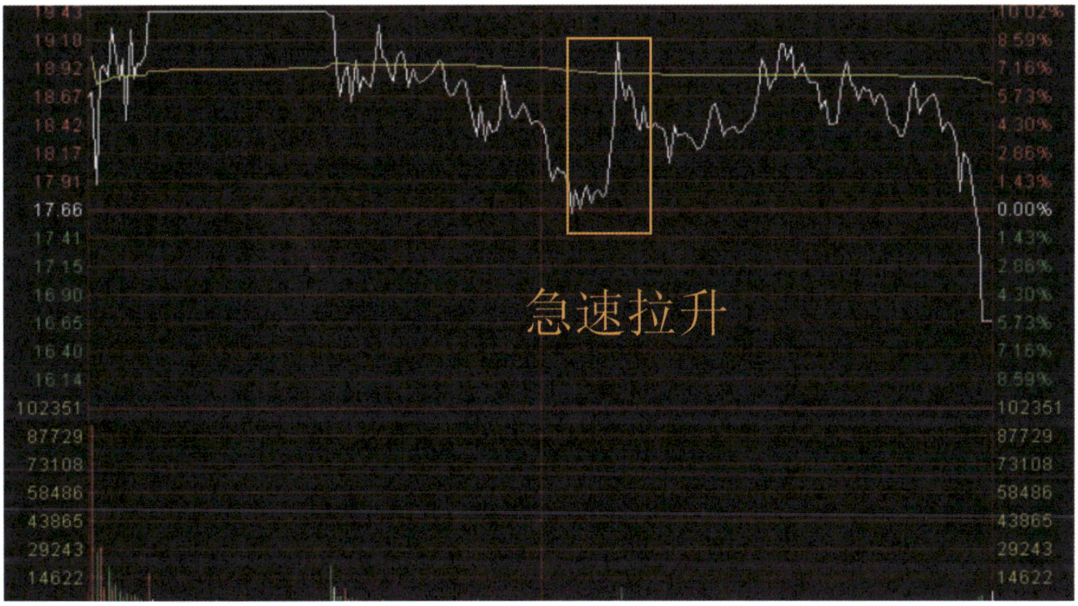

4.连续阴线跌停

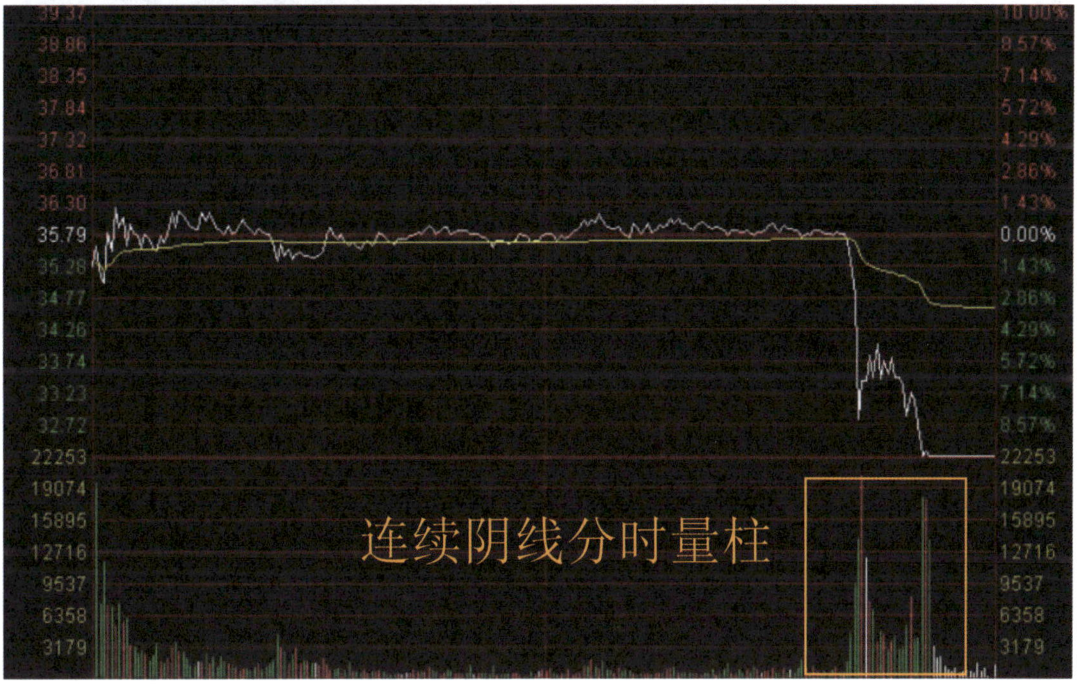

5.下跌刹车企稳

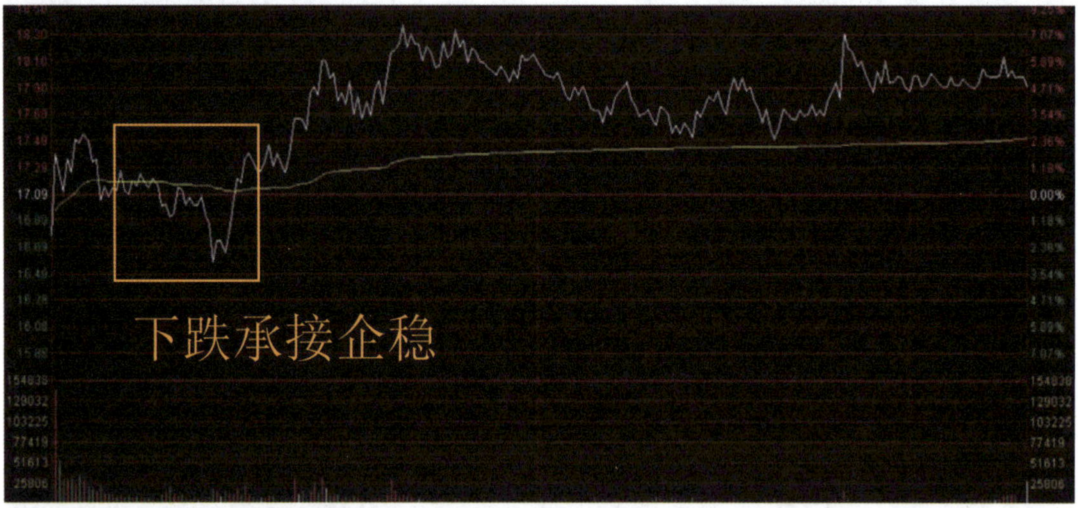

6.高位见顶见底

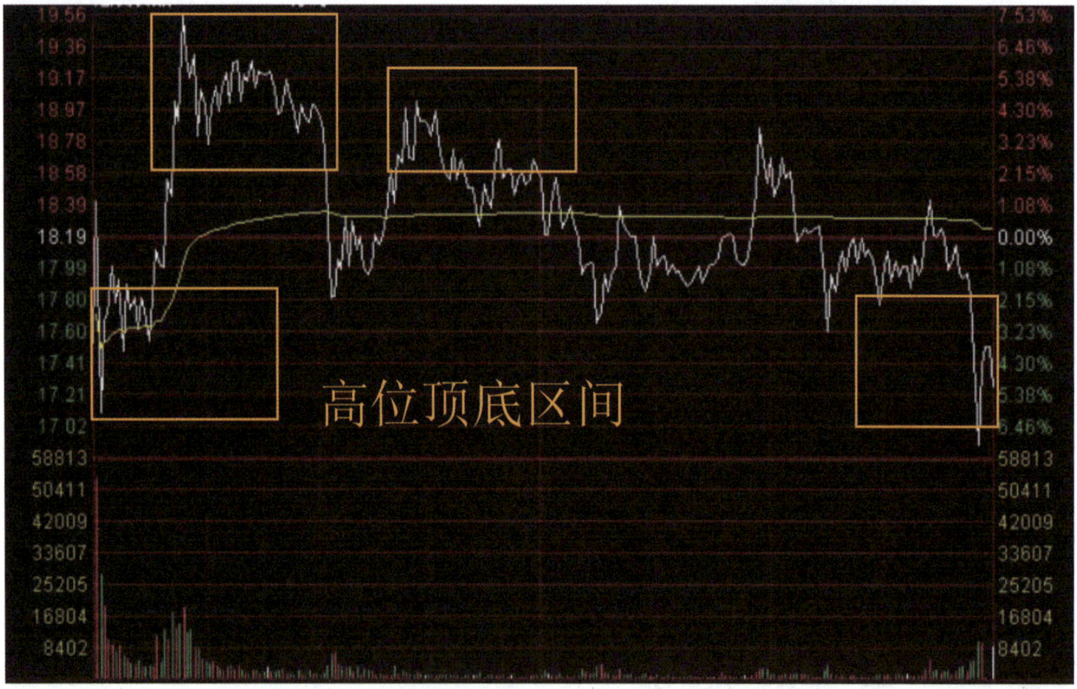

第九课　课后习题

1. 股价上升，分时量能下降，意味着（　　）。

A. 支撑量能不足，股价上升难度增加

B. 支撑量能不足，股价上升难度减小

C. 股价即将爆发

2. 股价下跌，分时量能上升，意味着（　　）。

A. 继续下跌的概率增加

B. 股价保持稳健，并且止跌

C. 股价即将突破重要关口

3. 股价在第一个小时放量上涨，在第二个小时的时候虽然依旧保持冲高的趋势，但成交量出现萎缩，意味着（　　）。

A. 加速上升　　B. 即将涨停　　C. 拉高出货

笔 记

第十课
双星主升——市场合力定江山

一、能量潮指标——OBV

1.什么是OBV指标

OBV指标中文名字叫做能量潮，是由美国投资分析家乔·格兰维尔所创，该指标通过统计成交量变动的趋势来推测股价趋势。

其他多数指标都是通过股价去预测未来的走势，而OBV是通过成交量的变化来预测股价。K线可能会被主力作假，但是成交量却是实打实的资金轨迹。

- 同花顺调出OBV指标（电脑版实操指导）

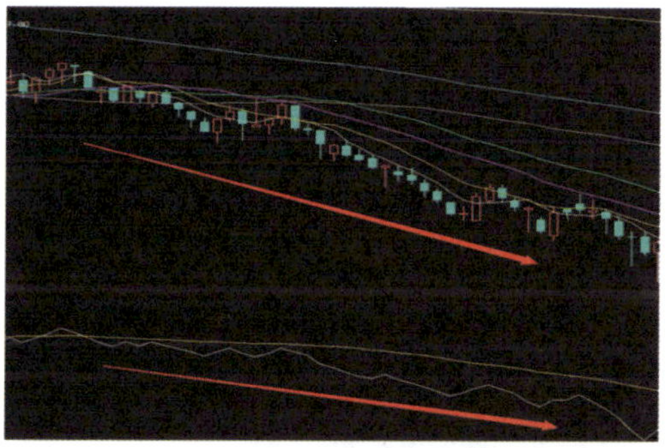

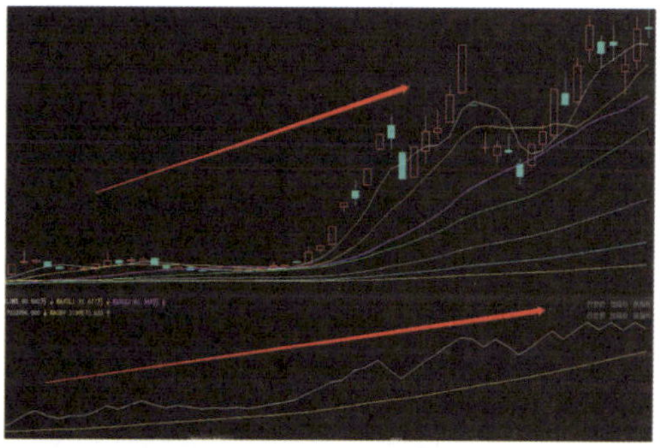

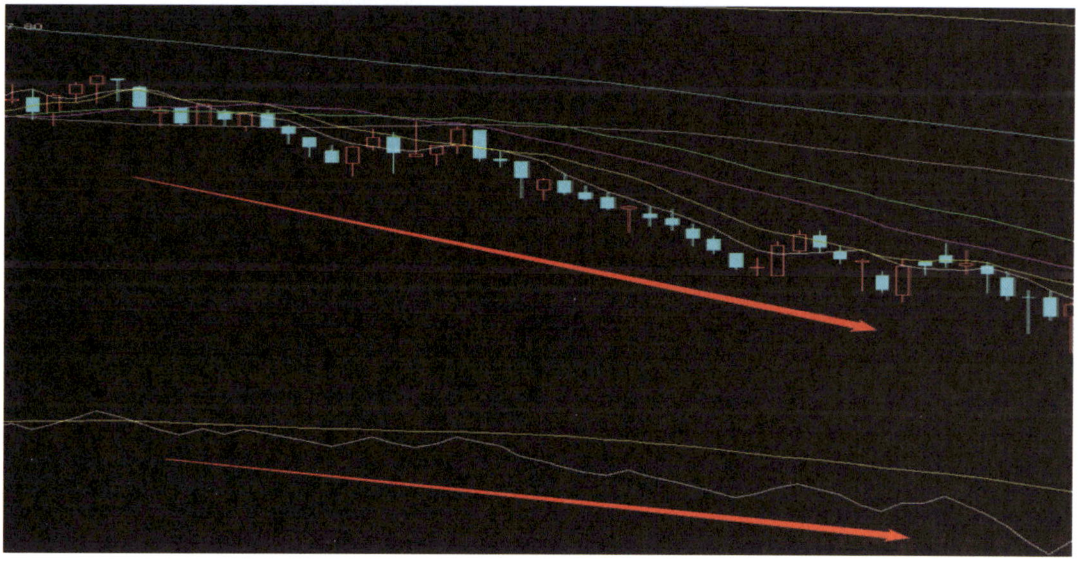

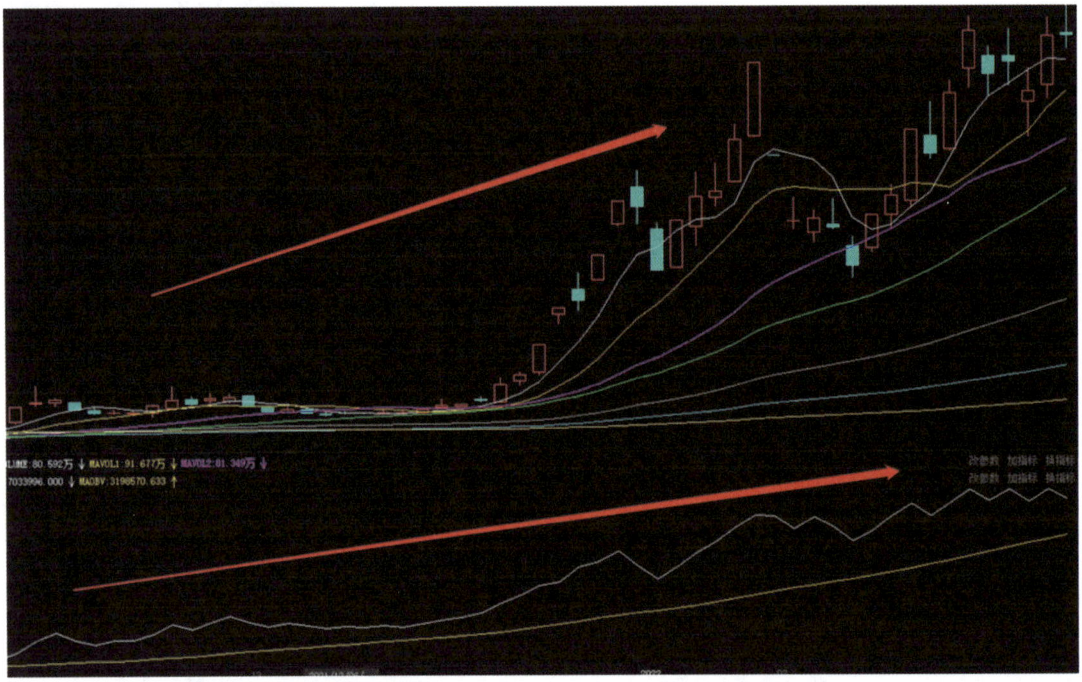

能量潮是将成交量数量化，制成趋势线，配合股价趋势线，依据价格的变动及成交量的增减关系，推测市场气氛。

OBV 指标的主要理论基础是市场价格的变化必须有成交量的配合，股价的波动与成交量的扩大或萎缩有非常密切的关联。

- 东方财富调出OBV指标（手机版实操指导）

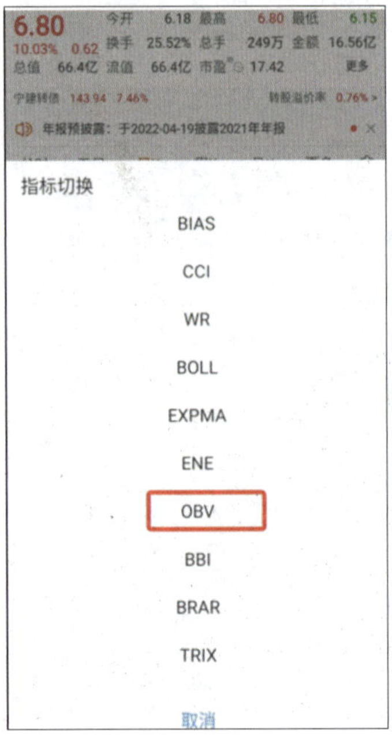

影响股票走势的因素包括：量、价、时、空。

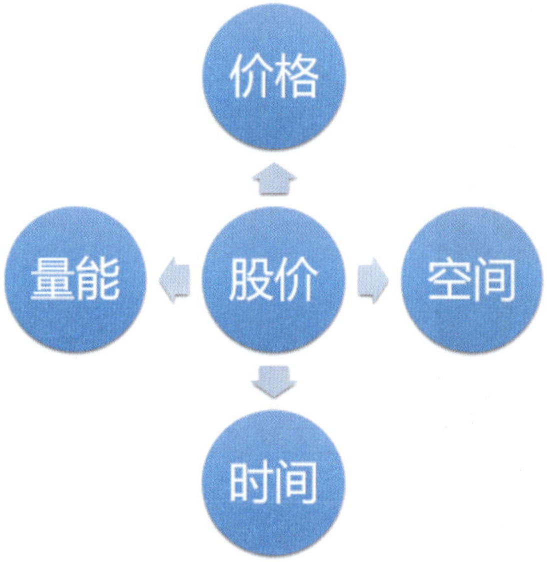

OBV 指标就是从“量能“这个要素作为突破口，来发现热门股票，分析股价运动趋势的一种技术指标。

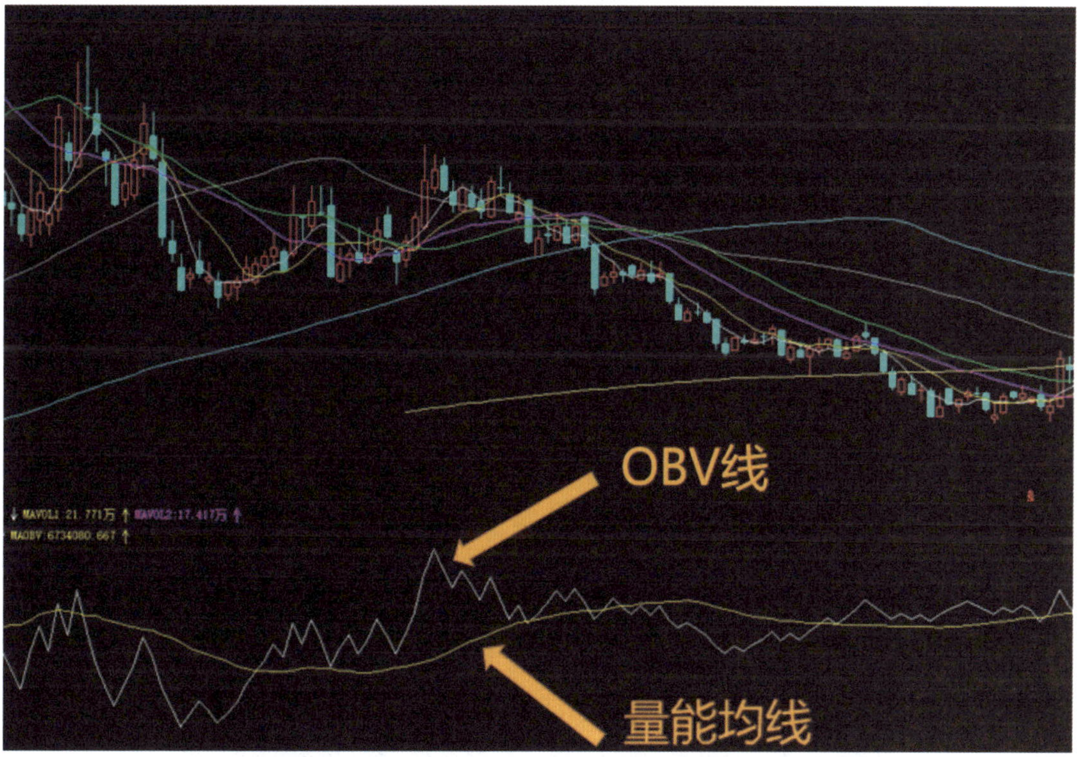

上图中白色线是OBV线，黄色线是量能均线

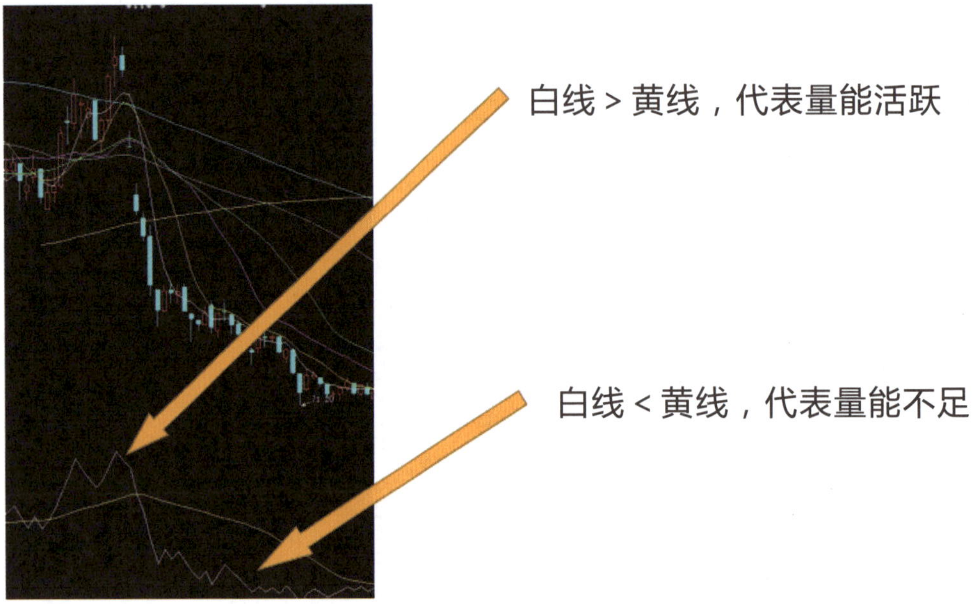
白线 > 黄线，代表量能活跃
白线 < 黄线，代表量能不足

2.OBV指标六大经典形态

①股价上升，OBV线下降，卖出（顶背离）。

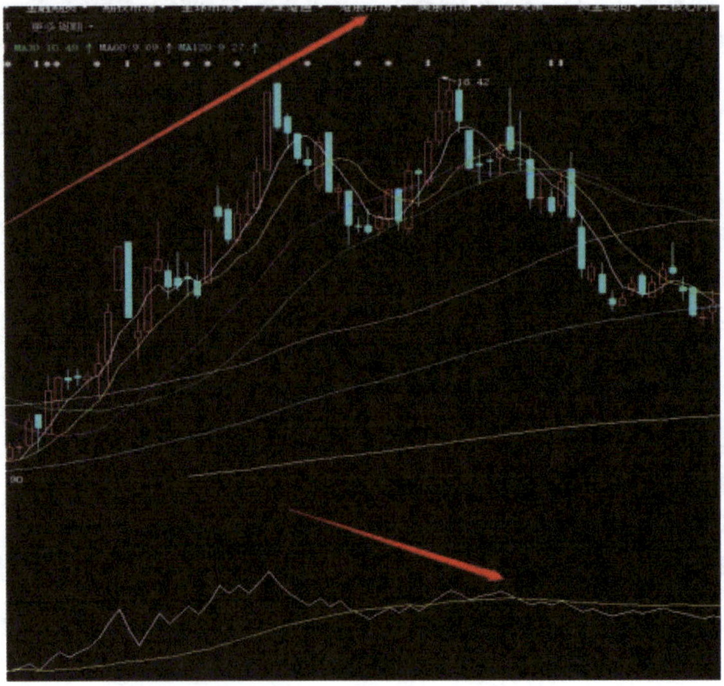

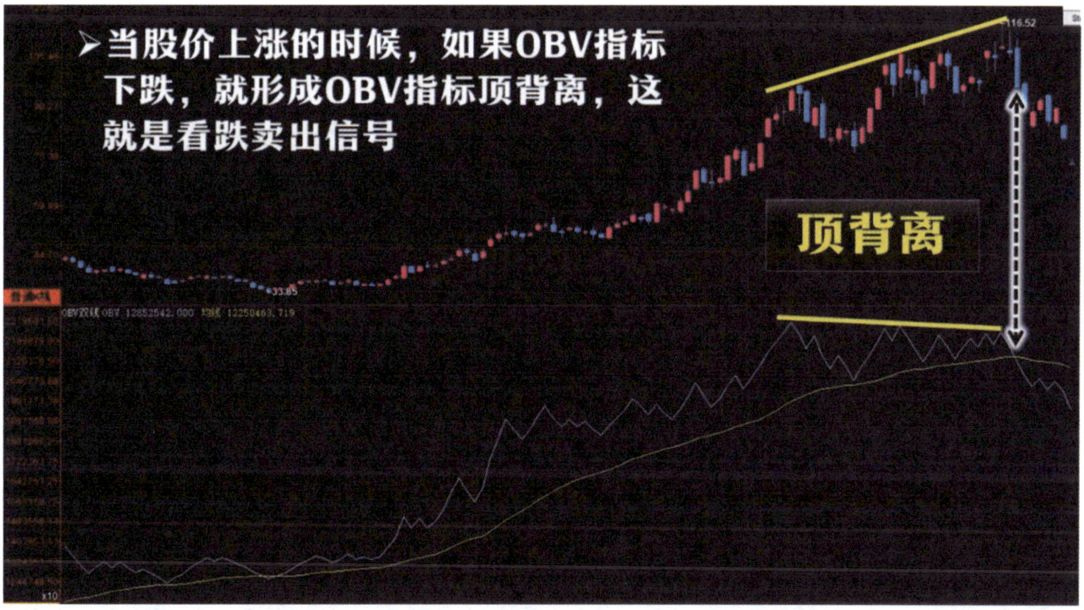
➢当股价上涨的时候，如果OBV指标下跌，就形成OBV指标顶背离，这就是看跌卖出信号
顶背离

顶背离对应着底背离，顶背离是卖出信号，底背离是买入信号。

②股价上升，OBV线不断创新高，买入。

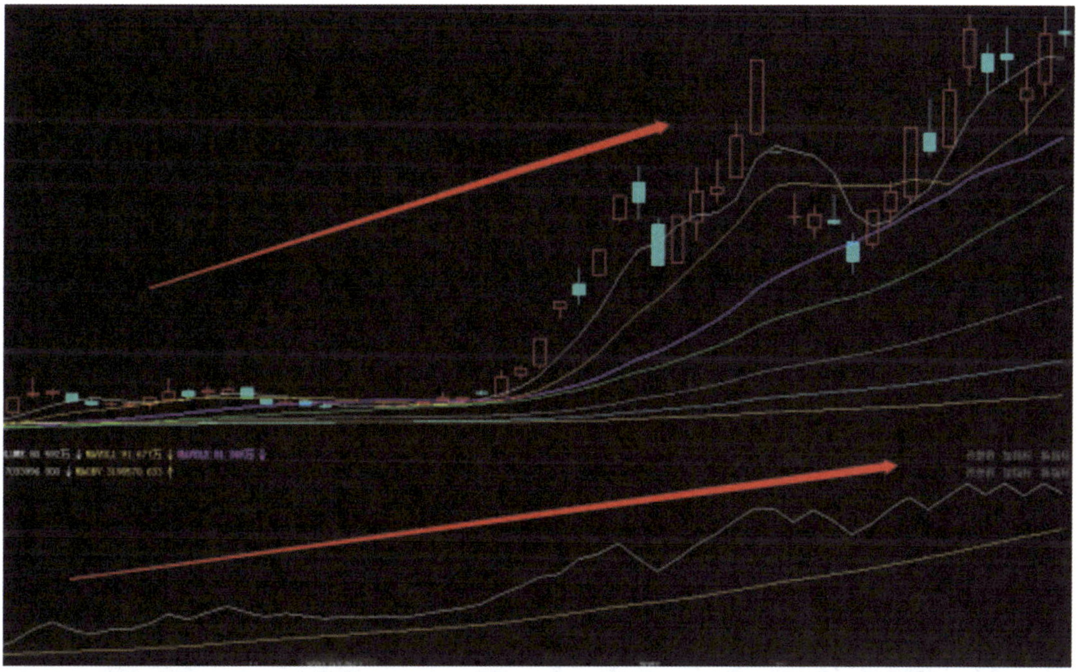

③OBV在均线附近持续走平超过3个月的时候，说明主力在不断吸筹，后期随时有突破的可能。遇涨停突破，为较好的买入点。

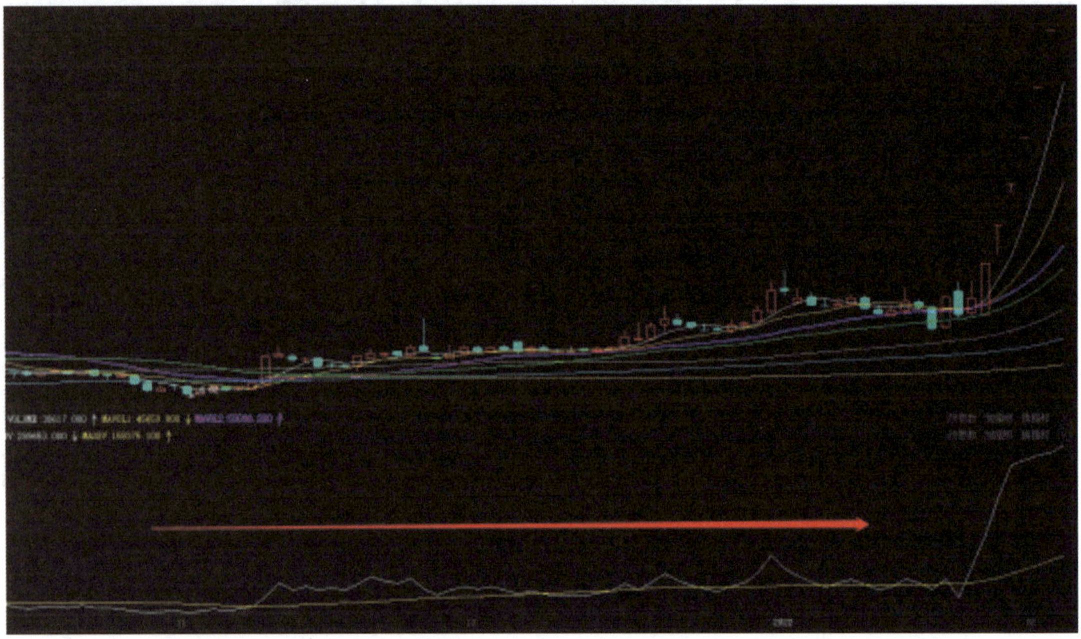

④股价下跌，OBV 横向移动，投资者可以在白线突破黄线的位置建仓。

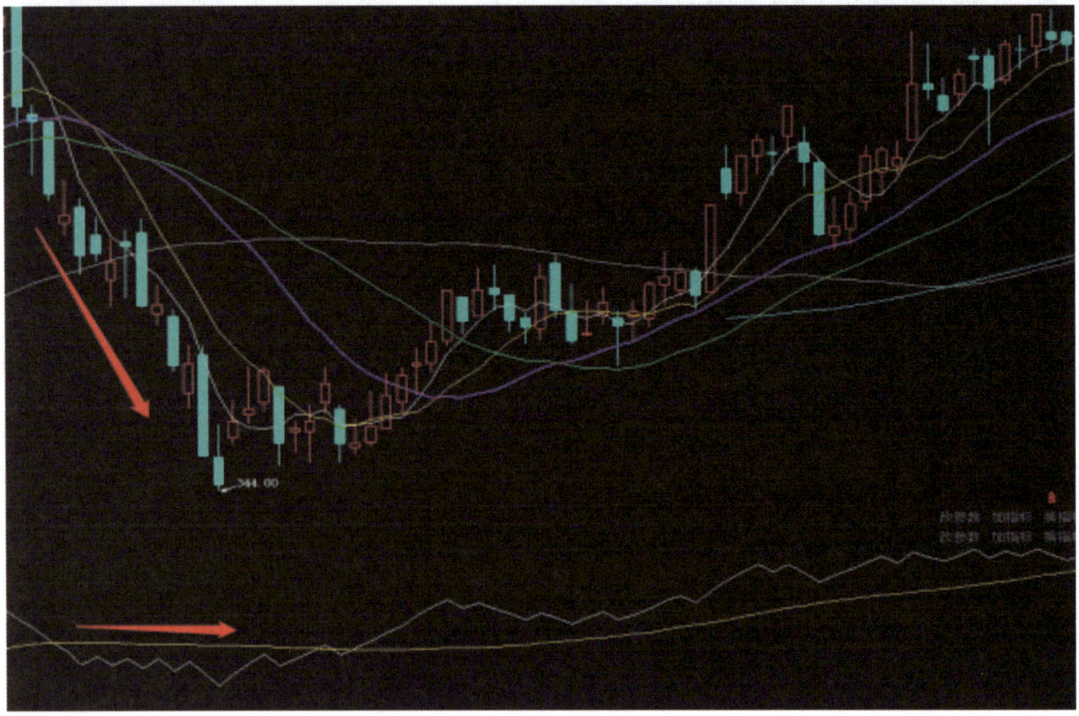

⑤ 股价下跌，OBV线慢慢下降，坚决不能参与。

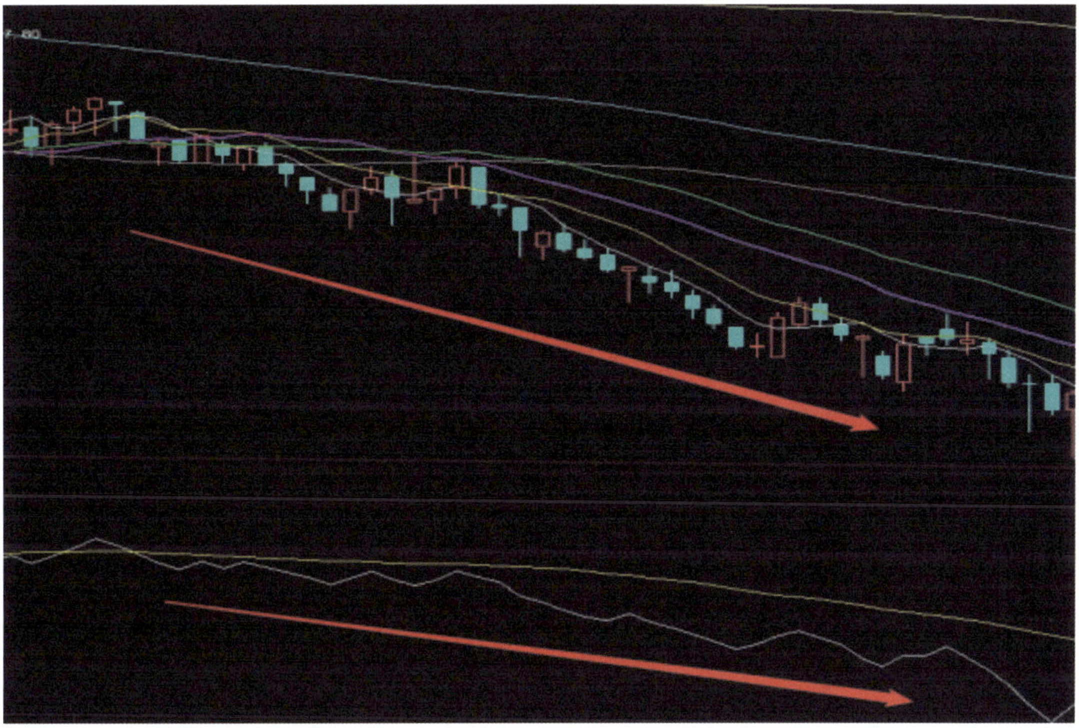

⑥股价上涨，白线回踩黄线，不破黄线，回踩的点位就是比较好的建仓点。

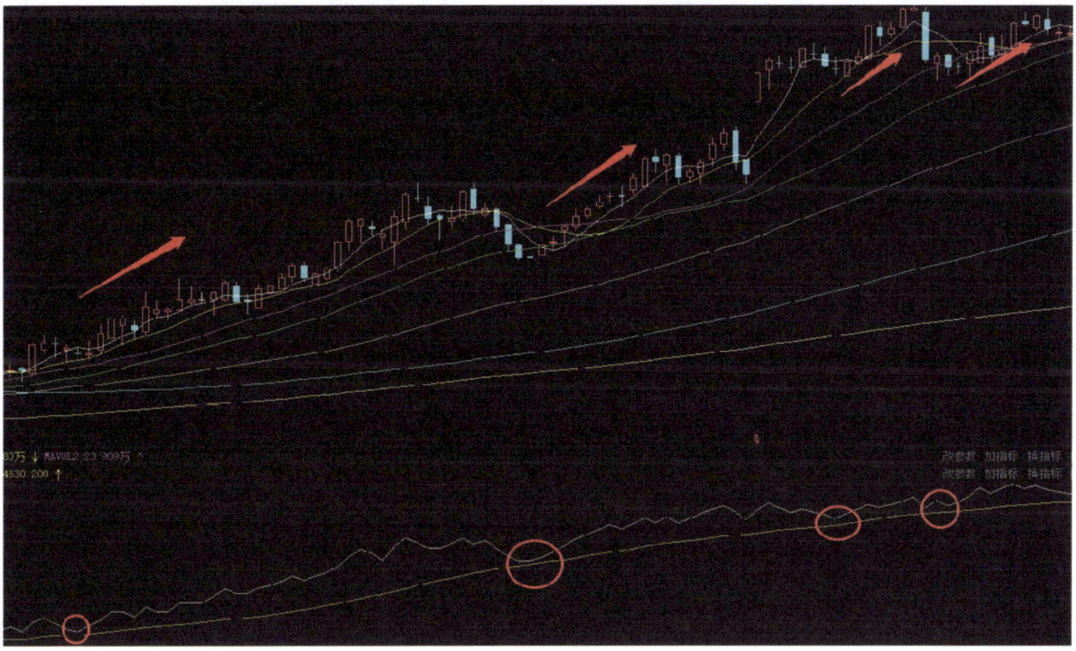

3.双星主升系统

战法要点一：股价脱离底部区间

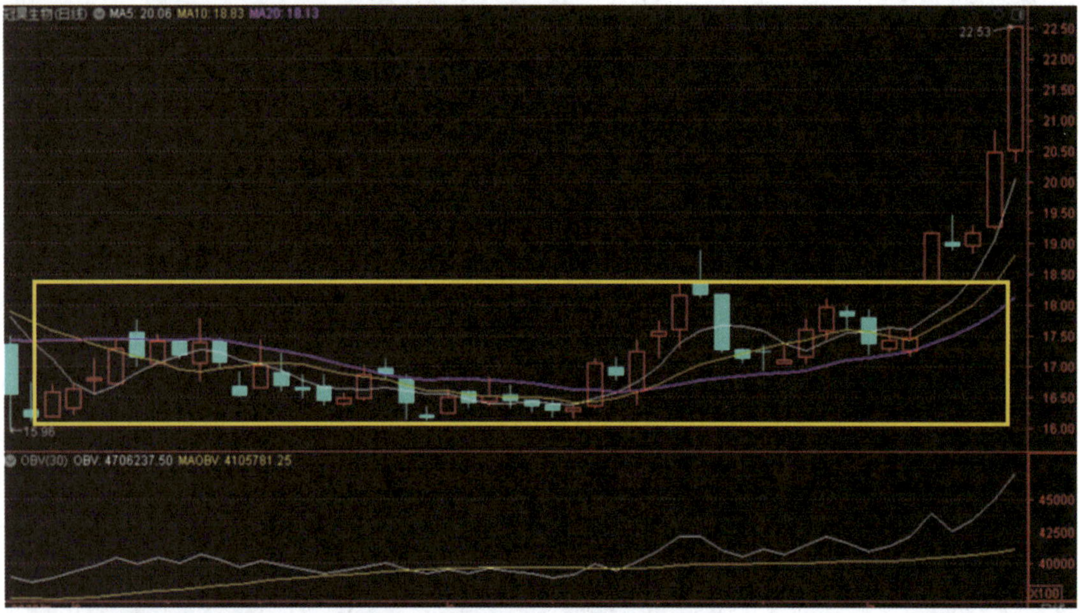

战法要点二：涨幅在7%以上的大阳线

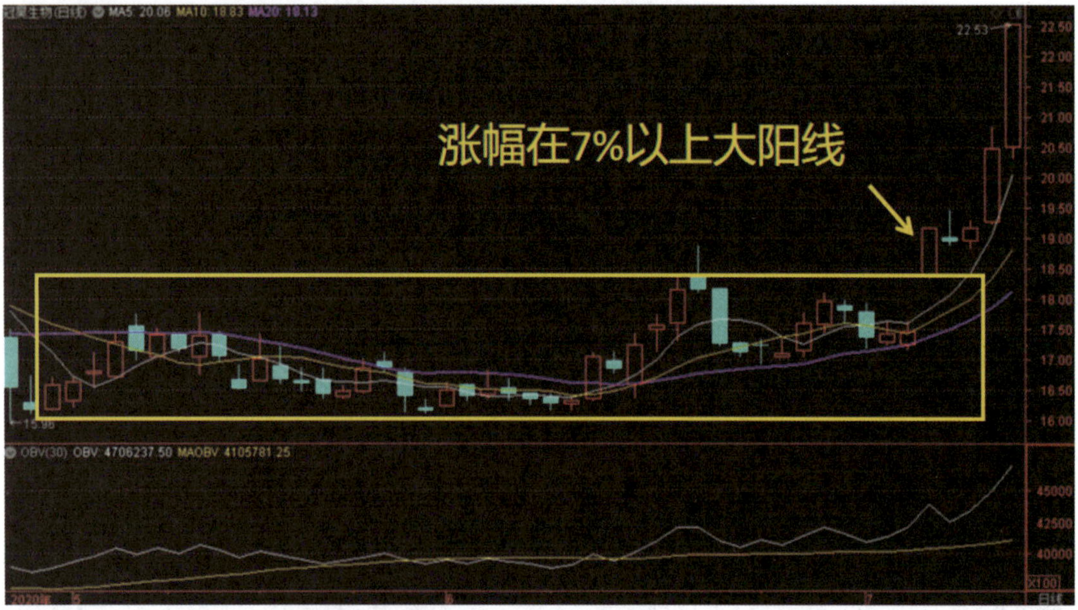

战法要点三：两到三根带有上下影线的阴线或阳线（实体部分小）

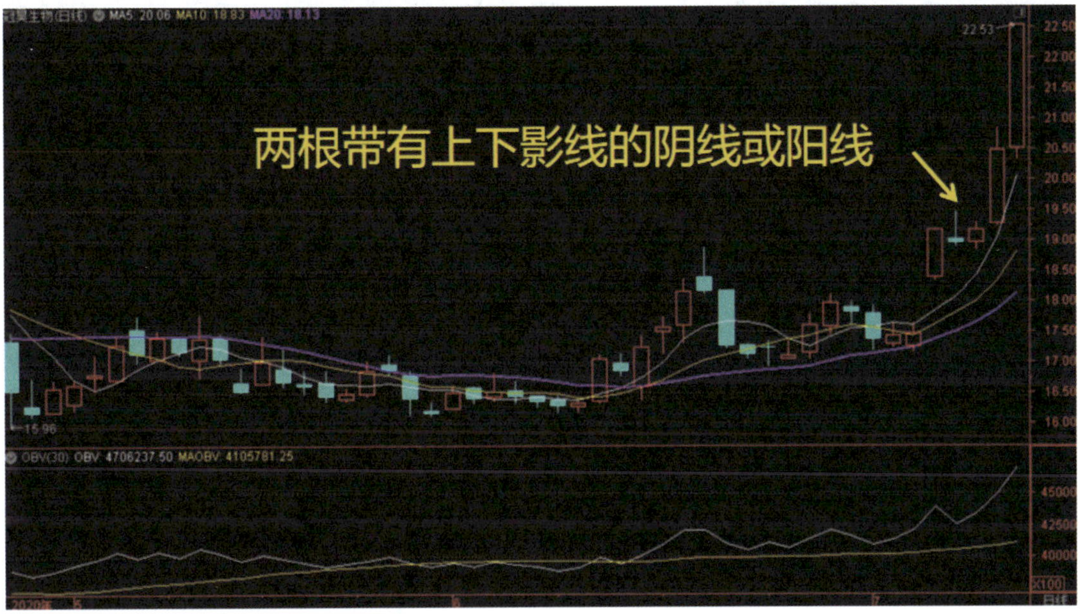

买点位：OBV白线突破前高

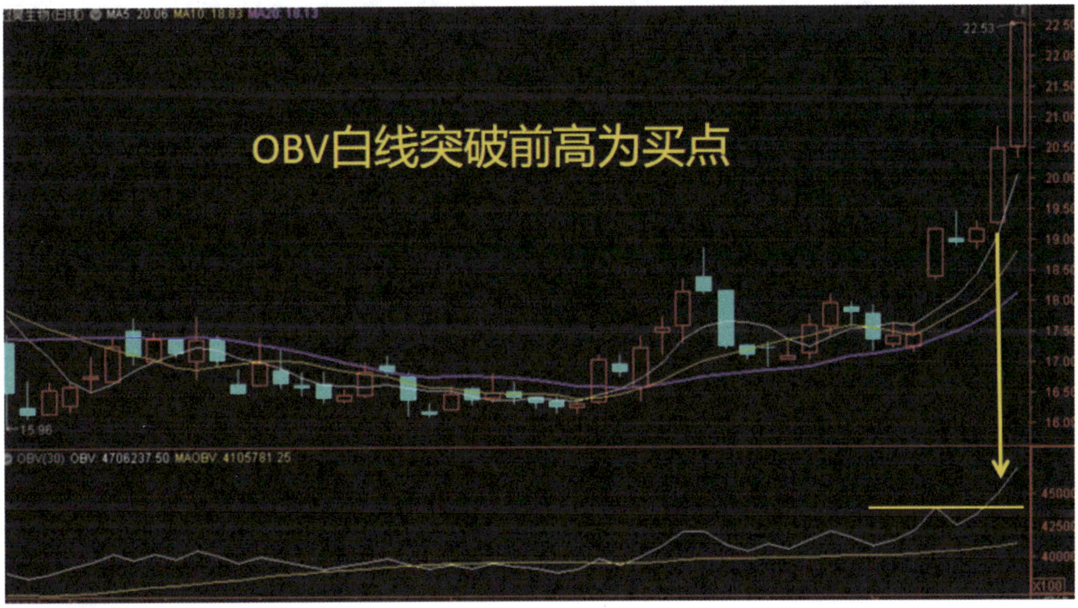

卖点位：OBV白线跌破均线

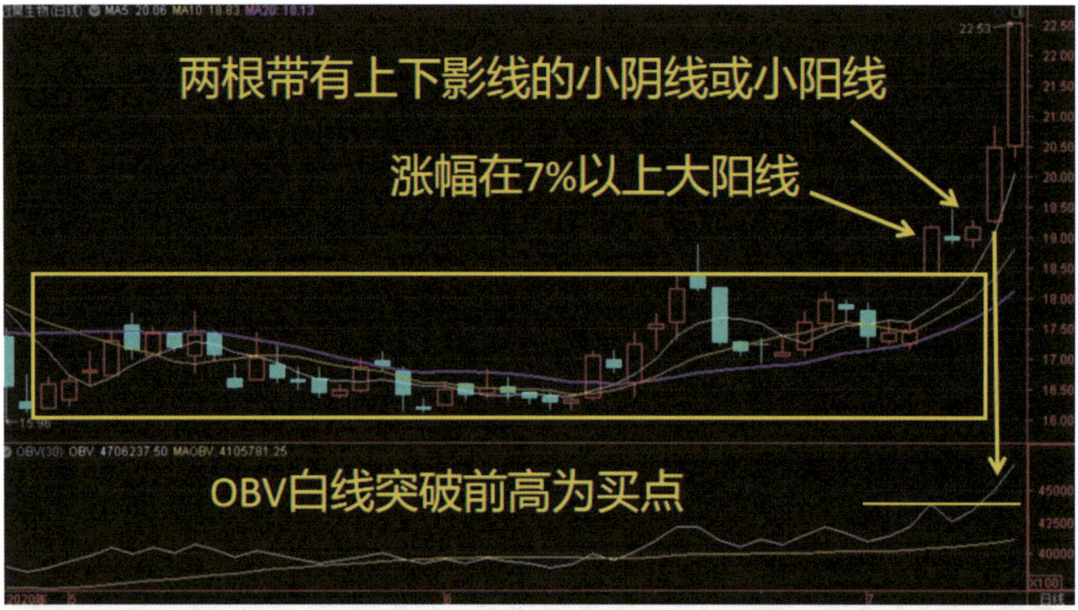

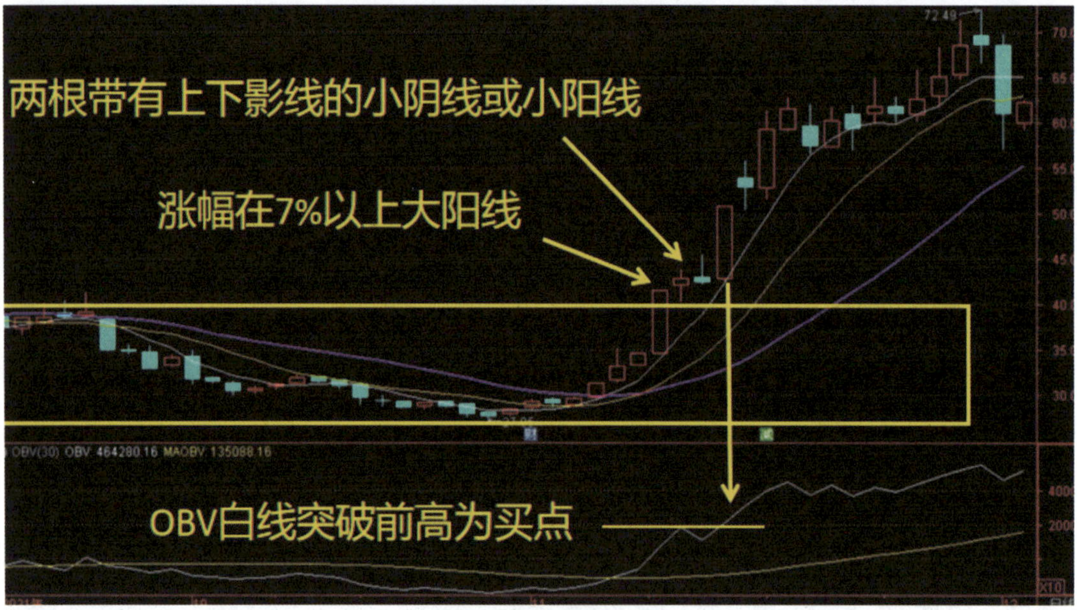

第十课　课后习题

1. OBV中的白线大于黄线，代表（　　）。

A. 量能萎靡　　B. 量能活跃　　C. 量能不变

2. 股价上升，OBV下降，出现顶背离，股价大概率会（　　）。

A. 下降　　B 上升　　C. 突破

3. 股价上升，OBV线不断创新高，应当执行的操作为（　　）。

A. 买入　　B. 卖出　　C. 持仓不动

4. 股价上涨，白线回踩黄线，不破黄线，回踩的点位就是比较好的（　　）。

A. 卖出点　　B. 建仓点　　C. 出货点

5. 双星主升系统中阳线的涨幅要在（　　）以上。

A. 3%　　B. 5%　　C. 7%

笔 记

第十一课
尾盘选股——八步擒龙探热门

一、什么是尾盘选股

交易日最后30分钟做出的选股策略就是尾盘选股，尾盘是多空一日拼斗的总结。尾盘的重要性，在于它是一种承前启后的特殊位置，能够回顾前市，又可以预测后市。

尾盘选股的优势：

- 大盘走势清晰。
- 个股日内结构形成。
- 潜伏资金进场。
- 规避日内不确定性。

如果你看好一只股票的话，从开盘到收盘前30分钟，你有足够充分的时间了解个股的股性，找到支撑位和压力位，打算在什么位置介入，做到心里有数，打有准备的仗。

14:30 左右买入，交易接近尾声，主力多空双方力量交战一天，强弱显现。如果尾盘买入，第二天开盘下跌的话，立马止损；如果尾盘买入，第二天开盘上涨，可顺势高抛，游刃有余。

二、尾盘涨速擒牛模型

模型要点一：开盘之后，分时线围绕着均线不动，上下震荡在一个点之内。

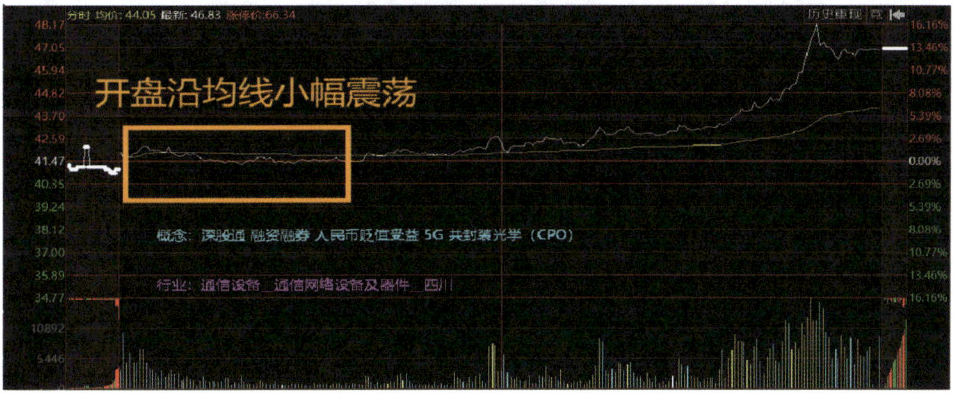

模型要点二：尾盘急速拉升，个股5分钟成交量放量到当天最高位置。

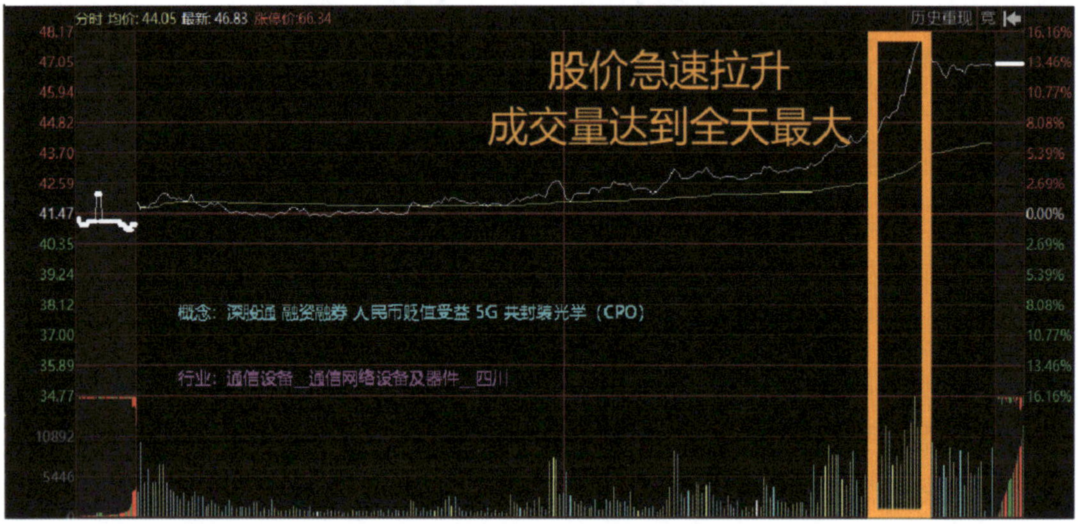

模型要点三：启动时分时线要保持在均线之上。

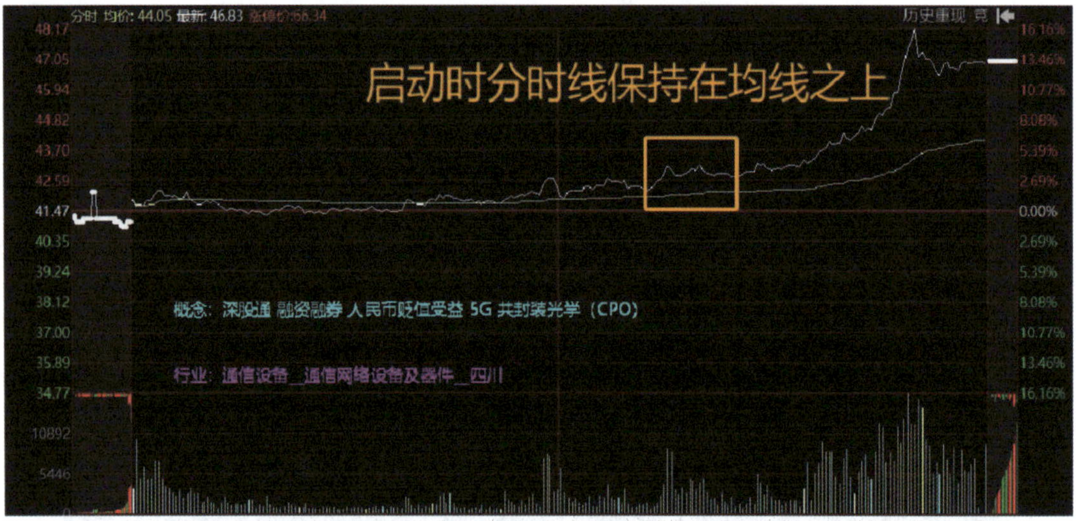

模型要点四：选择涨幅3%~5%的股票进行买入。

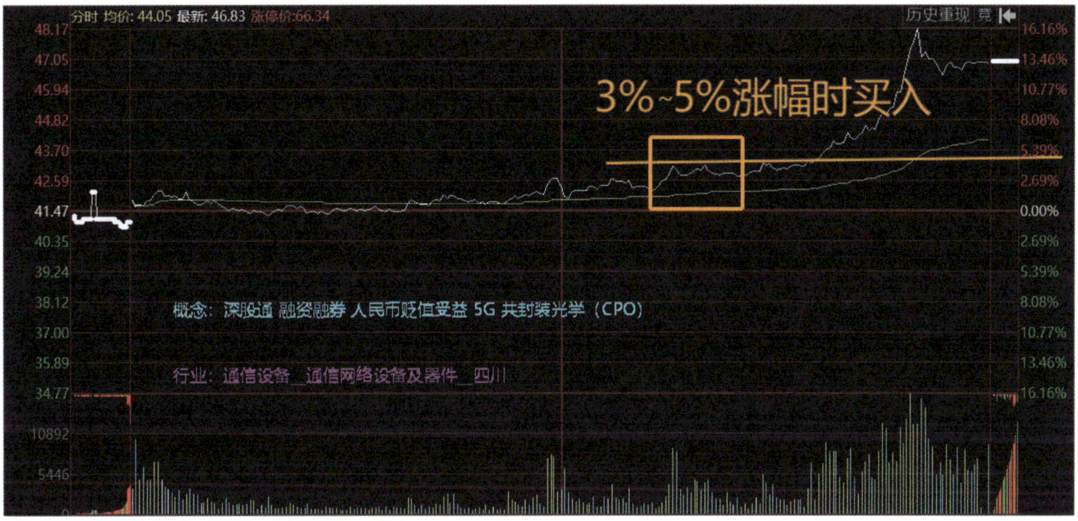

● i问财选股——实操指导

i问财输入：振幅小于1；涨幅大于0%小于2%；5分钟分时涨速。

● 振幅：股票的振幅是股票在一段时间内最低和最高价格之间的振荡幅度。

股票振幅 = (当前最高价 − 当前最低价) / 当前收盘价

例题：一只股票当天以12元收盘，当天最高价格是15元，最低价格是13元，那么当天股票的振幅是多少？

请作答：

● 涨速：当前股票的上涨加速度或下跌加速度，是指单位时间内股票价格涨幅的大小，上涨时间越短，涨幅越大，这时主力资金就会越来越强大。

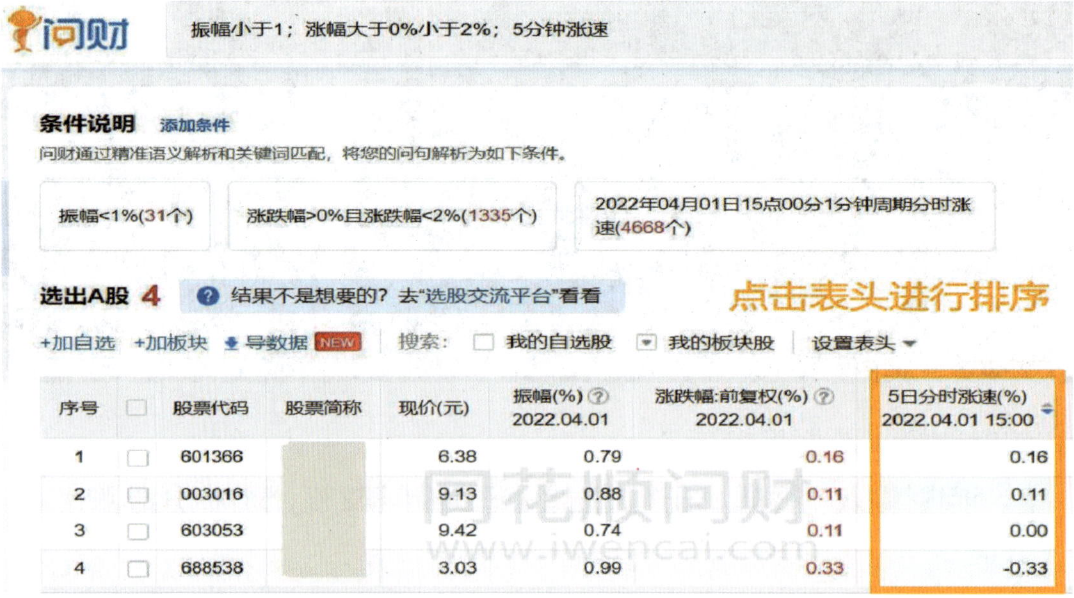

序号		股票代码	股票简称	现价(元)	振幅(%) 2022.04.01	涨跌幅:前复权(%) 2022.04.01	5日分时涨速(%) 2022.04.01 15:00
1		601366		6.38	0.79	0.16	0.16
2		003016		9.13	0.88	0.11	0.11
3		603053		9.42	0.74	0.11	0.00
4		688538		3.03	0.99	0.33	-0.33

三、尾盘八步擒龙模型

● 选股模型——实操指导

第一步：每个交易日14:30开始在i问财输入以下语句：选出3%~5%的股票；量比大于1；换手率大于5%小于10%；市值大于50亿小于200亿。

第二步：在上方的搜索结果中进一步筛选“K线成交量保持持续放量的个股”，缩量的股票删掉。

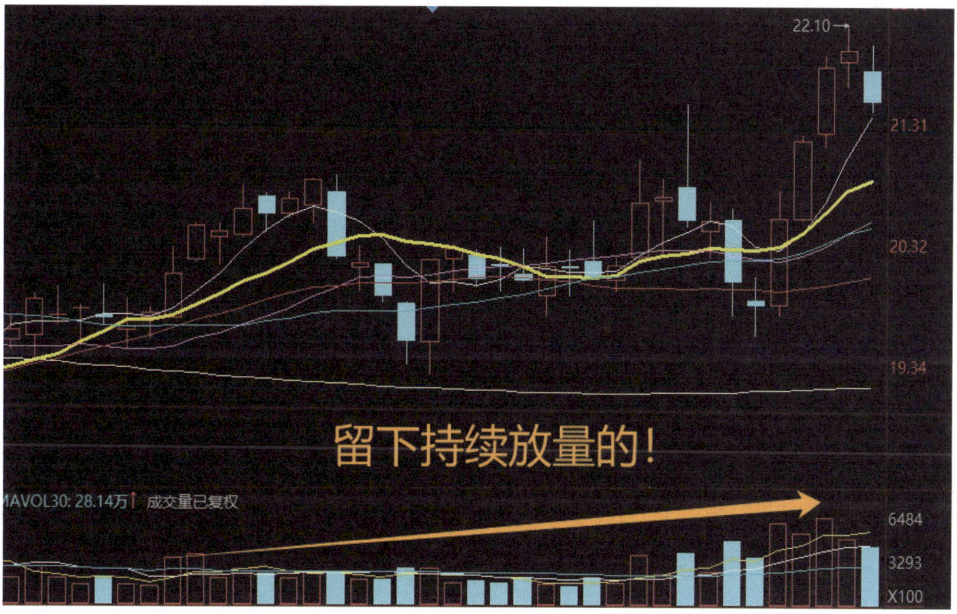

第三步：处于重要均线下方的股票删除（60日均线）。

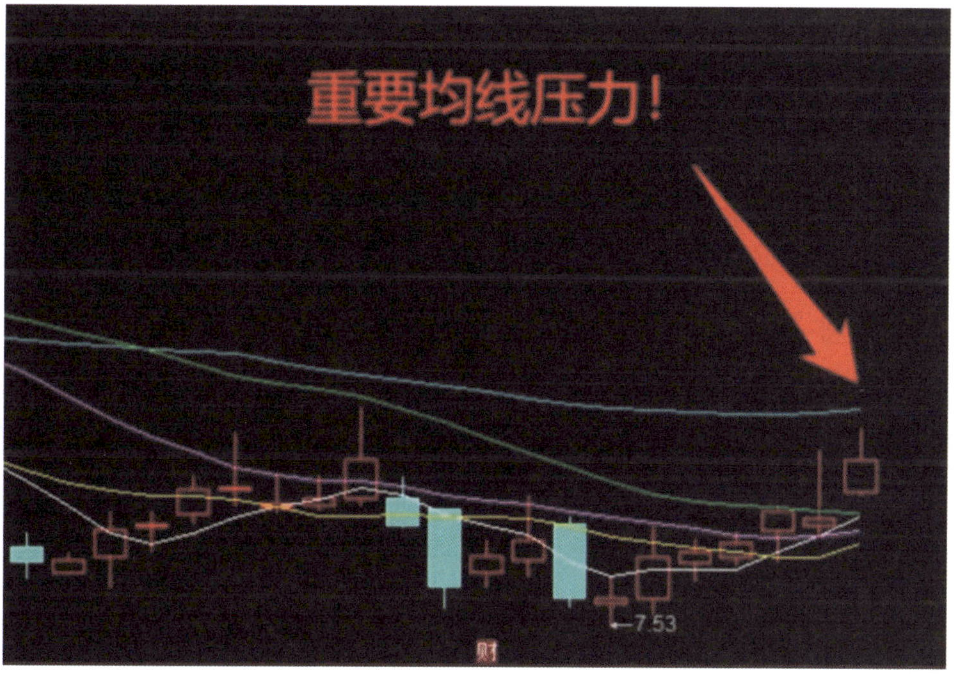

第四步：股票前期有高位套牢盘，直接删掉。

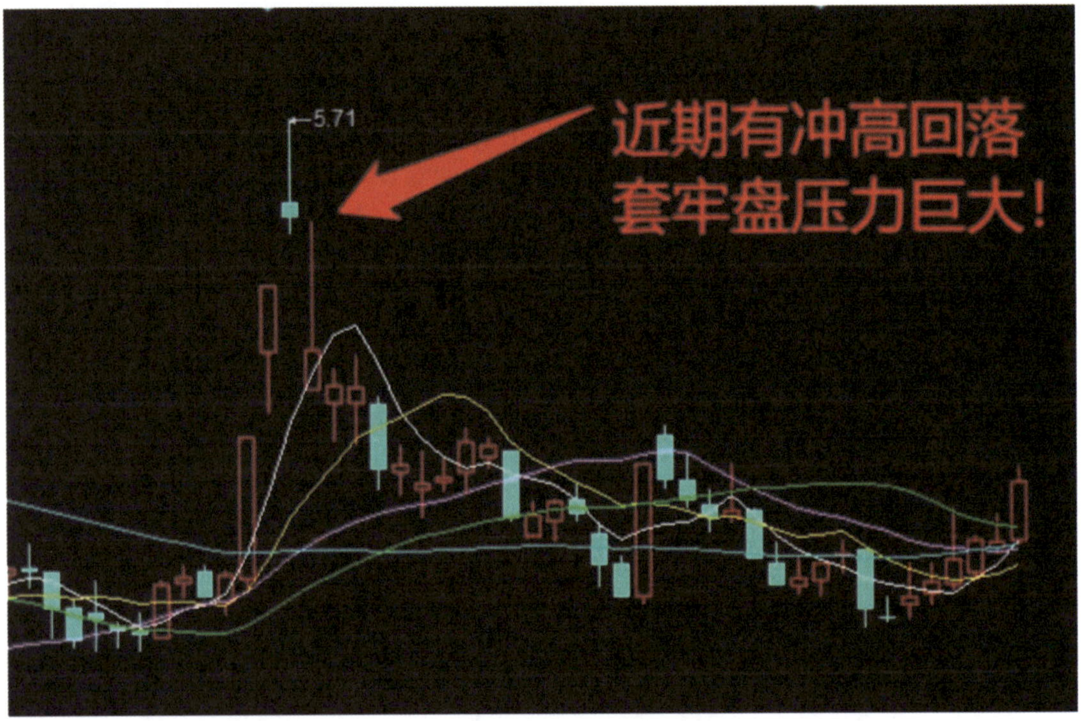

第五步：尾盘处于分时线上方，低于分时线的一律删除。

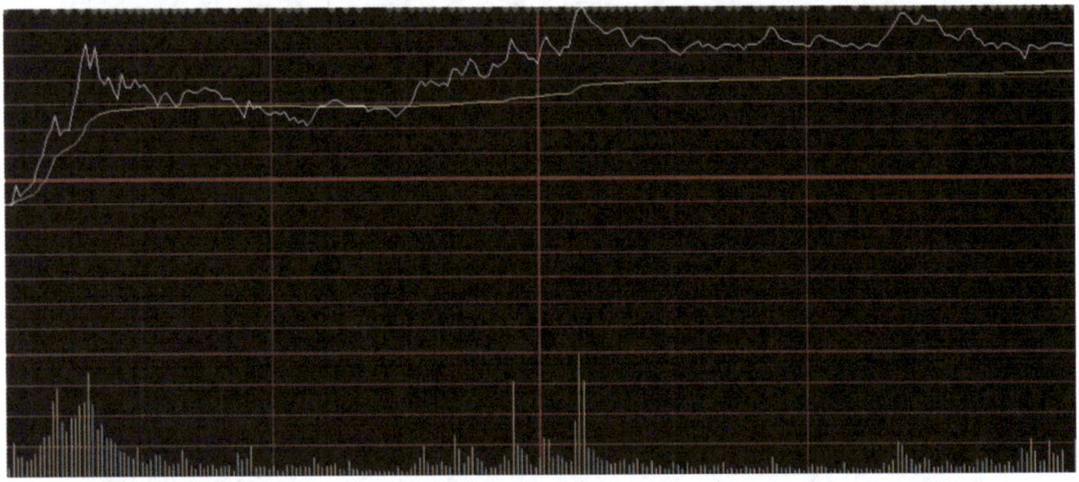

过滤掉这些之后，大概率就会选到适合我们的标的了。

第十一课 课后习题

1. 在尾盘涨速擒牛模型中，我们用到的涨速指标为（　　）。

A. 1分钟涨速　　B. 3分钟涨速　　C. 5分钟涨速

2. 尾盘选股的优势在于（　　）。

A. 规避日内不确定性　　B. 大盘走势模糊　　C. 个股涨停概率更大

3. 尾盘选股的时间段为（　　）。

A. 14:00—14:30　　B. 14:30—15:00　　C. 9:30—10:00

4. 在尾盘八步擒龙模型中，换手率的数值应为（　　）。

A. 5%~10%　　B. 20%~30%　　C. 30%~40%

5. 出现以下哪种股票特征，不予考虑（　　）。

A. 处于重要均线上方

B. 成交量保持持续放量

C. 前期有高位套牢盘

笔 记

第十二课
打板模型——分歧回封锁龙头

一、涨停板挂单

在投资中，我们经常可以见到这种开盘就涨停的股票，这种股票我们想要购买的话，有没有什么好办法呢？

答：通常对于这种开盘涨停的股票，我们会采取在夜间12点挂单的方式，因为股票成交采取的是时间优先、价格优先的原则。

注意1： 夜间过12点之后，可以直接以涨停价格挂单买入，排名就会比较靠前，打到一字板的概率也会变大。

注意2：如果开盘不是涨停价，则以开盘的价格成交。

- 夜间挂单（实操指导）

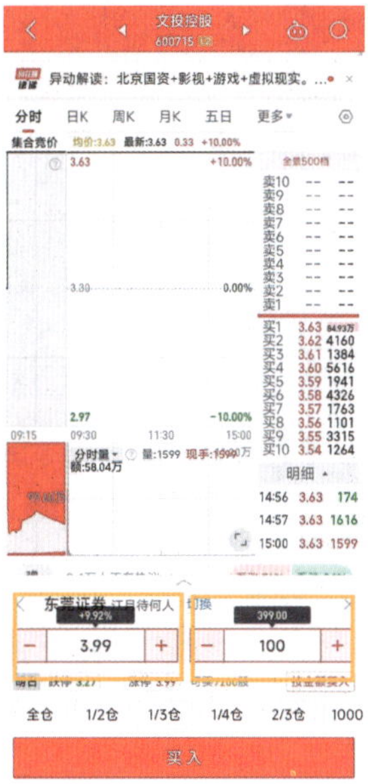

二、分歧回封打板模型

战法要点一：股价从低位启动，纯一字板剔除

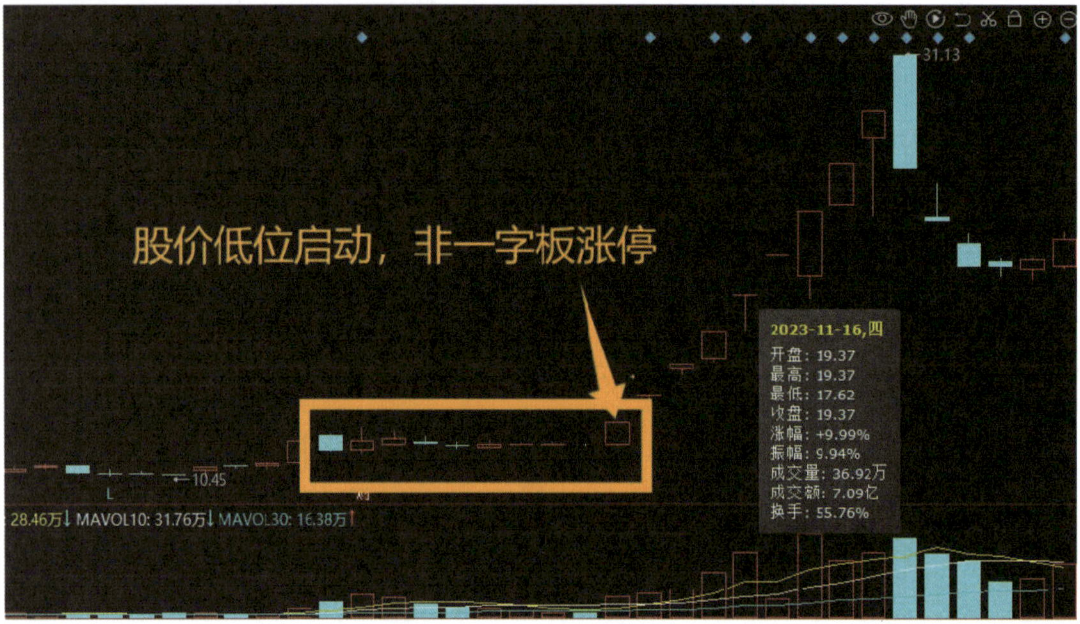

战法要点二：涨停板带长下影线，换手率高于20%，越高越好

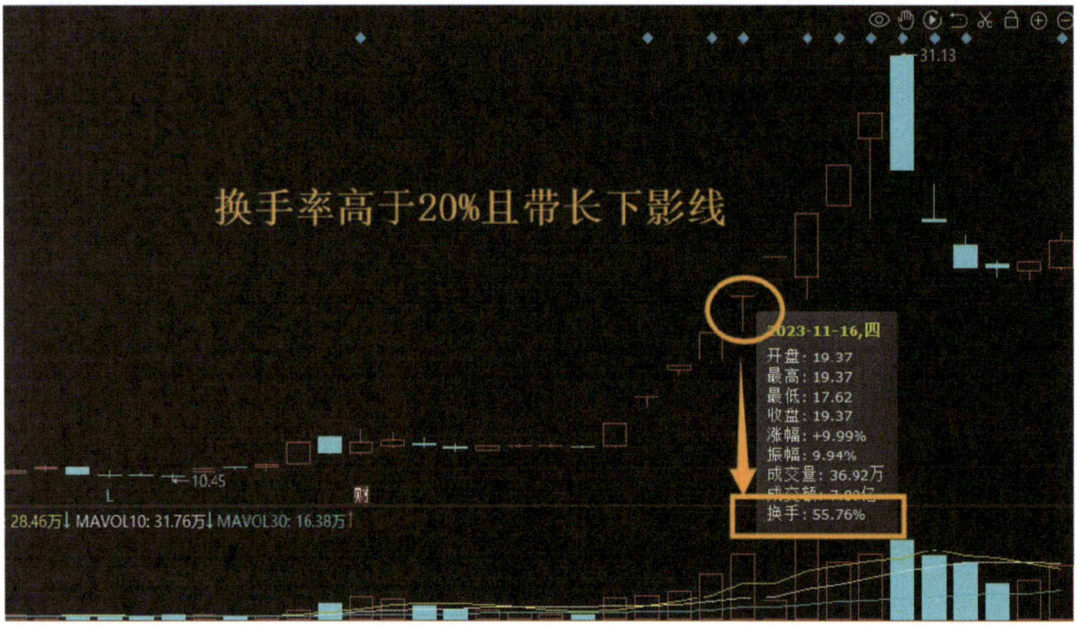

战法要点三：长下影线出现爆量炸板，尾盘回封

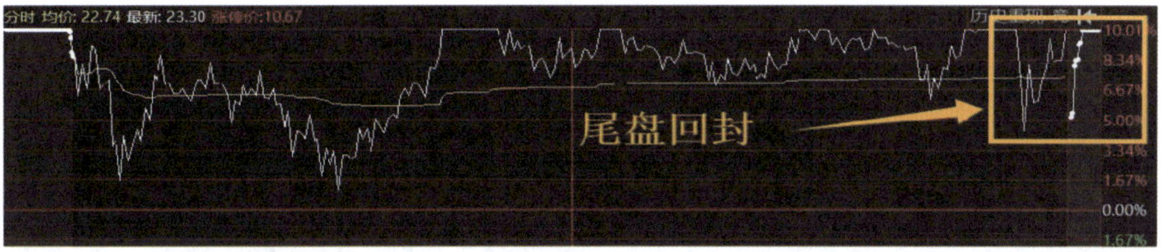

战法要点四：长下影线涨停板最好出现在5板以下，位置越高，成功率越低

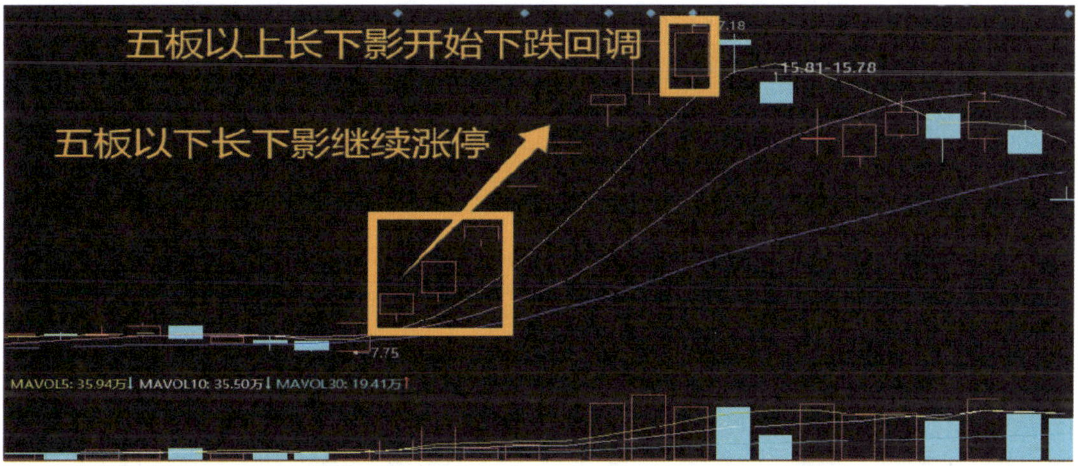

战法要点五：介入时机为长下影线涨停板次日，高开介入，低开离场

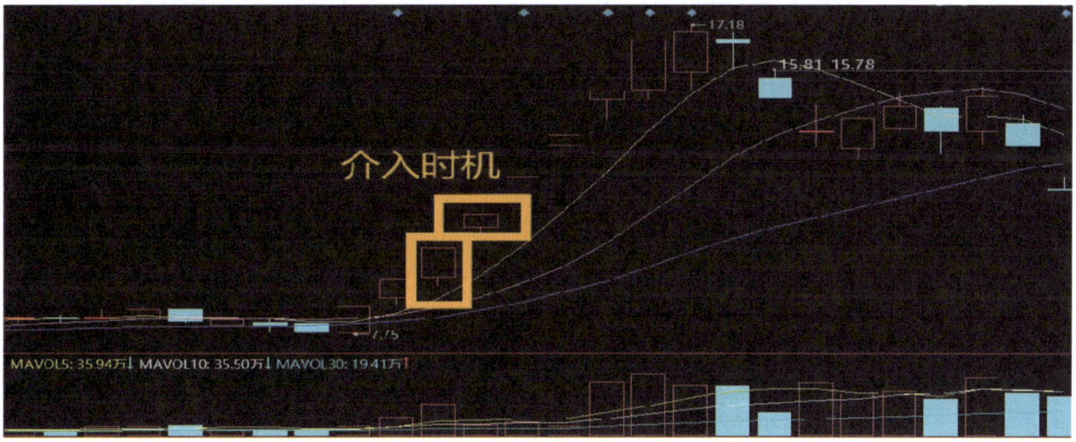

三、涨停连板四步走

战法要点一：出现至少两个涨停板

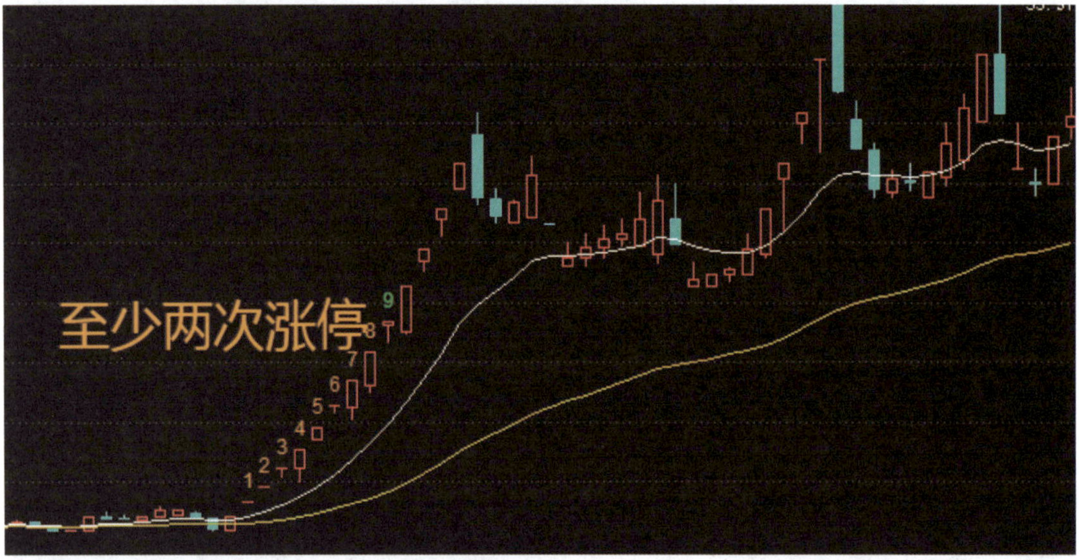

战法要点二：从低位涨幅达到50%以上

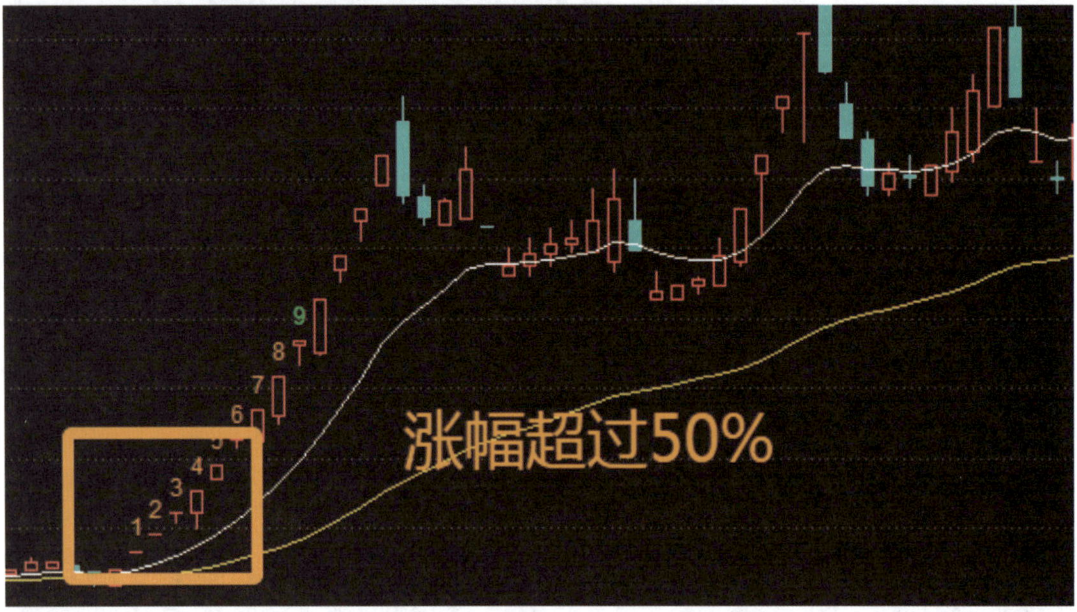

战法要点三：突破成功后，股价波动幅度在20%以上

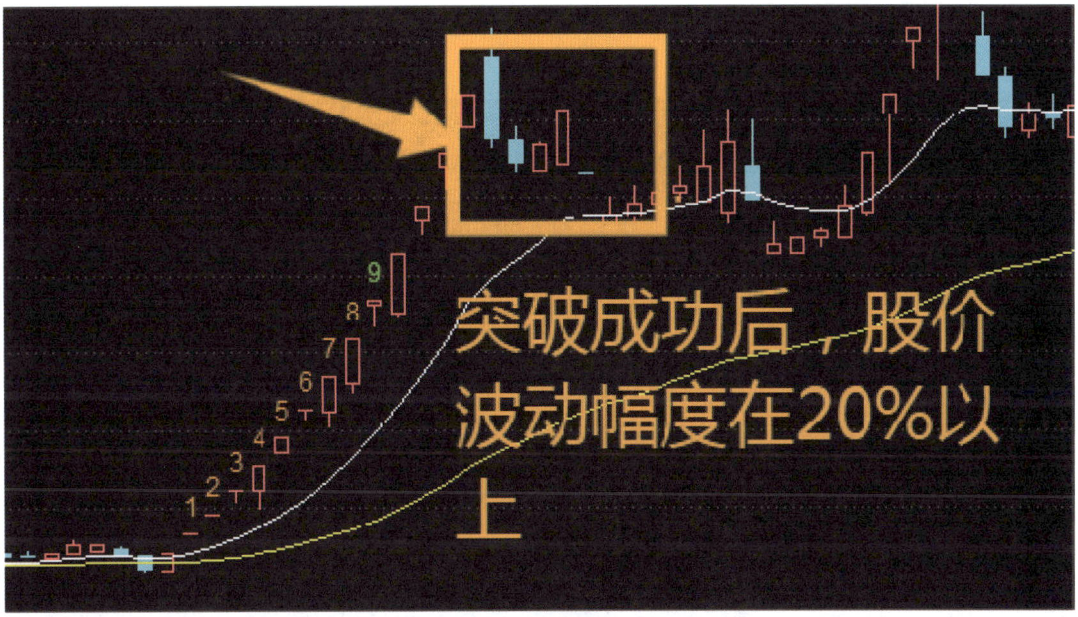

战法要点四：最少有两次洗盘坑的出现

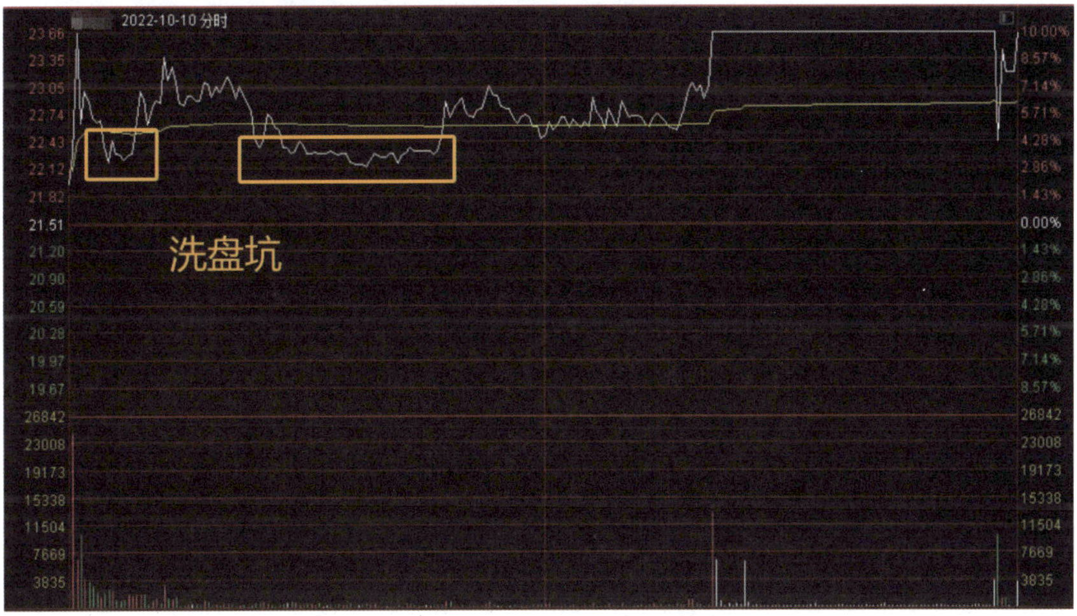

四、T字板绝杀战法

战法注意要点：洗盘和出货的形态区别。

- 上午开板——洗盘

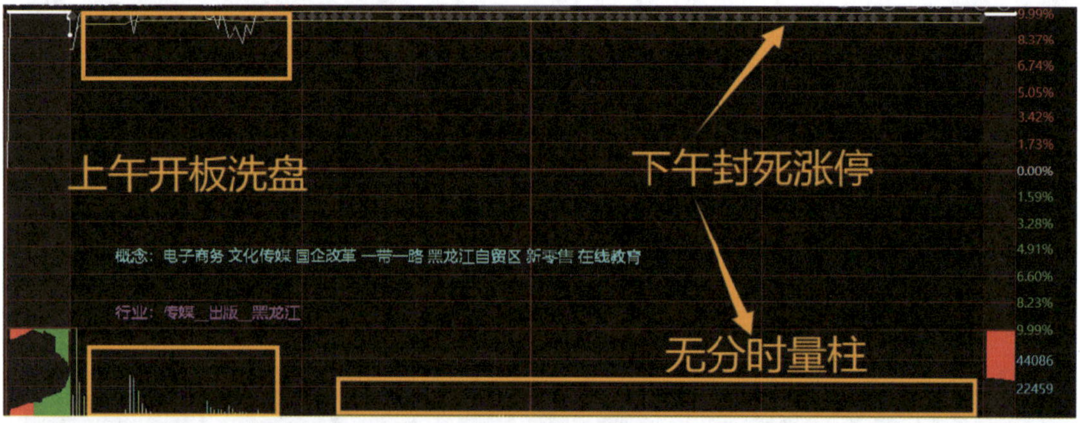

- 板而不封——出货

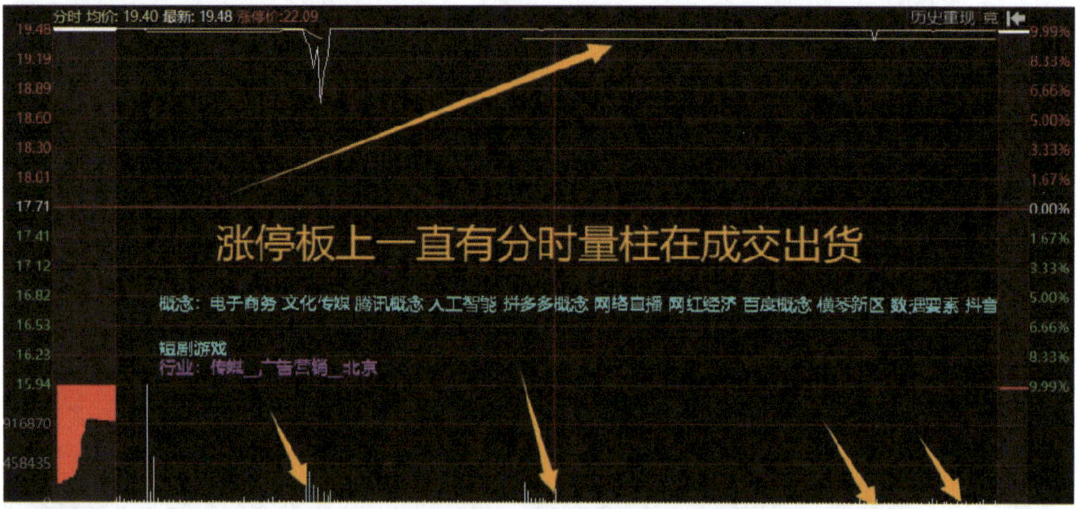

战法要点一：当天涨停板，盘中最好只有一次开板

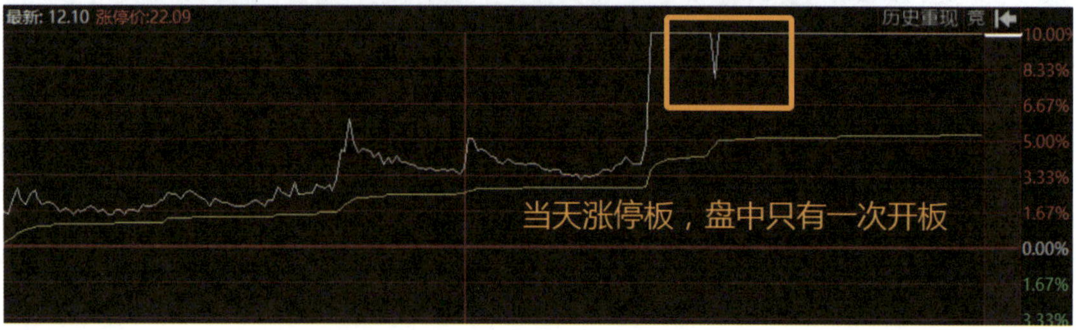

战法要点二：T字板当天的换手率最好能保持在10%以内

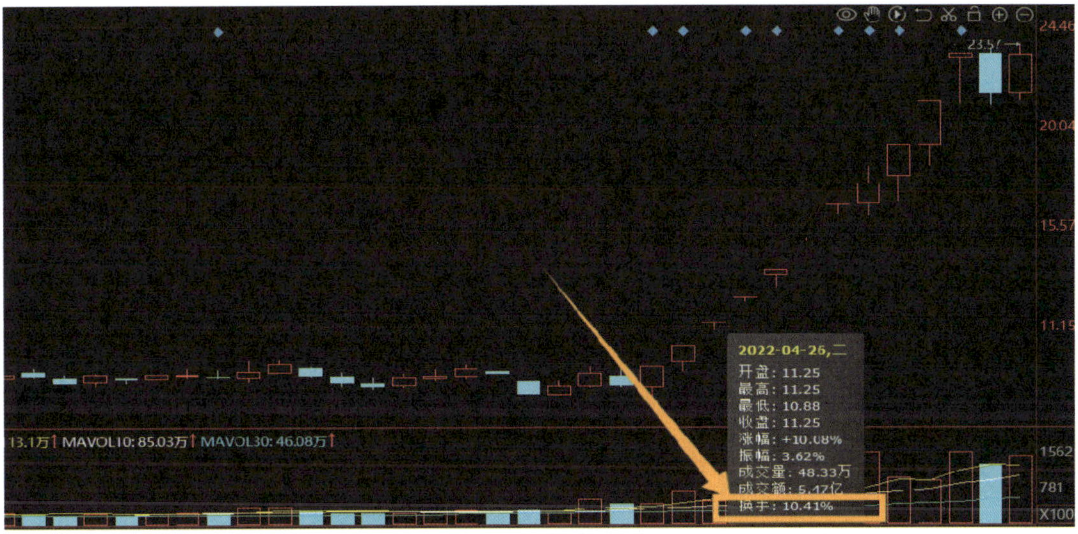

战法要点三：T字板出现的位置刚好是涨停前三个板

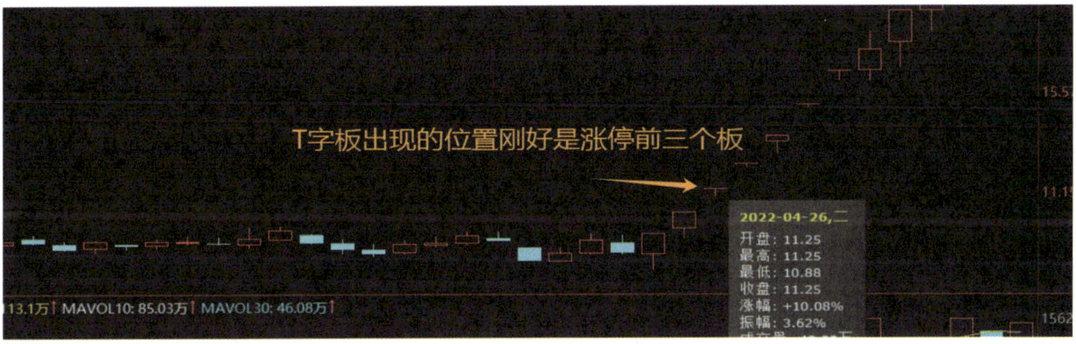

战法要点四：T字板的成交量最好是缩量

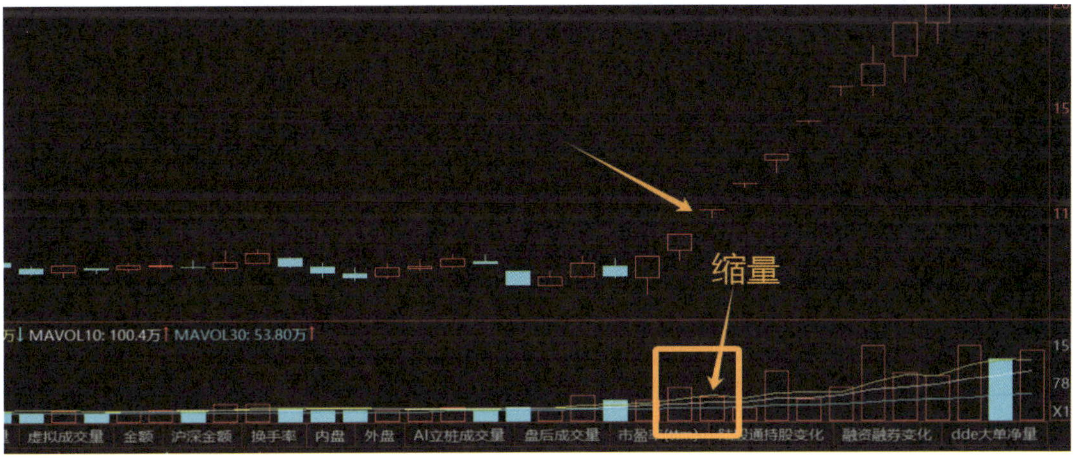

第十二课 课后习题

1. 挂单的规则为（ ）。

A. 时间优先，价格不优先

B. 时间不优先，价格优先

C. 时间优先，价格优先

2. 分歧回封打板的第一个条件，需要剔除（ ）。

A. 放量涨停板　　B. 突破涨停板　　C. 一字板

3. 分歧回封打板的第二个条件，换手率需要高于（ ）。

A. 20%　　B. 10%　　C. 50%

4. 分歧回封打板的第四个条件，长下影线涨停板最好出现在（ ）。

A. 6板以上　　B. 5板以下　　C. 5板以上

5. 分歧回封打板的第五个条件，介入时间最好在（ ）。

A. 当天打板买入

B. 涨停板次日

C. 涨停板第三天

第十三课
做T战法——背离指标识顶底

一、什么是做T

T是“T+0”的简称。T+0 针对股市买卖T+1规则而产生的超短操作技巧。目前A股执行T+1操作，是指当天买进的股票，只能在第二天卖出。基于此，就产生了“T+0”操作技巧。

比如，你手中已持有某只股票1000股，成本为10元/股。当天振幅较大，先泛绿下跌，在9.5元/股处你买进1500股。随后该股飘红上涨，在10.5元/股你卖出1000股（最多1000股，可以少于1000股），因为此前你只有1000股，当天买进的1500股是不能卖出的（受T+1规定限制）。

二、如何实现做T

我们需要在做T之前已经持有这只股票（也就是所谓的底仓），我们卖出的股票，不是当天买进来的股票，而是之前的底仓。

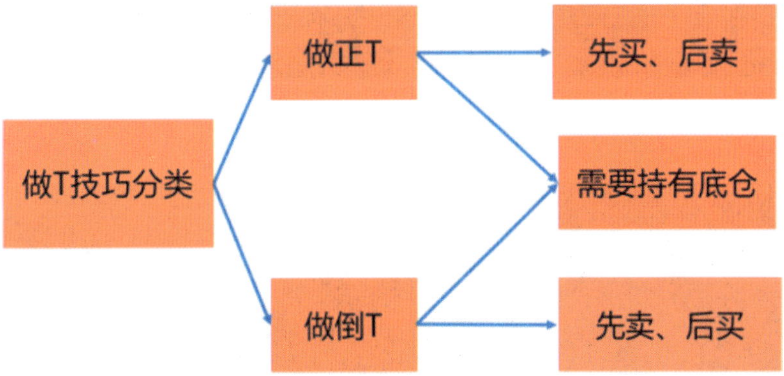

做T达到的效果就是当天T+0之后，手中仓位不变，却赚取了当天的差价。

T+0最佳交易时间点：

买入：早上9:37—9:43，11:00左右，下午14:40—14:50，一般都是不爆涨爆跌时的最低点。

卖出：早上9:30—9:33上冲时，9:50—10:00上冲时，下午13:20—13:30主力拉升时，下午14:00主力发狂拉升时，收盘时最后3分钟，一般都是不爆涨爆跌时的最高点。

做T的关键就是看分时均线，股价在均价线上方远离均线的时候卖出，股价在均价线下方远离均线的时候买入。

三、分时量T+0

①分时成交量，红柱随股价同步上涨时买入。

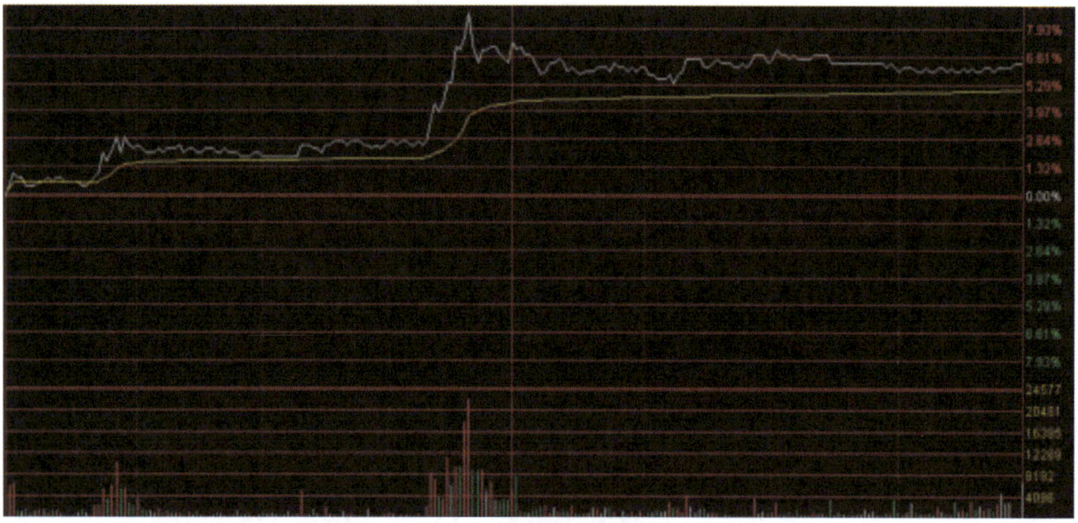

②分时成交量，绿柱随股价下跌上涨时卖出。

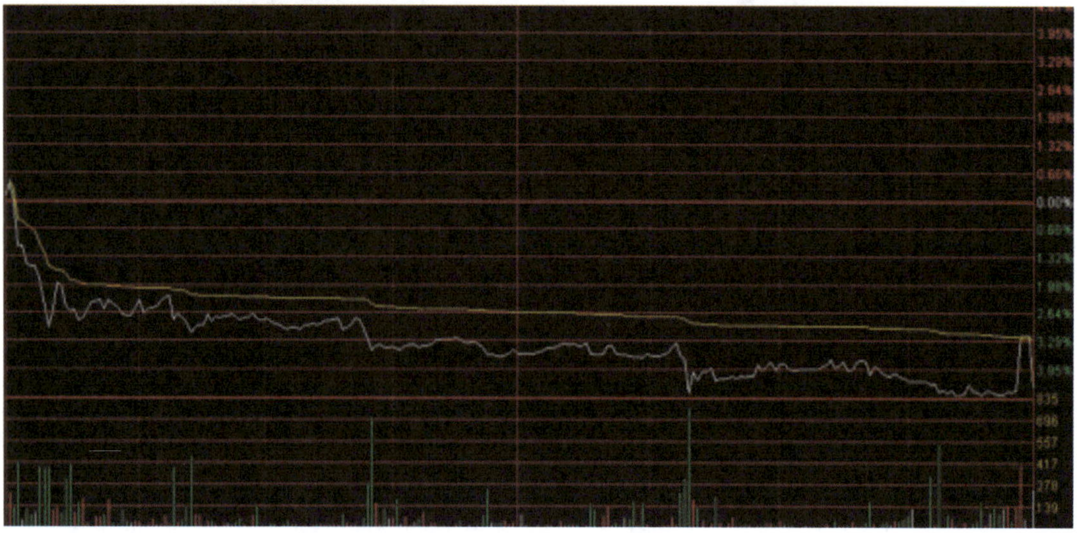

四、15分钟K线T+0

①下影线较长或者较多时买入。

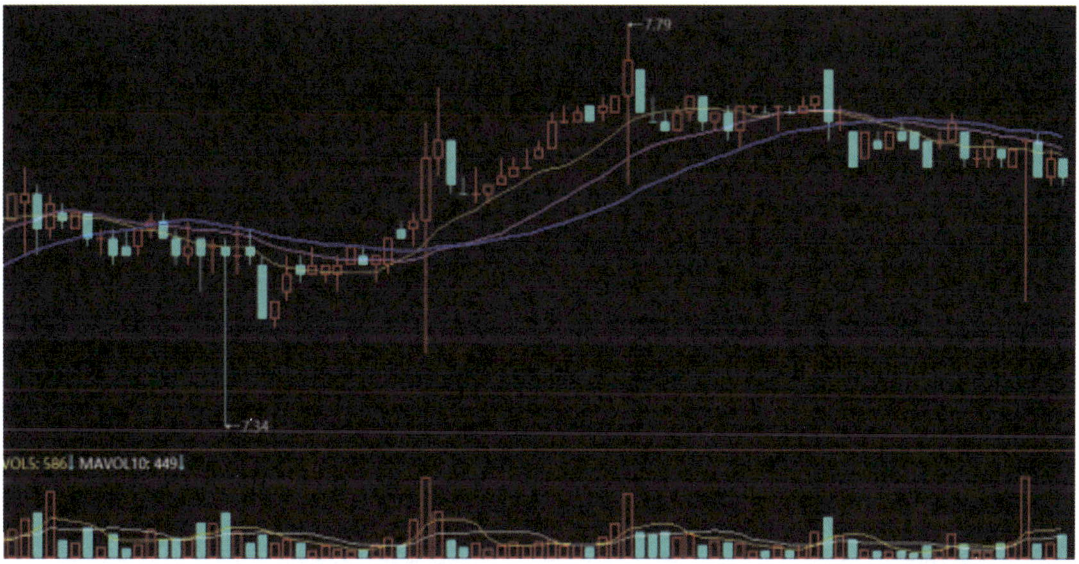

②上影线较长或者较多时卖出。

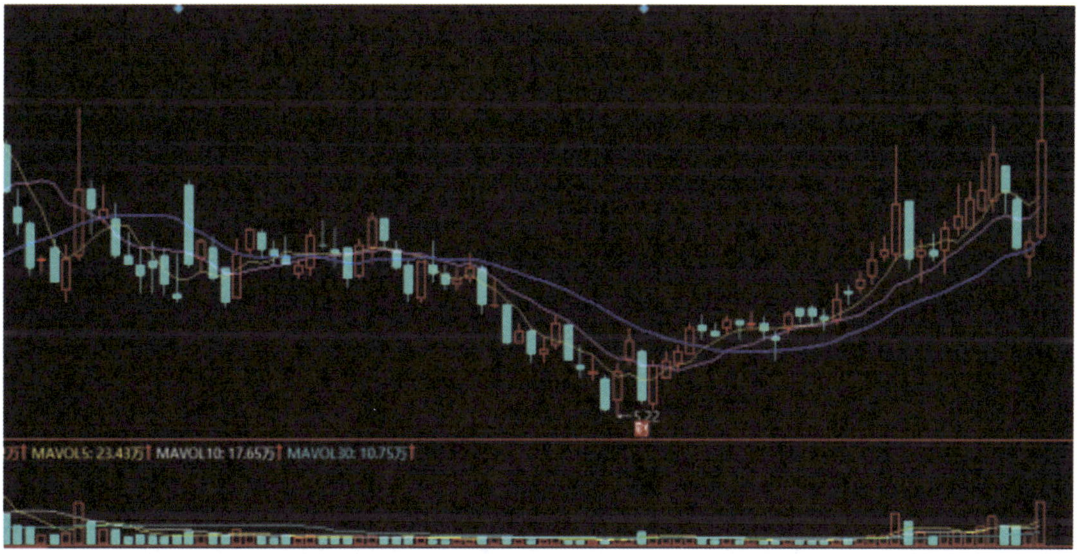

五、三大做T法则

①临近压力位，高抛低吸做倒T。

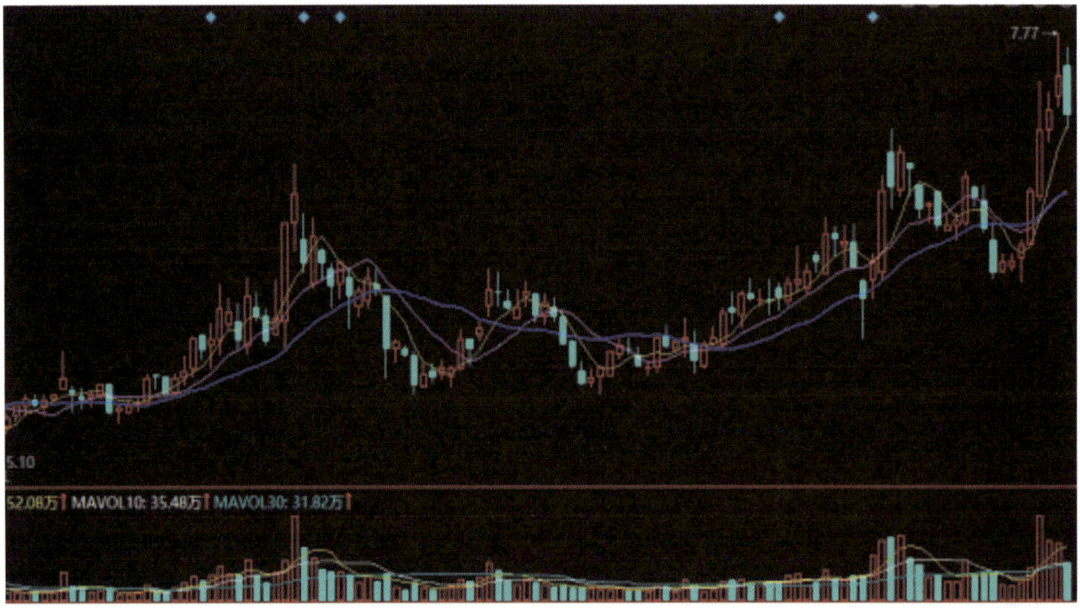

前高位置，筹码密集成交，对后面上涨有压力作用，但上涨趋势不变，做T博取波段收益。

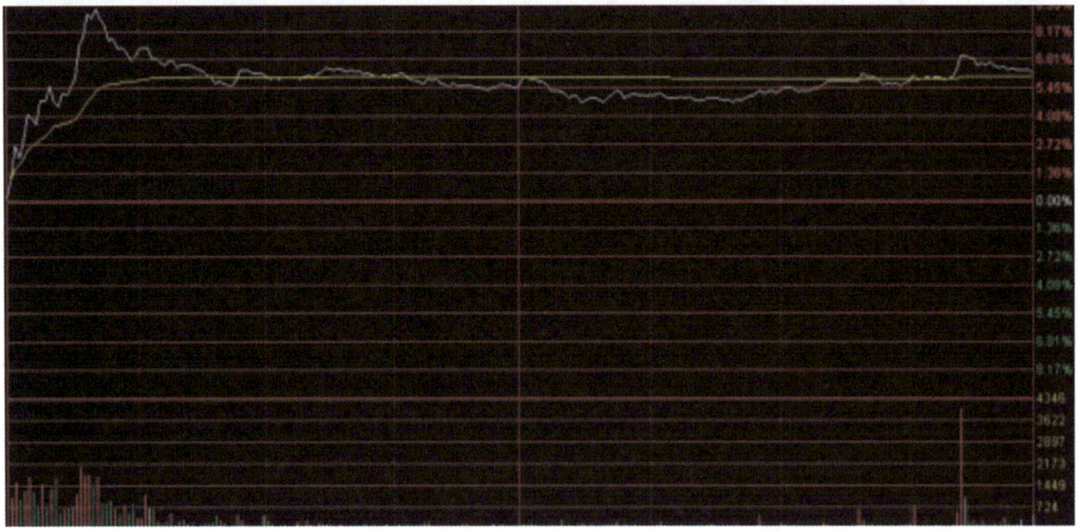

②高位避险，高抛低吸做倒T。

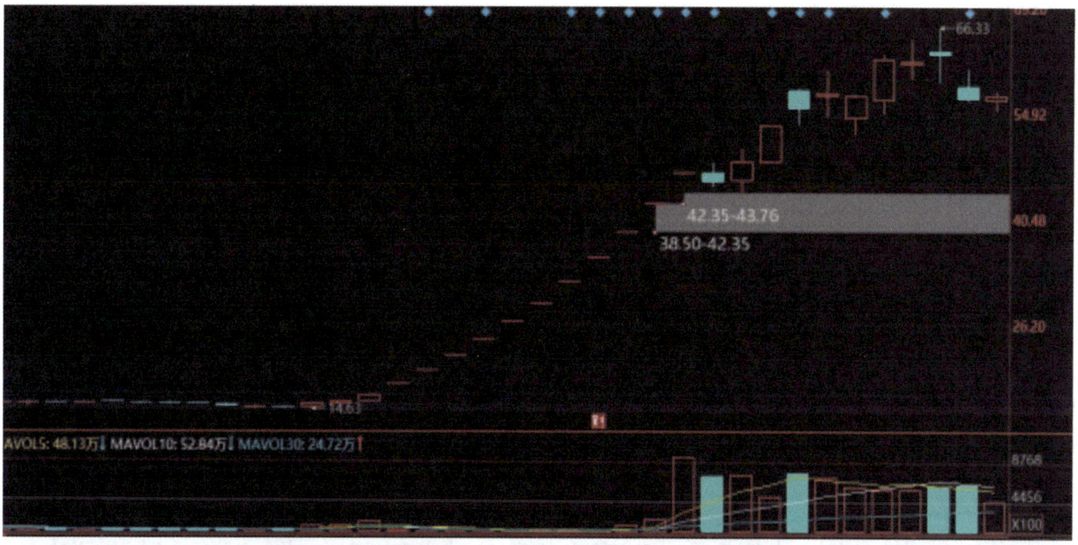

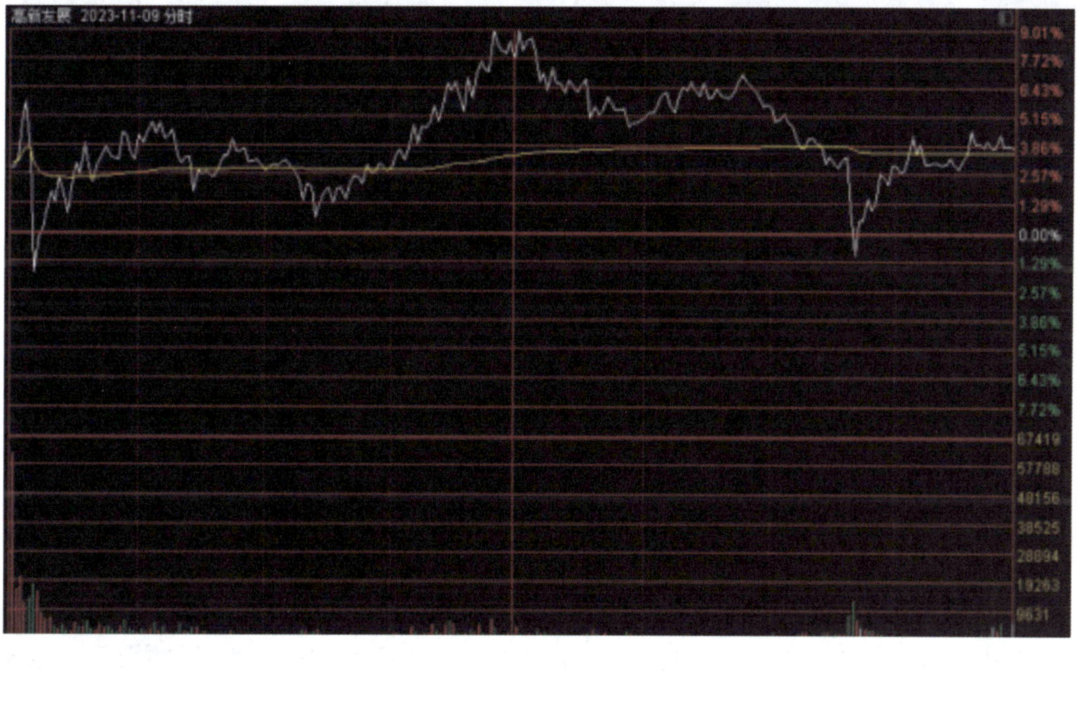

③高位被套，先买后卖降成本。

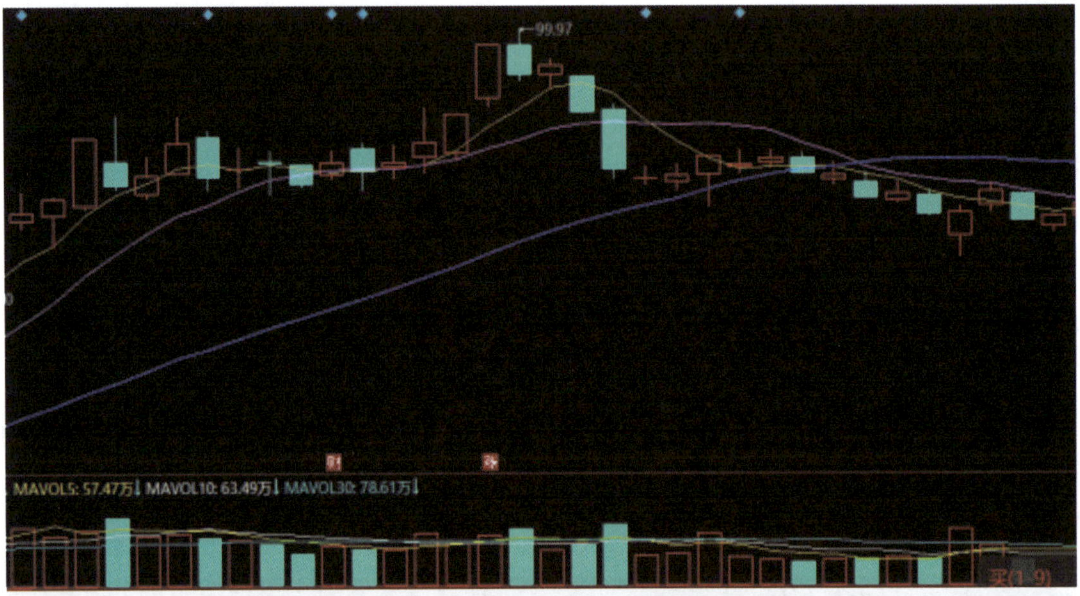

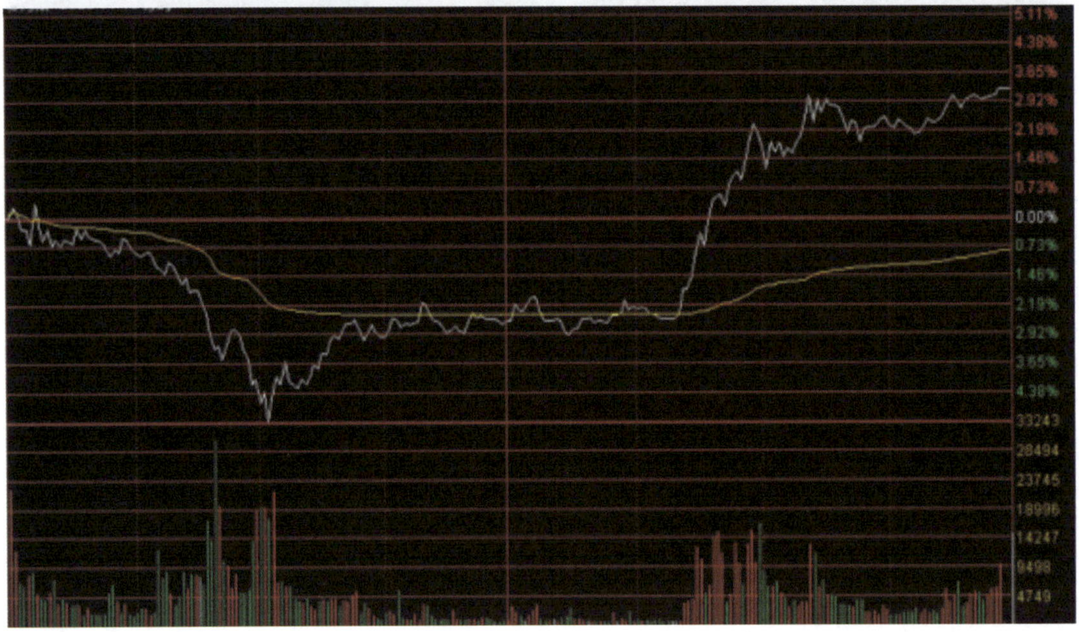

六、1分钟MACD背离法

MACD背离，是指股价与MACD指标走势相反。

背离分为顶背离与底背离。

● MACD顶背离：股价在高位创出新高，MACD指标并没有创出新高，代表动能不足，有下跌的风险。

顶背离：股票价格上升，MACD趋势向下。 顶背离现象一般是价格在高位即将反转转势的信号，表明价格短期内即将下跌，是看跌的信号。

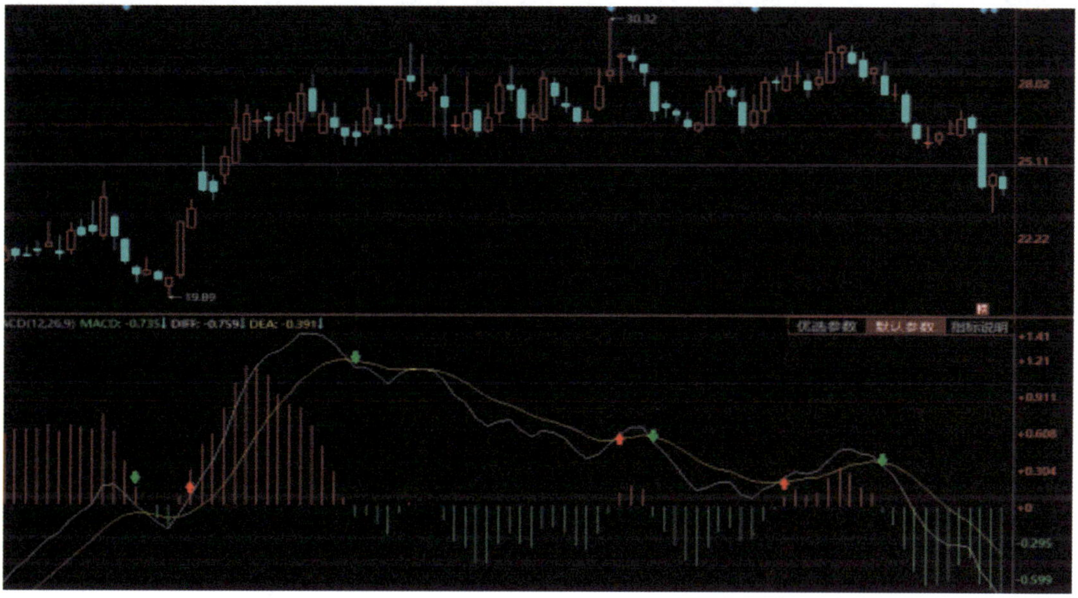

● MACD底背离：股价在低位创出新低，MACD指标并没有创出新低，代表股价虽然创出新低，但是空方的力量在逐渐衰竭，股价后市反弹上涨的概率较大。

MACD背离可应用于所有级别的K线。

底背离： 股票价格下降，MACD趋势向上。底背离现象一般是预示股价在低位可能反转向上的信号，表明股价短期内可能反弹向上，是短期买入的信号。

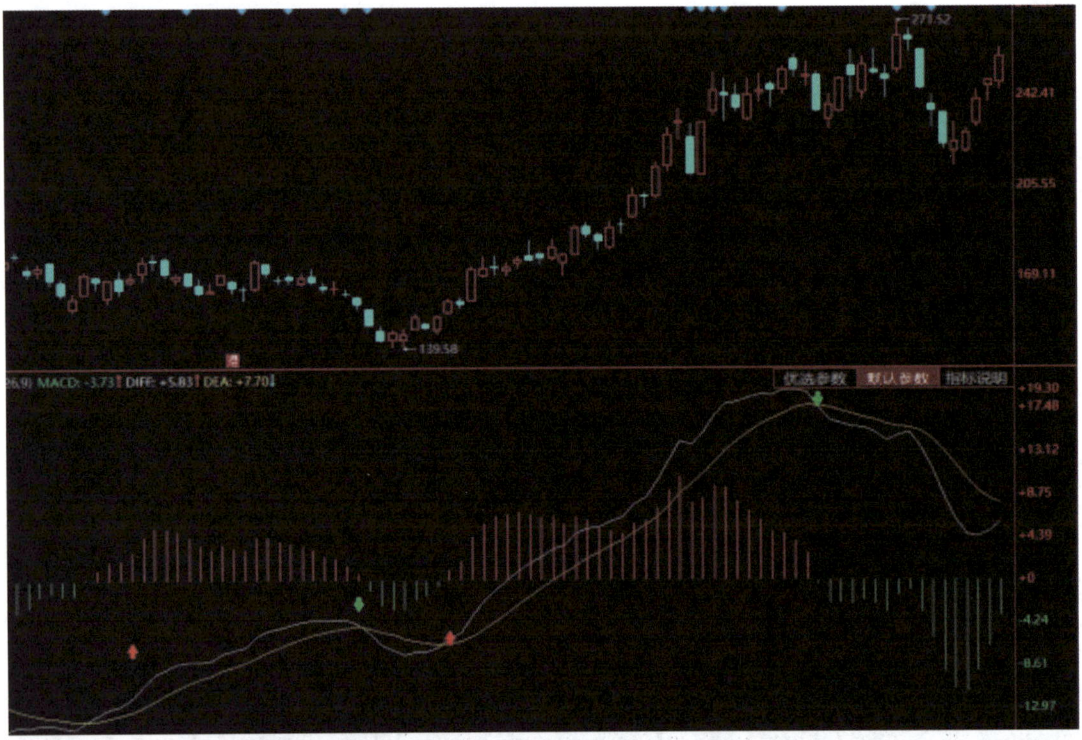

七、MACD背离做T+0

做T+0的前提：持有股票。

- 倒T：先卖后买，低买高卖，降低成本。
- 正T：先买后卖，低买高卖，超额收益。

用1分钟MACD背离做T+0。

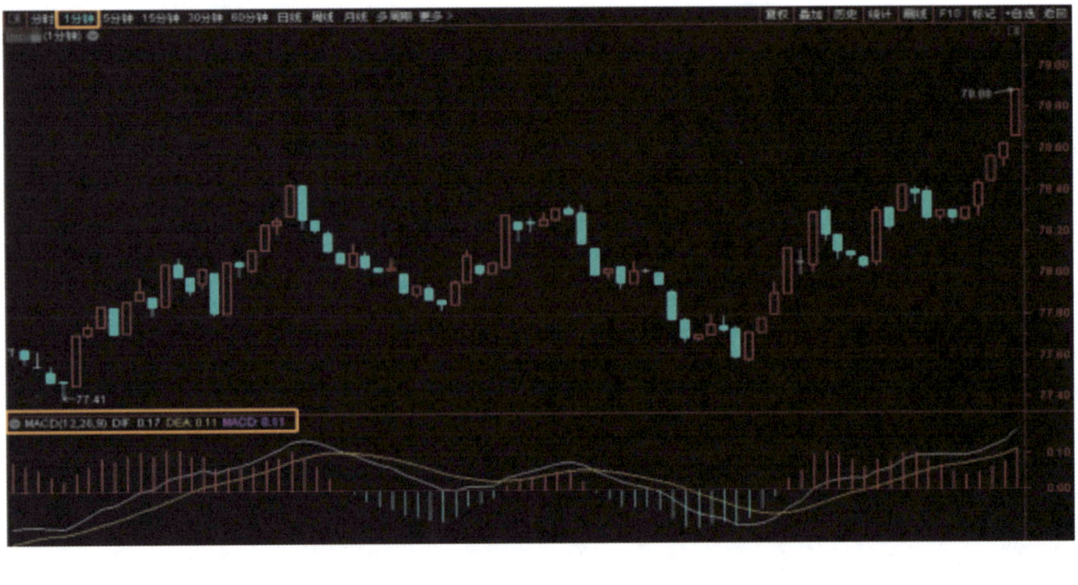

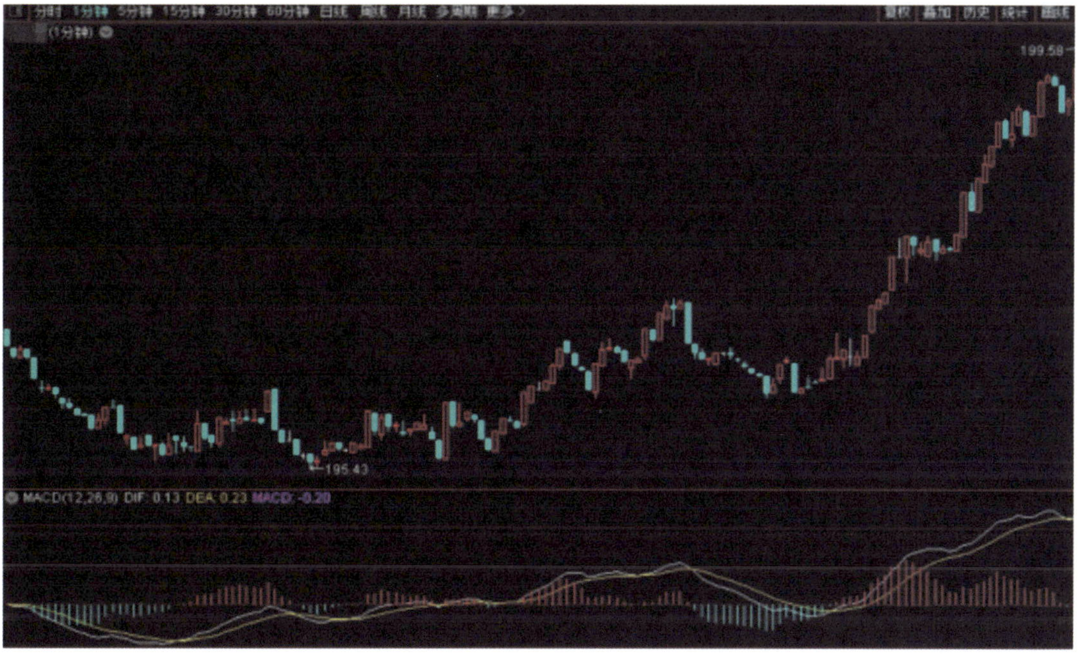
分时 1分钟 5分钟 15分钟 30分钟 60分钟 日线 周线 月线 多周期 更多
复权 叠加 历史 统计 画线
(1分钟)
199.58
195.43
MACD(12,26,9) DIF: 0.13 DEA: 0.23 MACD: -0.20

第十三课　课后习题

1. T+0简称做T，指的是通过建立底仓实现（　　）。

A. 当天买当天卖　　B. 100%获利　　C. 100%抓涨停

2. 做倒T的操作方式为（　　）。

A. 先卖后买　　B. 先买后卖　　C. 同时买卖

3. 股价在高位创出新高，MACD指标并没有创出新高，此为（　　）。

A. 底背离，有下跌风险　　B. 底背离，有上涨趋势
C. 顶背离，有下跌风险

4. 股价在低位创出新低，MACD指标并没有创出新低且实现上涨，此为（　　）。

A. 底背离，有下跌风险　　B. 底背离，有上涨趋势
C. 顶背离，有下跌风险

5. 做T的目标主要是为了实现（　　）。

A. 增加成本　　B. 超额收益　　C. 买入涨停

第十四课
三阳突破——阴阳相生破箱体

一、左右侧交易法则

1.什么是左侧交易

左侧交易是在股价经过长时间下跌后，成交量萎缩，证明做空动能不足。股价出现了相对低点，K线形态上开始出现下影线，或者出现连续的小十字星，有了底部特征，KDJ指标的J值甚至变为负数，但不能完全依赖指标判断出股票的后续走势。左侧交易的风险在于买入后，股价可能还会继续下跌。

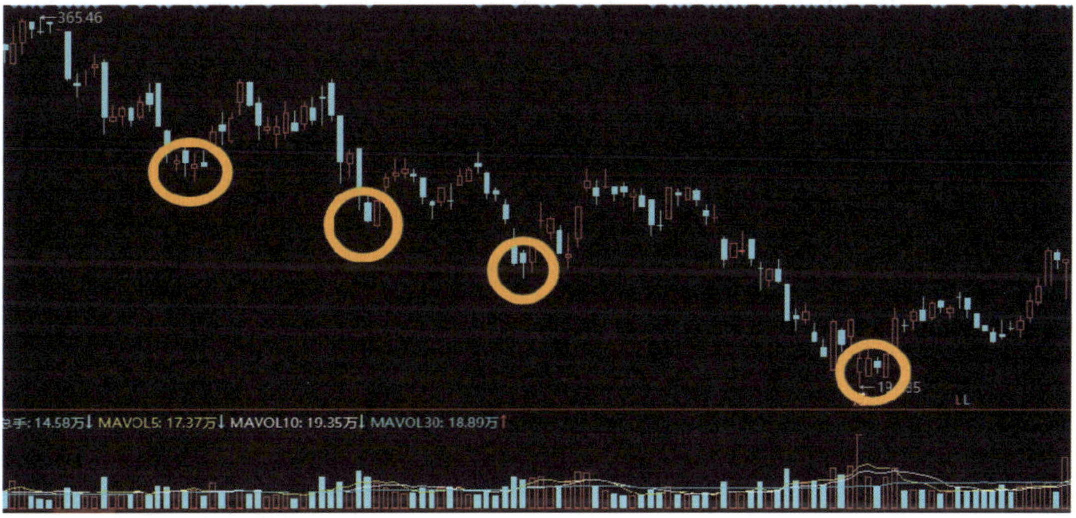

如上图所示，黄色圆圈为左侧交易的买入信号。左侧交易是指在股价下跌过程中买入，也就是说在还没形成底部时，股价下跌到一定程度就开始买入，交易风格偏向于“人弃我取”，在趋势转折前买入，一般左侧交易匹配价值投资和基本面分析。而卖出则是在股价上涨到一定程度还没有回调时就开始卖出。左侧交易的主观性较为严重，大家可以回顾一下自己平时的操作，就能知道是不是左侧交易。

2.什么是右侧交易

右侧交易就是顺势交易，所谓顺势交易，就是多头趋势打破了前期的下跌形态，这时候市场转折后开启上涨，跟随入市。通常右侧交易是在股票上涨趋势确立后买入，KDJ、MACD等指标开始拐头向上，甚至有标志性大阳线突破比较重要的均线，比如20日、30日、60日均线等。

右侧交易的风险较小，但比起左侧交易成本要高。左侧交易是在趋势形成之前进行建仓。这种操作方法适合大资金控盘吸货之初，大前提还要大势好，搞不好得往下砸。对于散户，这类手法是致命的，你买入的价格是低，但是你的买点是下跌趋势；右侧交易是上升趋势确认后再建仓，在散户眼里是追涨杀跌，但是你追的是确定的涨势。

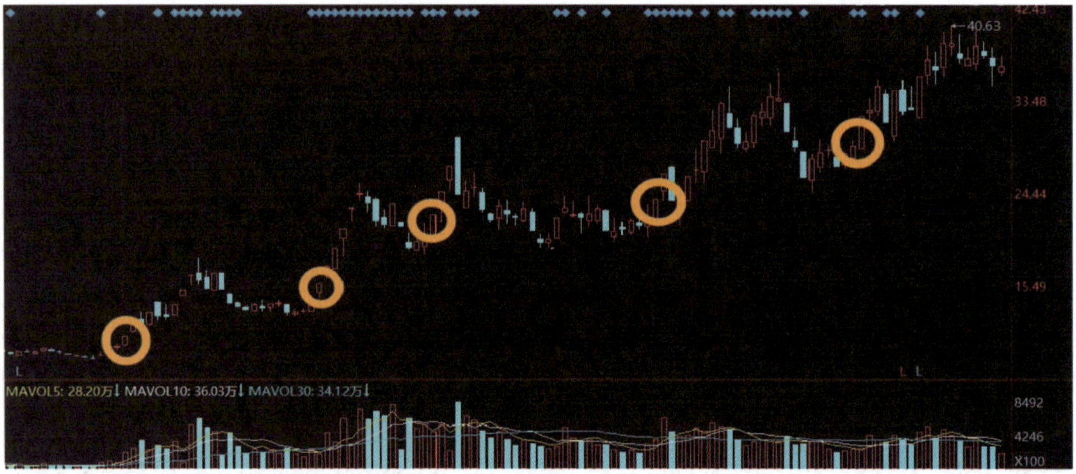

右侧交易的买点如上图，一般情况下，右侧交易是在股价有反转信号或者说突破信号时买入，通俗来说就是在股价上涨时买入，风格偏向于顺势操作。右侧交易一般匹配技术分析，需要对K线形态研究深透。而卖出也是在股价上涨后有明显的回调动作时卖出。右侧交易主观性较小，看行情操作。

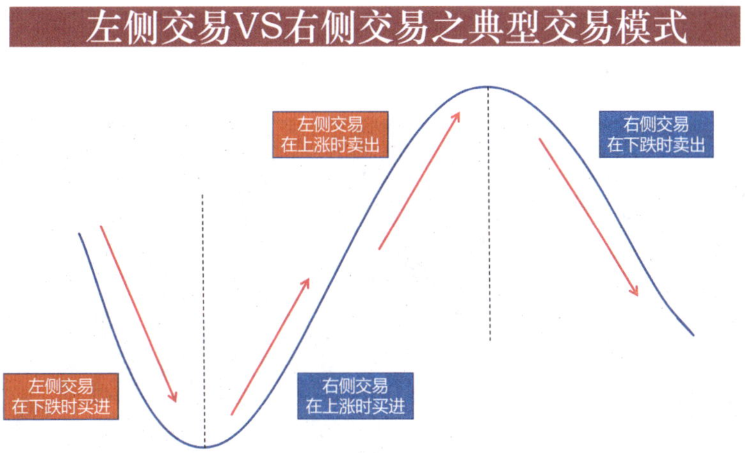

3. 交易要点

① 做左侧交易，如果你妄图买在最低，卖在最高，那是不成熟的表现。左侧交易追求逃顶与抄底，但是通常都是在底部到来之前就买入，而在顶部到来之前就卖出，放弃两头的利润，获取整个波段中间核心的利润。

② 右侧交易是在见底之后买入，见顶之后卖出，也是获取中间的主要利润。

③ 左侧交易比右侧交易买入的早，也卖出的早，因为是主观判断底部和顶部。

④ 右侧交易是偏保守派，但是胜在稳扎稳打；左侧交易属于激进派，胜在快进快出，各有所长，也各有所短。

⑤ 左侧交易会受到投资者自身的情绪影响，而右侧交易则遵循客观的市场趋势。

⑥ 左侧交易比右侧交易成功率低，可一旦成功，获得的利润比右侧交易要丰厚。

二、三阳突破战法

战法要点一：前期处于低位的震荡行情走势

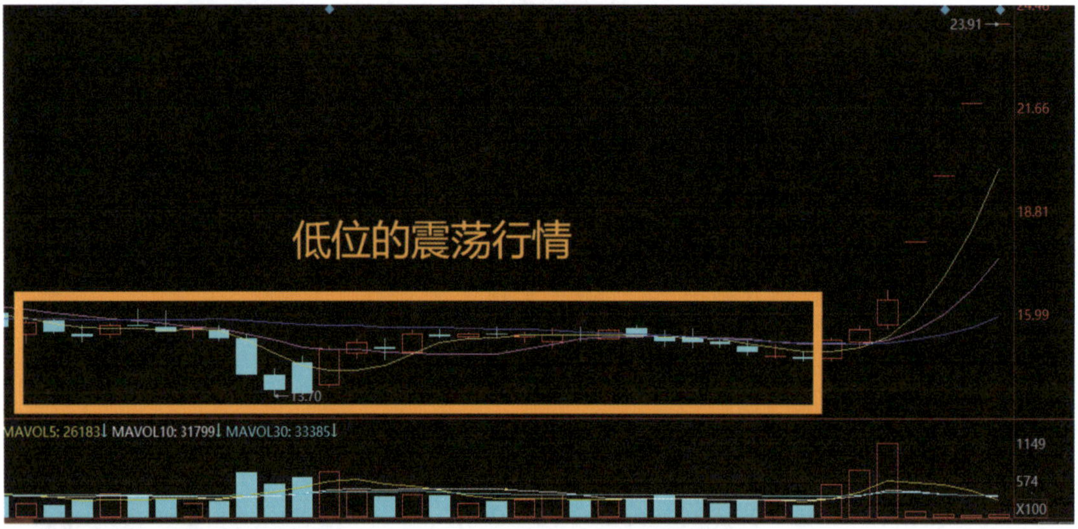

战法要点二：在底部出现连续3天的巨量

战法要点三：突破前期平台的最高压力

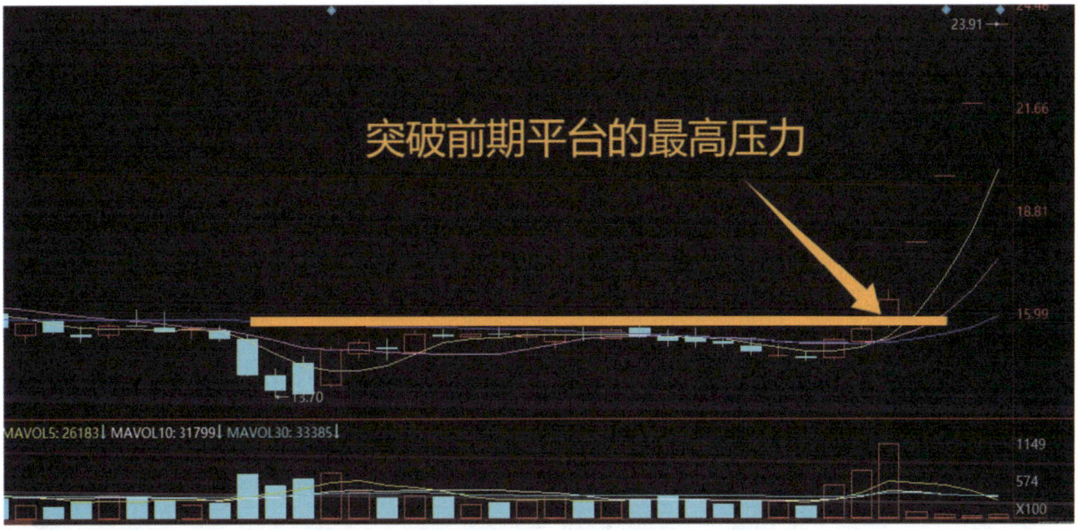

战法要点四：5日、10日、30日均线呈现多头排列

三、三阳箱体战法

战法要点一：完全脱离底部区域进入上升趋势的股票

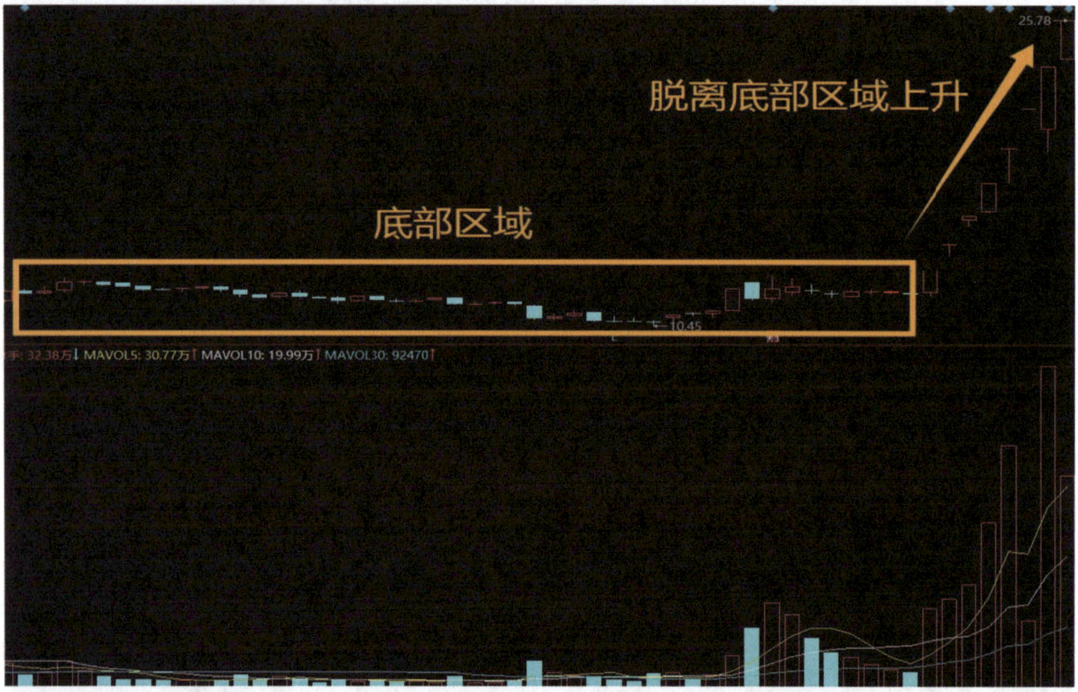

战法要点二：一定要形成至少2个月以上的大平台，半年更好

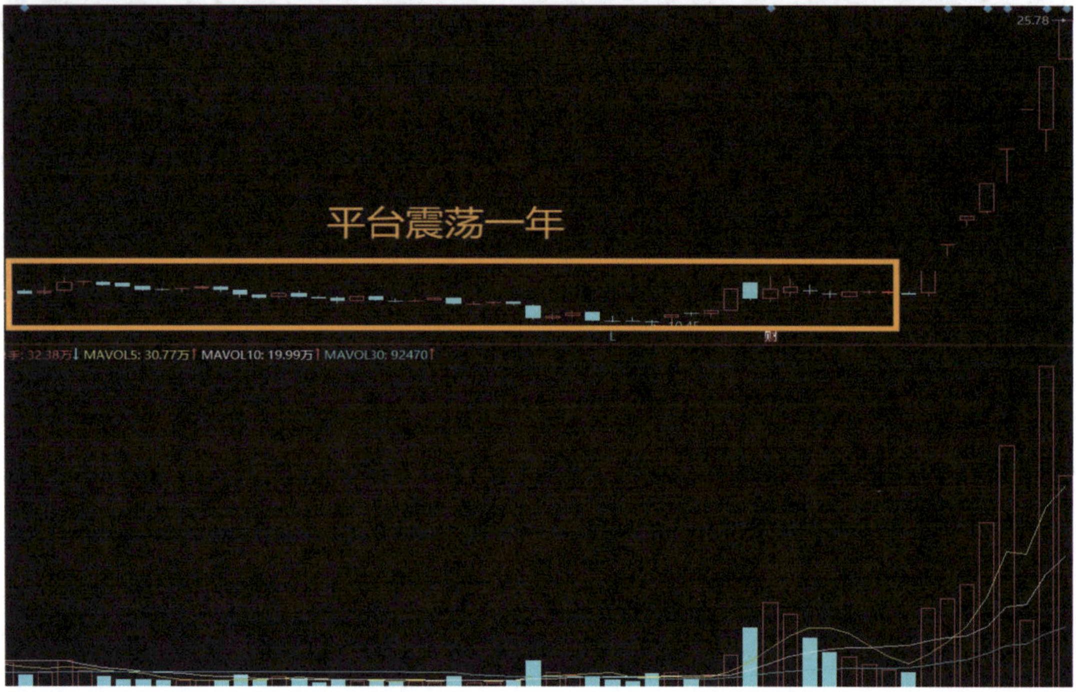

战法要点三：突破高点当天成交量不能太大，否则会有出货的嫌疑

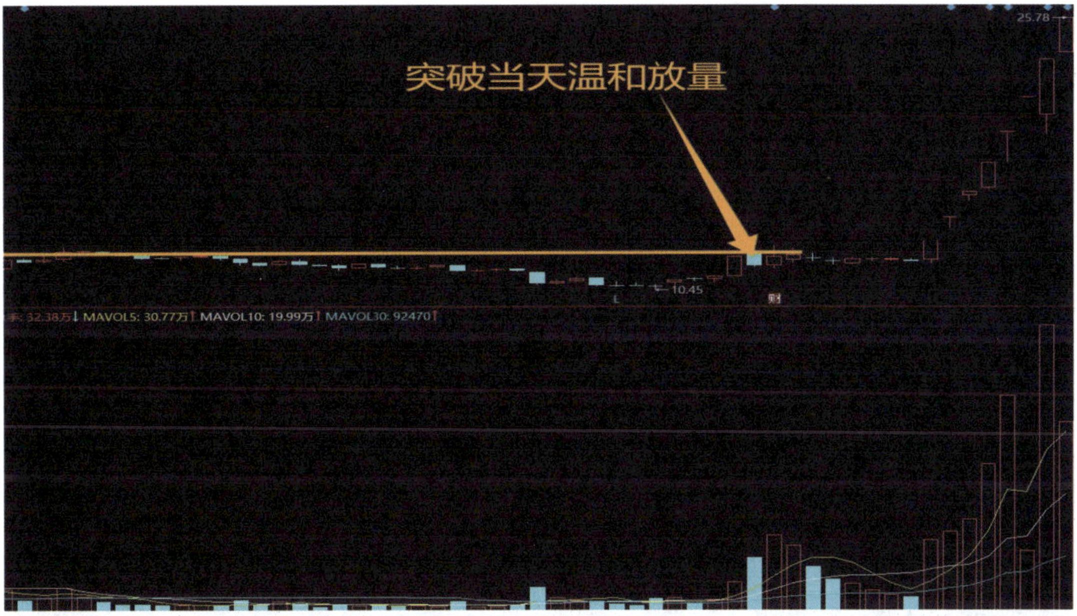

战法要点四：回调要缩量，缩量表示要么高度控盘，要么是主力吸筹，故意吓跑不坚定的散户

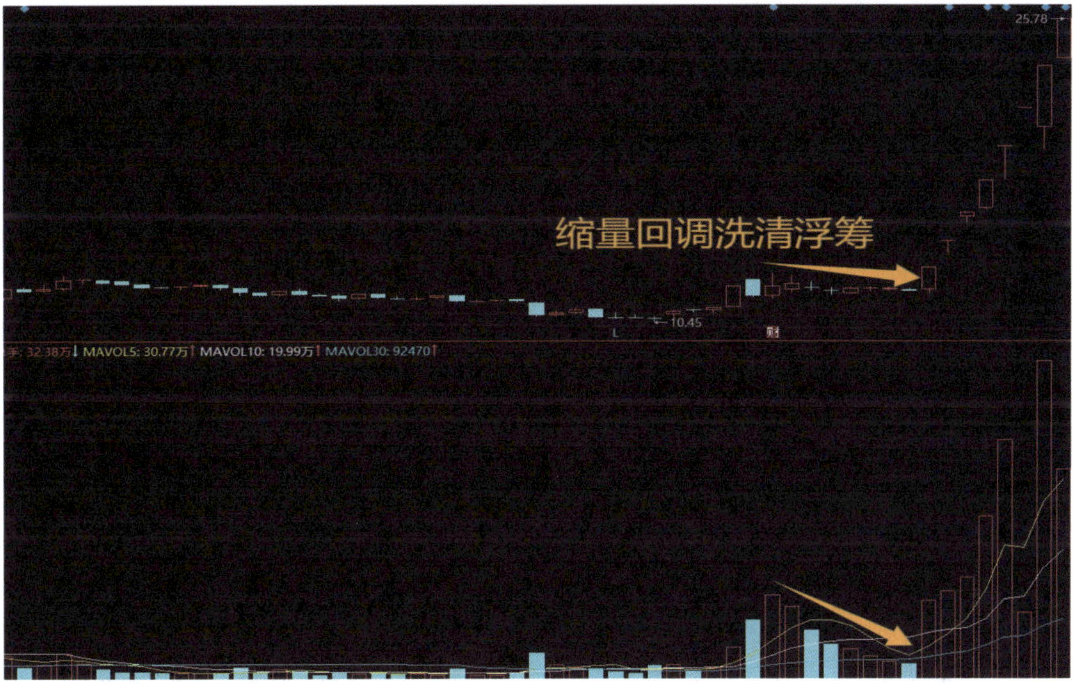

战法要点五：放量后回踩下沿支撑位，如果出现连续缩量的小阳线是入场点

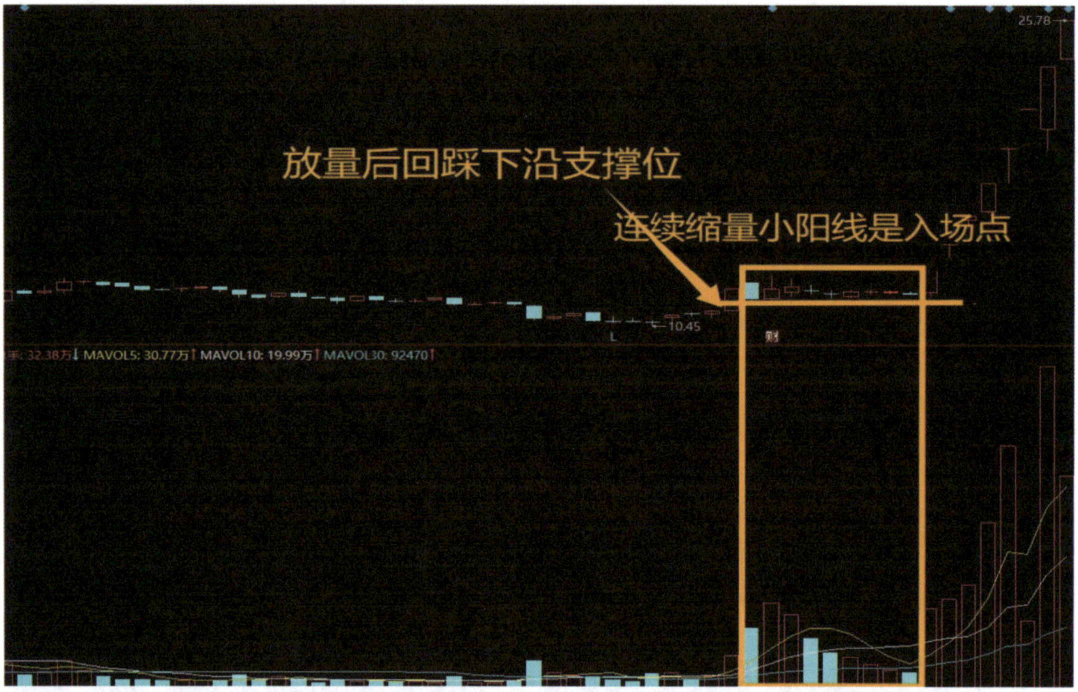

战法要点六：缩量后出现放量大阳线也是一个入场点

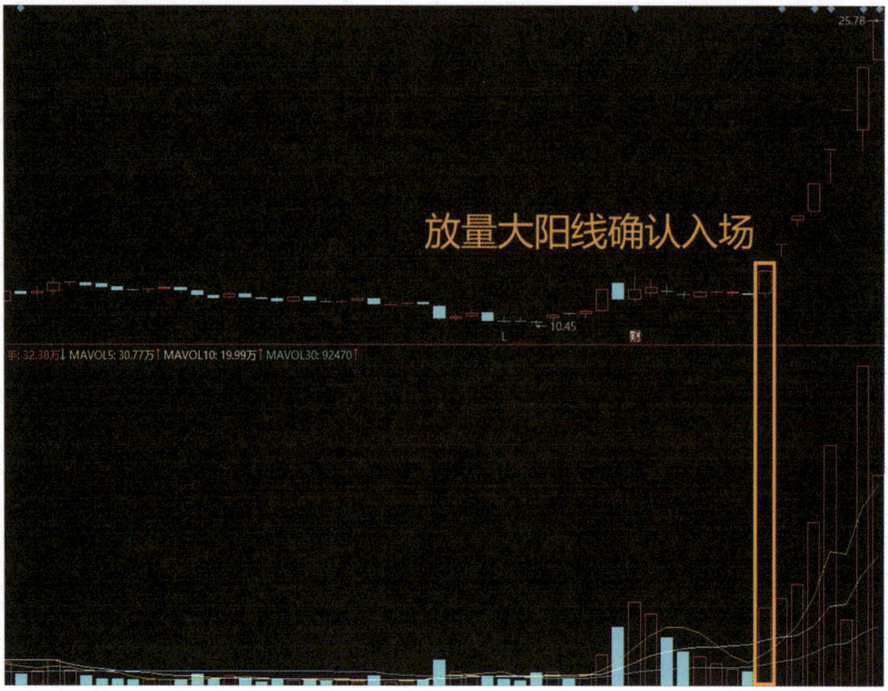

四、三阴生阳战法

- 战法前提： 此战法只做单边上升趋势，下降趋势的股票不适合此战法。

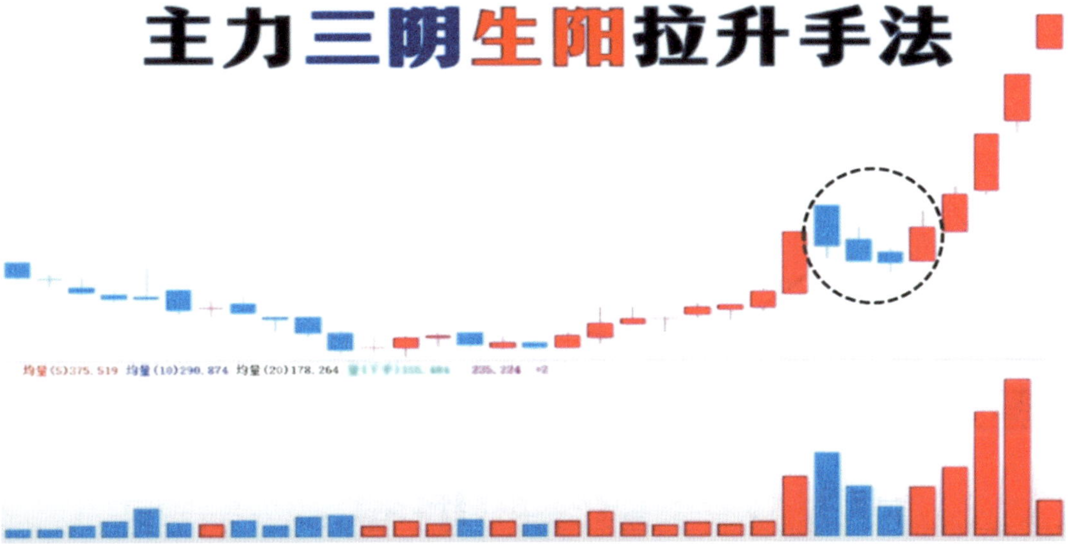

战法要点一：市场处于上升趋势

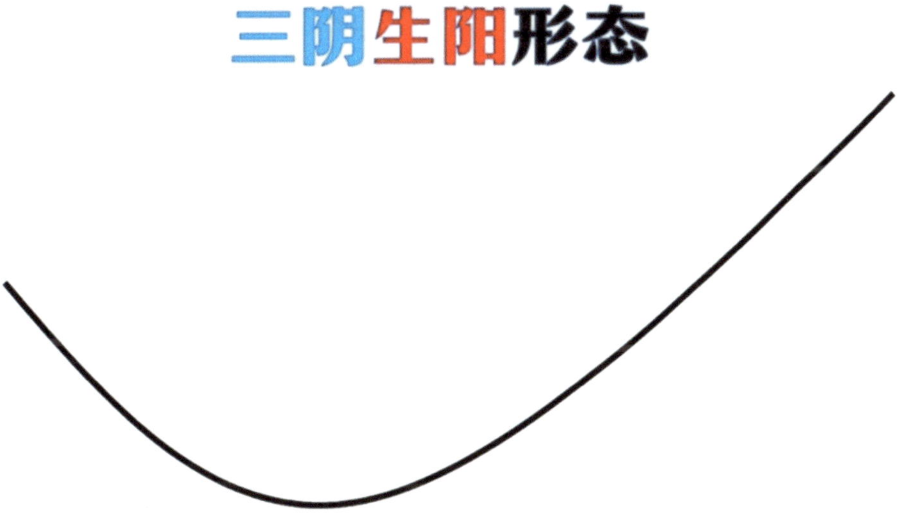

战法要点二：三连阴前出现大阳线（涨幅>7%）三阴生阳，放量上涨

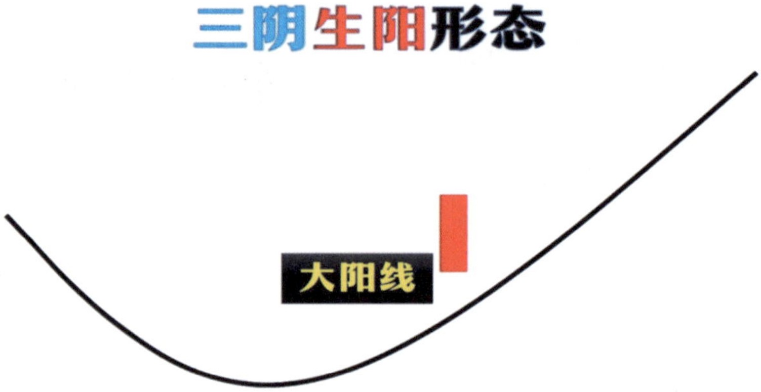

战法要点三：出现三连阴

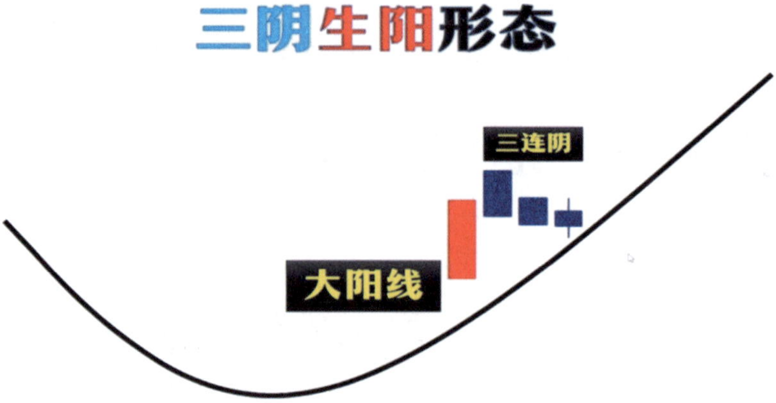

战法要点四：三阴生阳，放量上涨

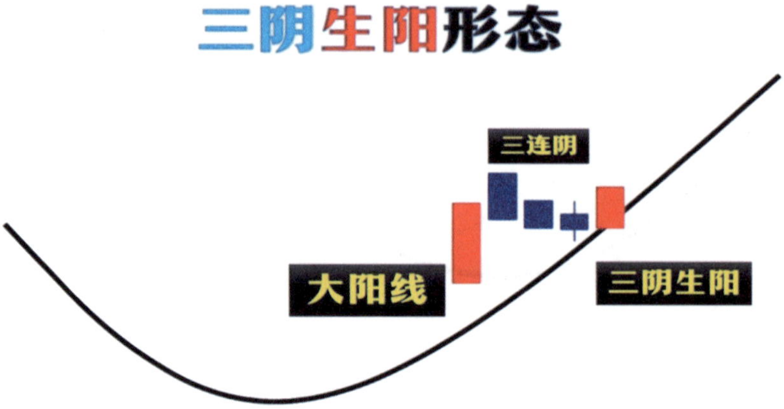

第十四课 课后习题

1. 在三阳突破战法中，底部需要连续放出（　　）天的巨量。

A. 3　　B. 4　　C. 8

2. 在三阳突破战法中，需要突破（　　）。

A. 5日均线　　B. 前期平台的最高压力位　　C. 10日均线

3. 在三阳突破战法中，5日、10日、30日均线需要呈现（　　）。

A. 多头排列　　B. 空头排列　　C. 横盘震荡

4. 在三阴生阳形态中，三连阴之前的大阳线涨幅要大于（　　）。

A. 3%　　B. 5%　　C. 7%

5. 三阴生阳形态中的主力生命线组为（　　）以上。

A. 5,10,20　　B. 5,10,60　　C. 5,8,13

笔 记

第十五课
量价反包——无畏牛熊放量阳

1. 何为交易之道

投资市场的初段是勤奋和技艺，中段是智慧和心态，高段是人性和道德。先要懂得书山有路，勤能补拙；再要洗尽杂念，心如止水，克服所有人性的弱点，才算拿到了盈利的入场券；而登堂入室还必须达到道德的圆满。98%的人赔死在初段，1.9%的人拖死在中段，只有0.1%的人有幸进入高段。

投资是一场关于如何衡量胜算的游戏，你所要做的是计算每一笔交易的风险报酬比，并判断这笔交易是否划算，然后投入你所能承受风险的资金。 记住：永远给自己留下下一次交易的机会。

30%交易技术+30%风险控制与资金管理+30%纪律+10%运气 = 成功。

2. 量价反包模型（个股）

KDJ指标：

优点：KDJ指标有对股价变化情况判断灵敏的特点，可以依据它来短线操作。

缺点：因为该指标反应太灵敏，有时买入或者卖出信号发出得过早，导致在操作上容易出错。

指标组成：

K线是快速确认线——数值在90以上就是超买，数值在10以下就是超卖。

D线是慢速主干线——数值在80以上就是超买，数值在20以下就是超卖。

J线是方向敏感线，当J值大于100，特别是连续5天以上大于100，股价至少会形成短期头部；反之，J值小于0的时候，特别是连续数天以上小于0，股价至少会形成短期底部。

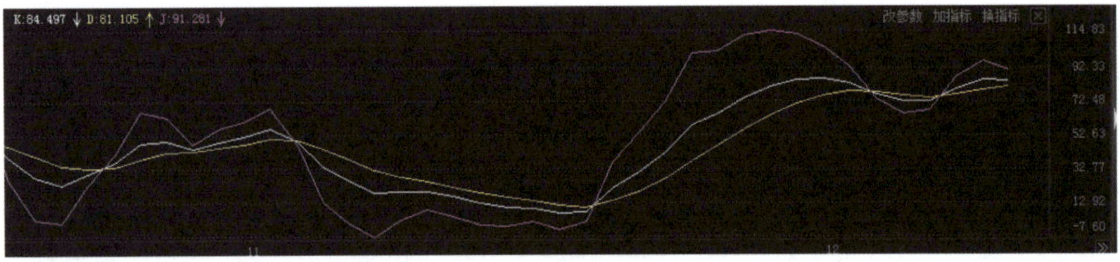

指标要点：KDJ需要重点关注的是紫线J值。

指标要点一：前一天的K线所对应的KDJ指标中的J值为负，是处于超卖的阶段。

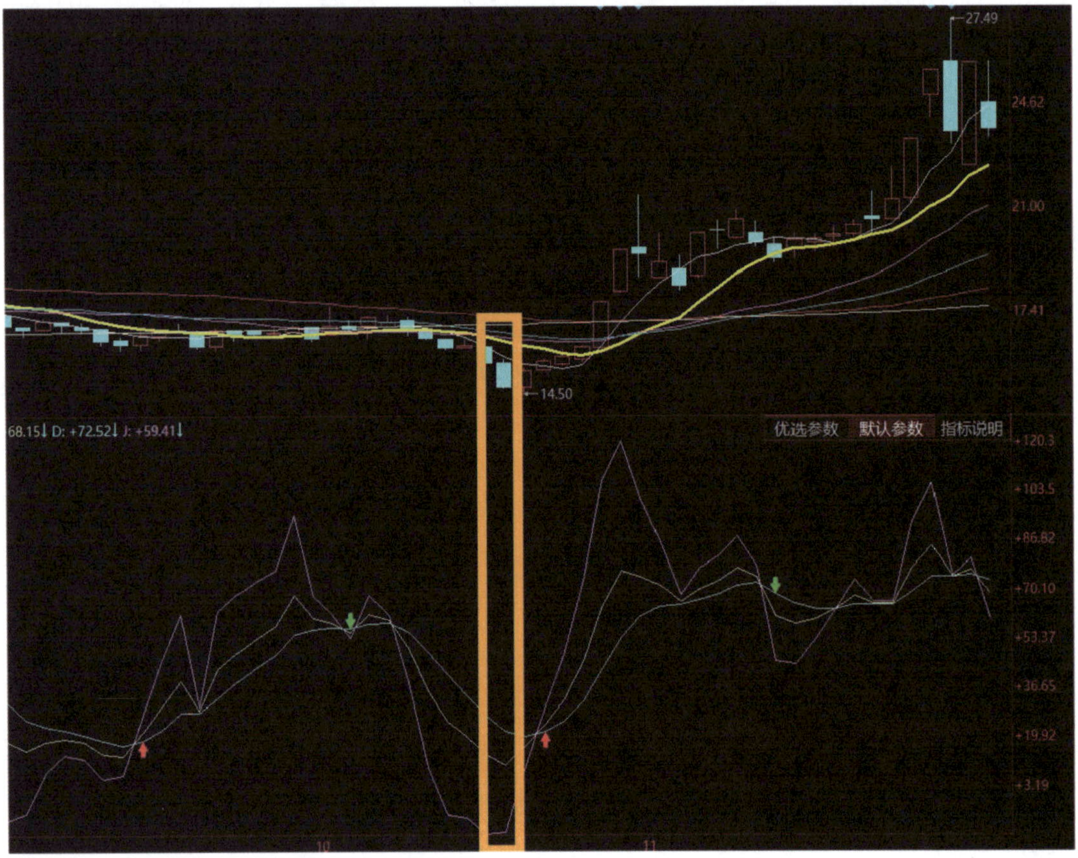

指标要点二：当日K线要上包前一天的K线形成反包，成交量要反包住昨日的成交量。

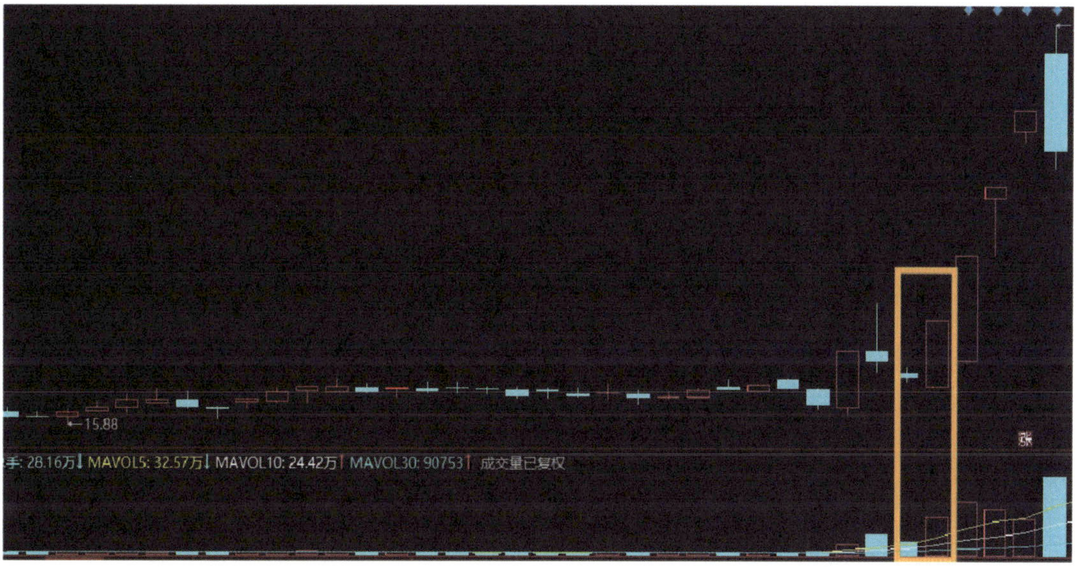

指标要点三：当日收出的阳线最好是涨停板的大阳线，并且收盘价要站上5日均线。

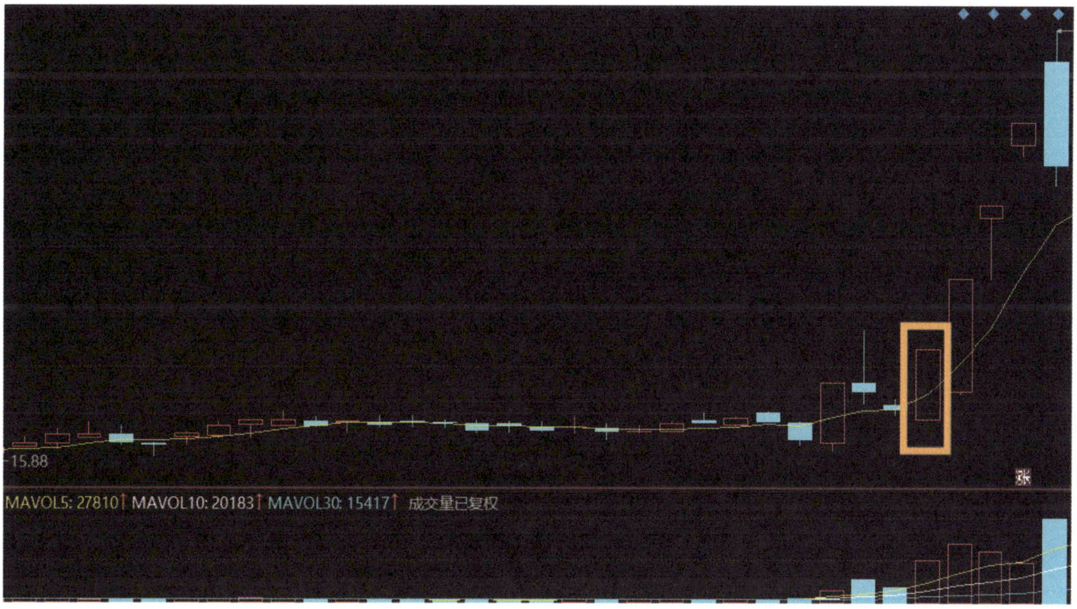

3. KDJ极致买点（大盘）

先调整指标参数

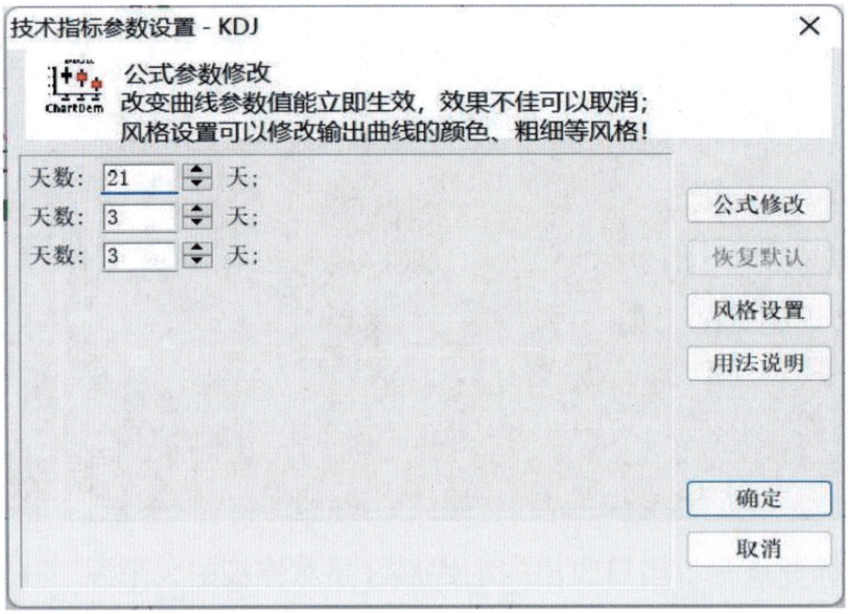

极致买点：J值上穿-1

适用范围：主要适用于上证指数

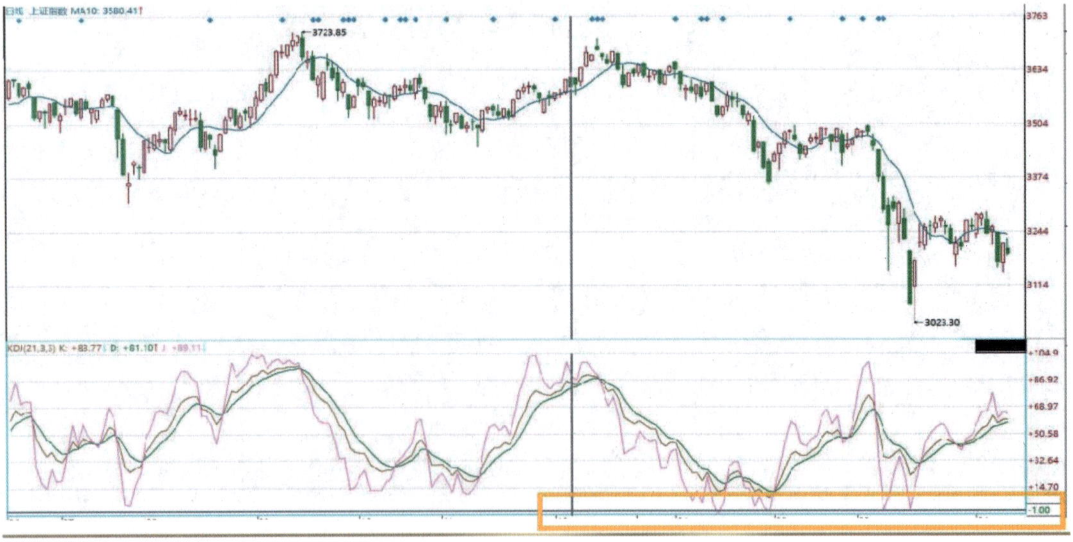

战法要点：个股适用吗

个股也适用，但不要在下降趋势中使用。

4. KDJ指标季线择时（行业）

先调整参数

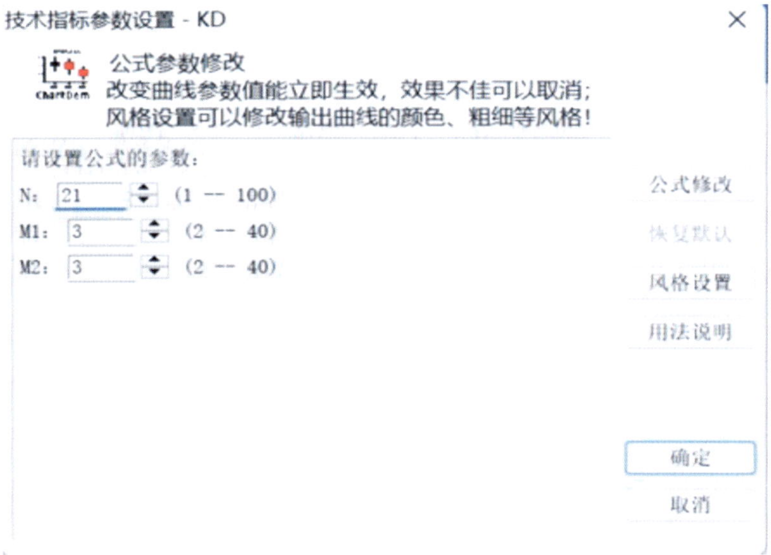

K线是快速确认线——数值在90以上就是超买，数值在10以下就是超买。

D线是慢速主干线——数值在80以上就是超买，数值在20以下就是超卖。

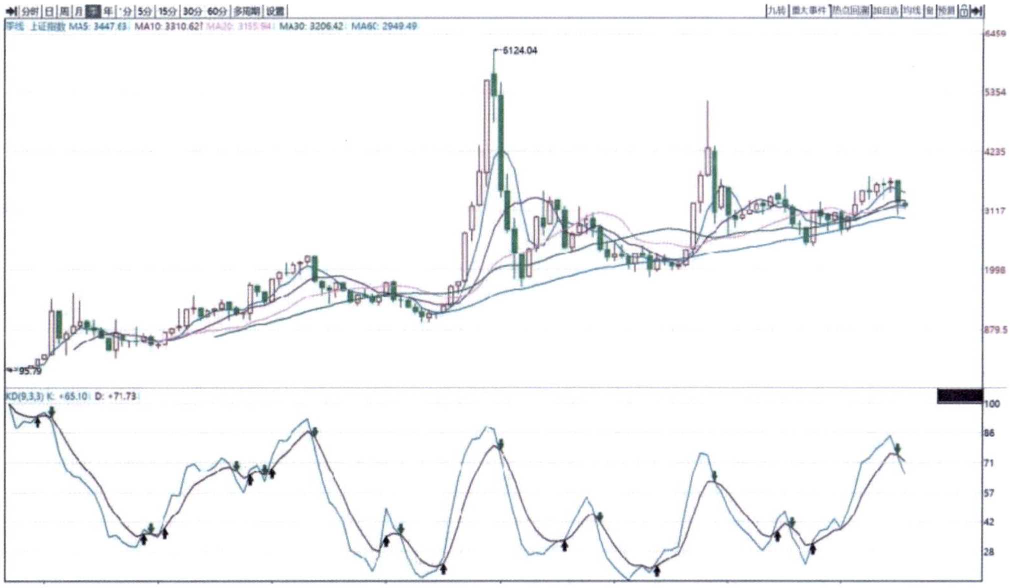

（1）指标特点

①中长期预判的绝佳指标，观察简单便捷；

②对大盘和行业板块可起到很强的指导作用。

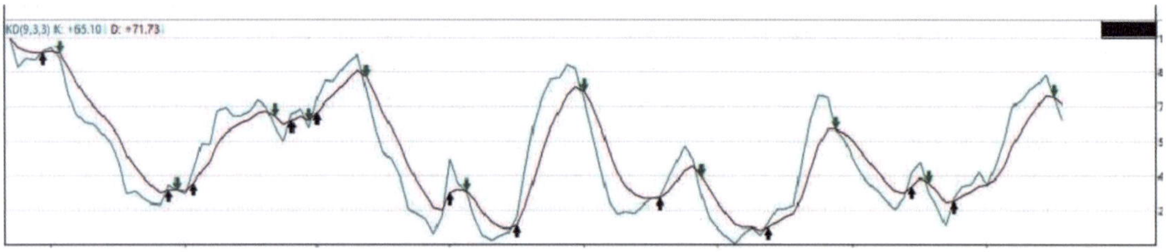

（2）四个区域，两个状态

①四个区域。

80以上：强势钝化区。

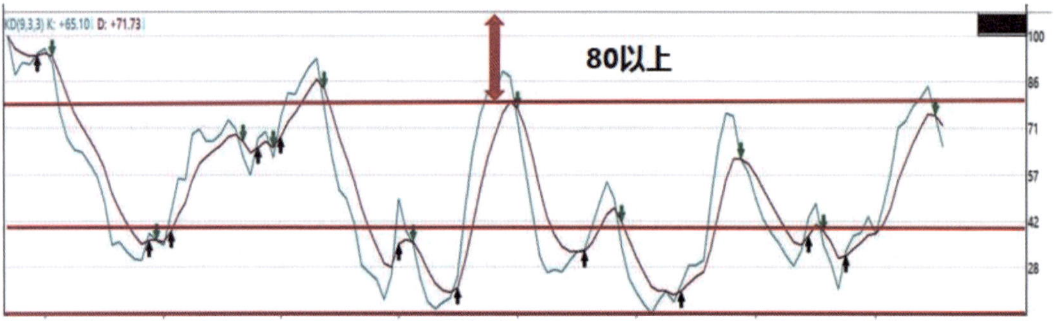

强势钝化区：筑顶阶段

50~80：强势区。

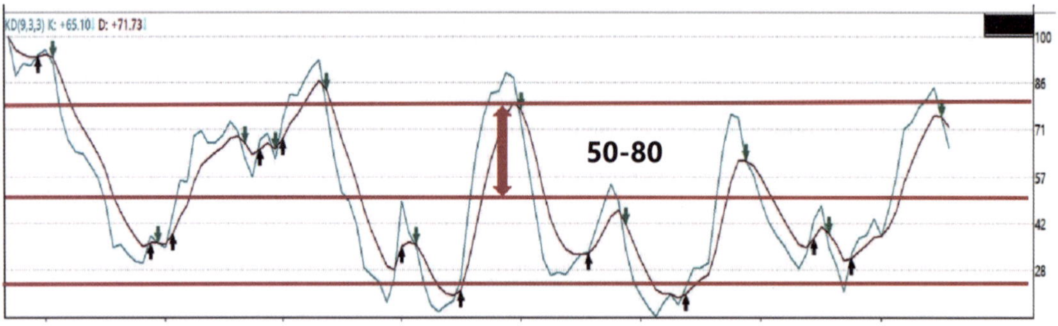

强势区：加速上涨或下跌阶段

20~50：弱势区。

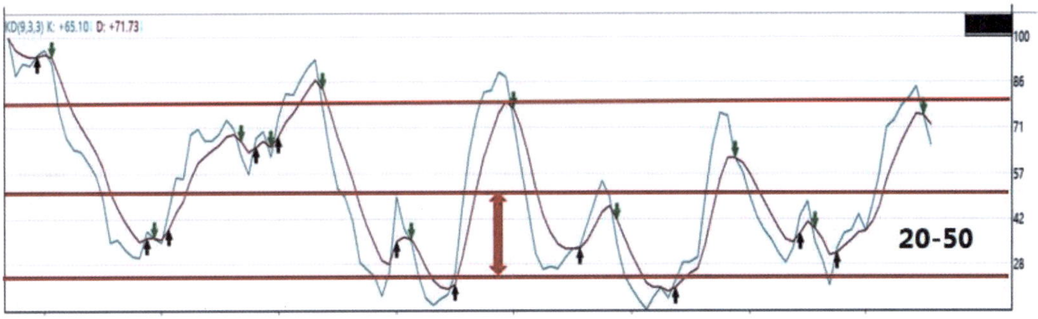

弱势区：开始上涨或下跌阶段

20以下：弱势钝化区。

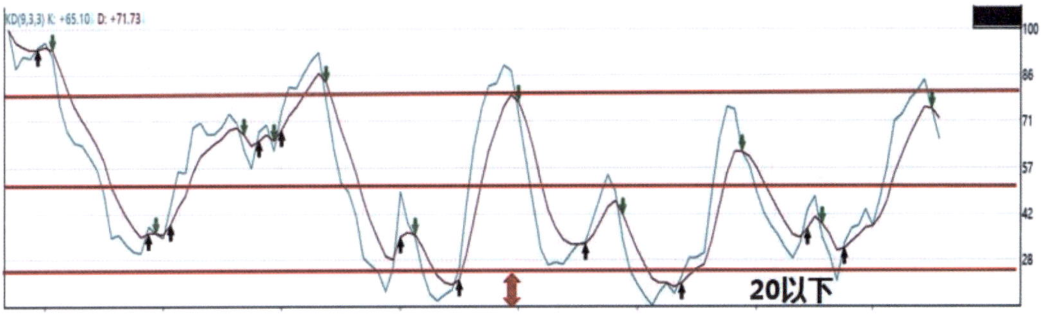

弱势钝化区：筑底阶段

②两个状态。

金叉状态：两线交叉向上（K线上穿D线）

死叉状态：两线交叉向下（K线下穿D线）

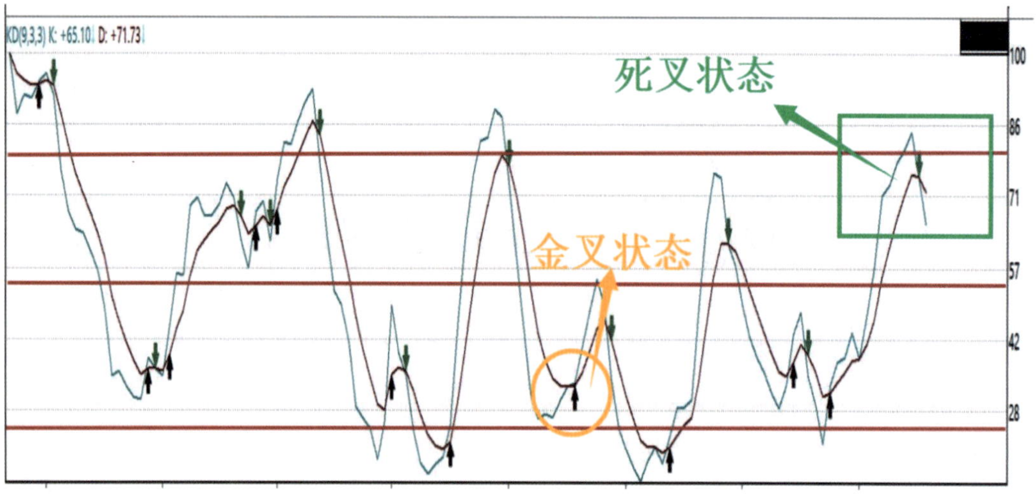

第十五课 课后习题

1. KDJ指数中J值为负，说明股票处于（ ）的阶段。

A. 超买　　B. 超卖　　C. 平衡

2. 在量价反包模型中，对于阳线的要求为（ ）。

A. 只要是上涨阳线就可以
B. 最好是涨停板的大阳线
C. 阳线涨幅超过2%

3. 在KDJ指标季线择时（行业）中，强势钝化区为（ ）。

A. 80以上　　B. 50~80　　C. 20以下

4. 在KDJ指标季线择时（行业）中，弱势钝化区为（ ）。

A. 80以上　　B. 50~80　　C. 20以下

5. 在KDJ指标季线择时（行业）中，筑底阶段为（ ）以上。

A. 强势钝化区　　B. 弱势钝化区　　C. 强势区

笔 记

第十六课
波段套利——神奇参数辨真伪

一、相对强弱指标

●W&R威廉指标

威廉指标是一个振荡指标，是依据股价的摆动点来度量股票是否处于超买或超卖的技术指标。

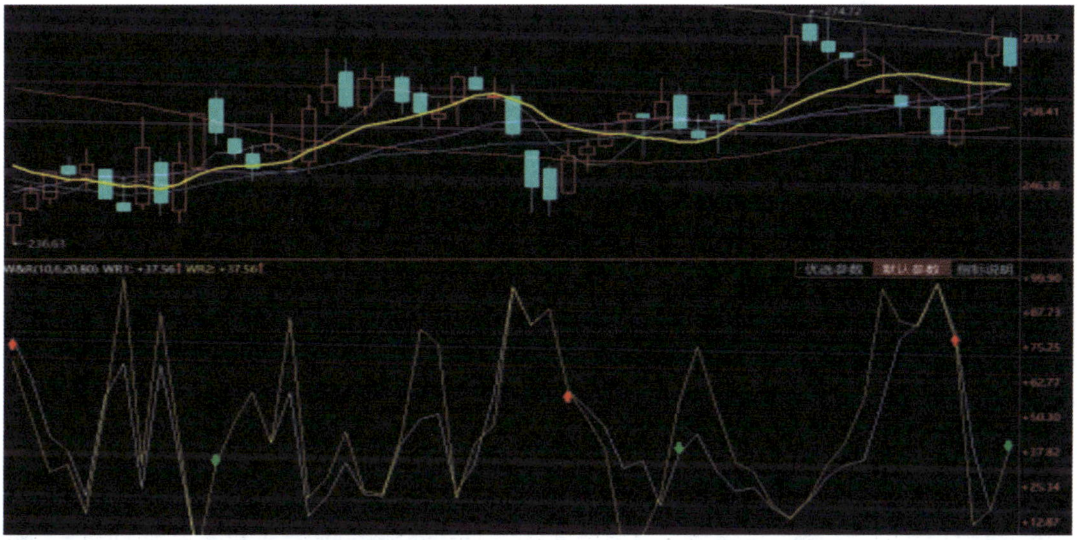

1. 修改参数（电脑版）

点击指标空白处，点击鼠标右键，选择修改指标参数。

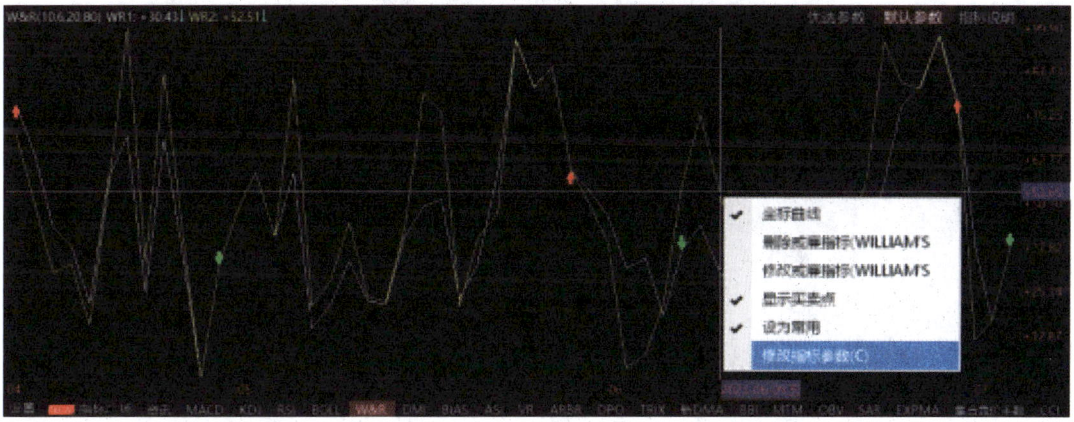

将指标默认参数改为：32、32、20、80，如下图，然后点击确定保存。

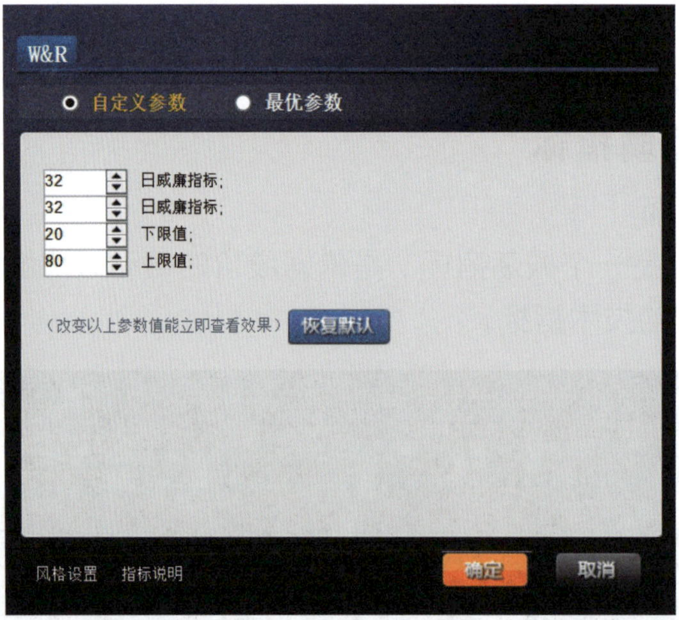

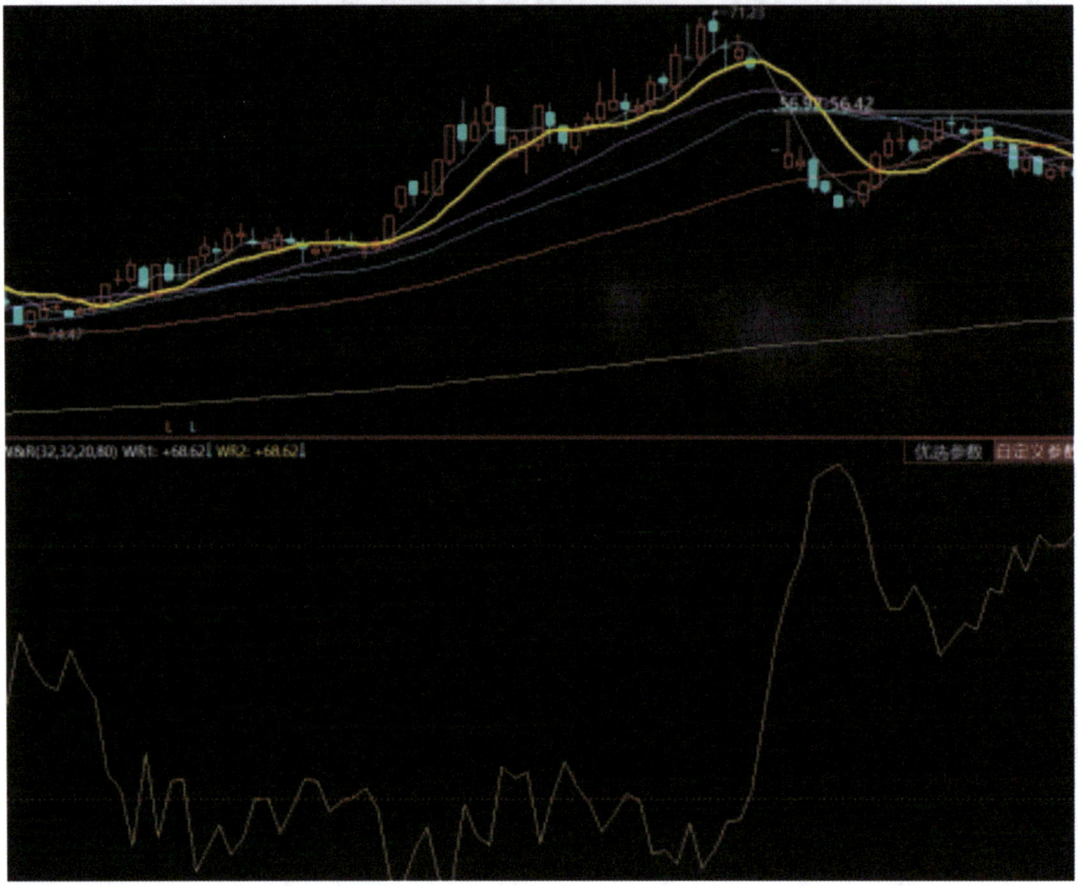

2.修改指标参数（手机版）

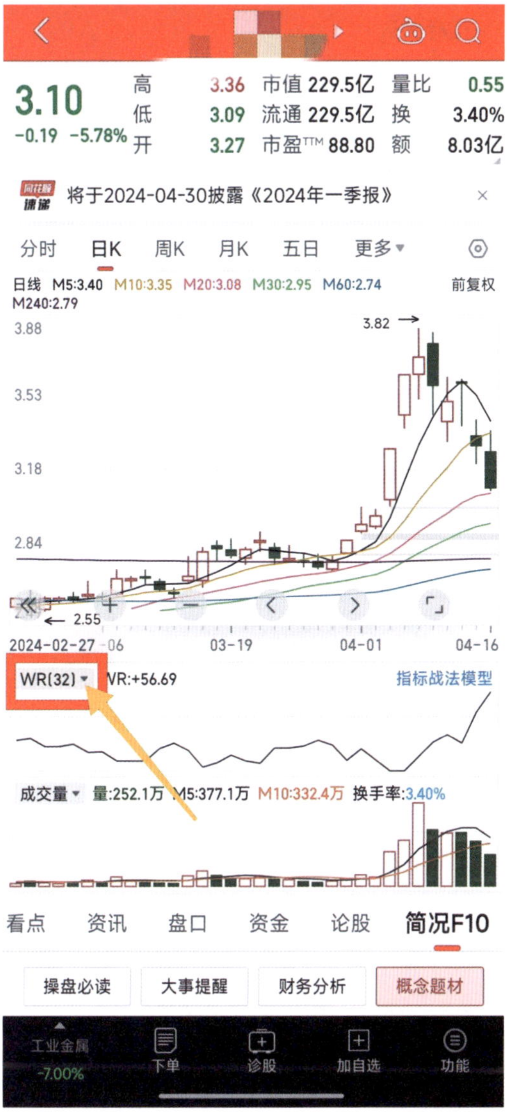

打开手机同花顺找到一只股票，点击副图指标左下角位置，如图。

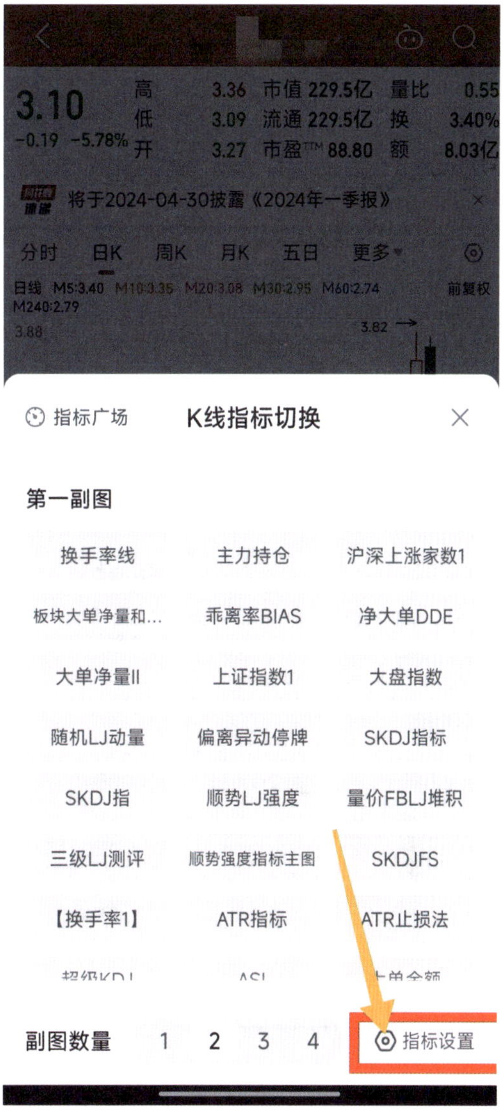

点击右下角指标设置。

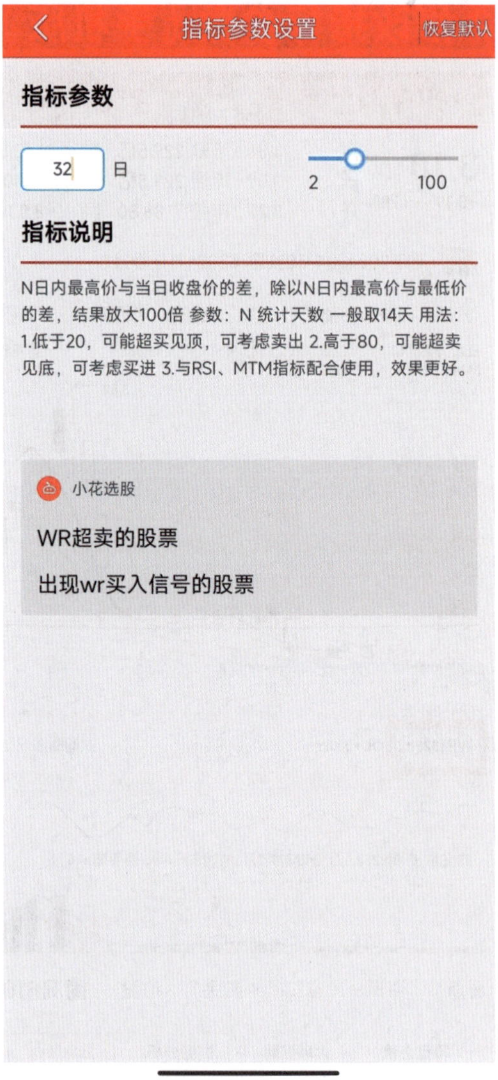

找到WR指标，点击其左侧的螺丝形状按钮。

修改指标参数为32，再点击左上角退出保存。

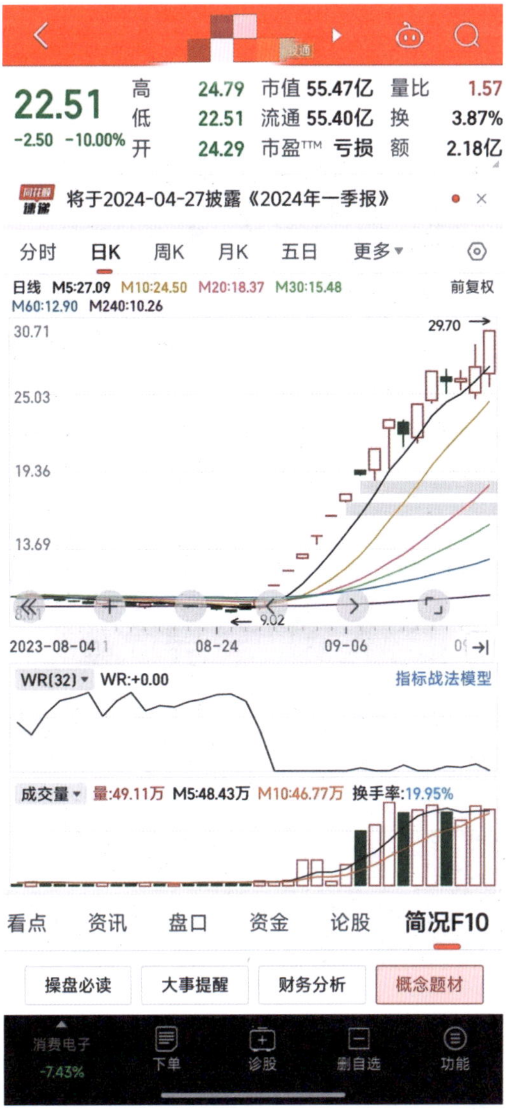

如上图所示，修改完成，可以打开任一股票使用该指标。

3.指标用法

威廉指标下穿80线，既为买入点；威廉上穿20线，即为卖出点。

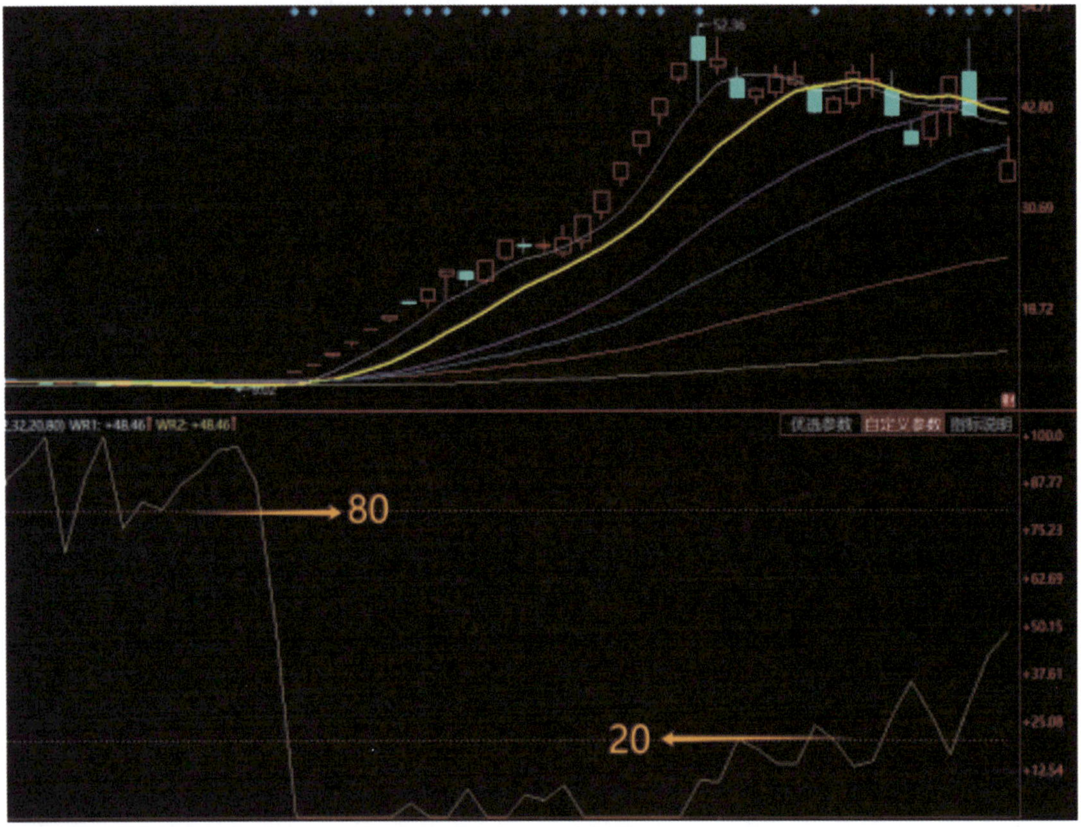

注意：单个指标只能作为参考，不能直接作出投资决策。

二、空间套利指标

●ASI升降指标

由于ASI指标相对比当时的市场价格更具有真实性，因此，对于股价是否真实地创新高或新低点，提供了相当精确的验证。又因为ASI指标精密的运算数值，更为股民提供了判断股价是否真实突破压力或支撑的依据。

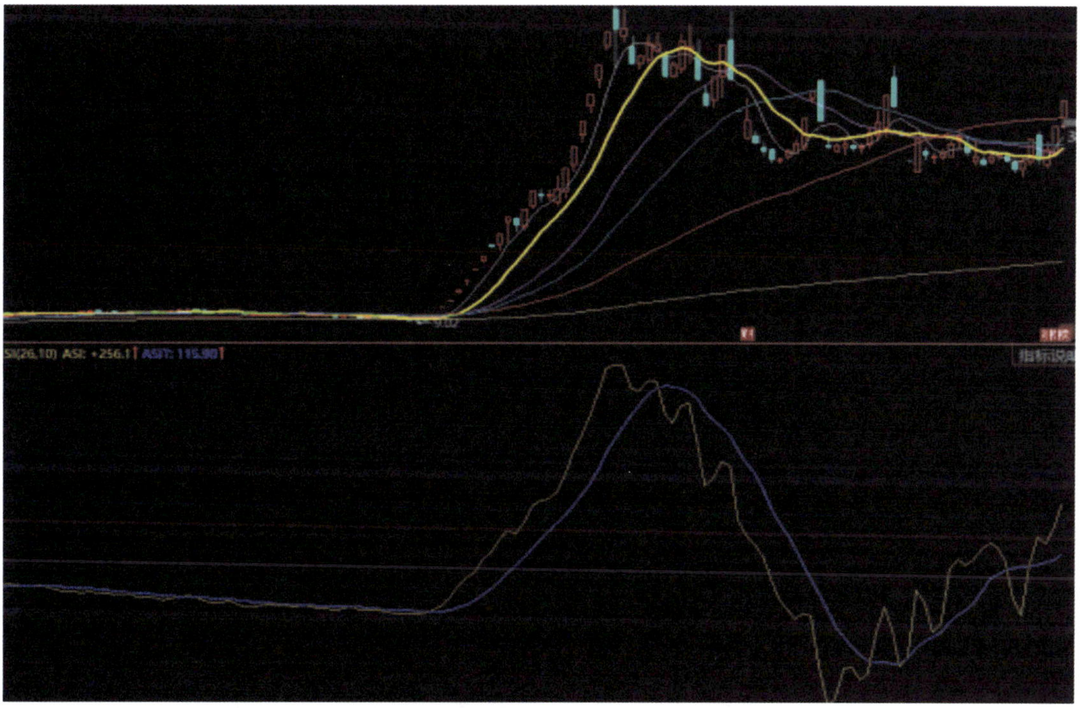

1.修改指标参数（电脑版）

点击指标空白处，点击鼠标右键，选择修改指标参数，指标参数改为15、10，然后点击确定。

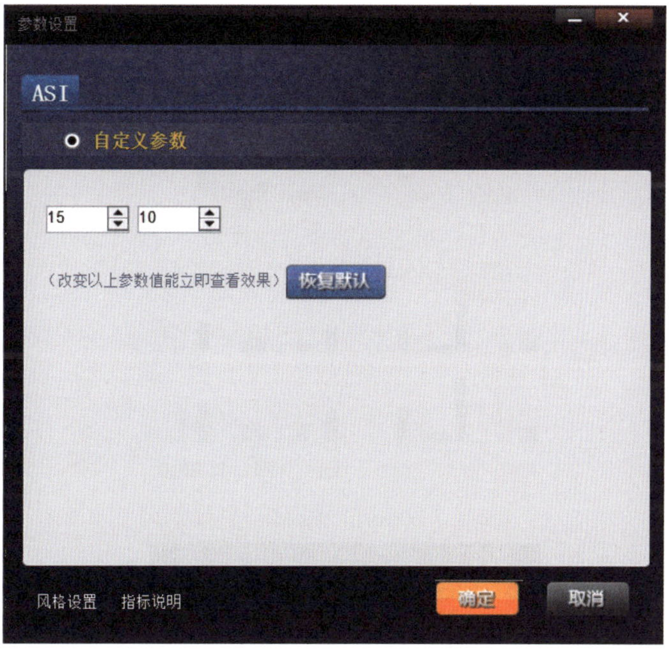

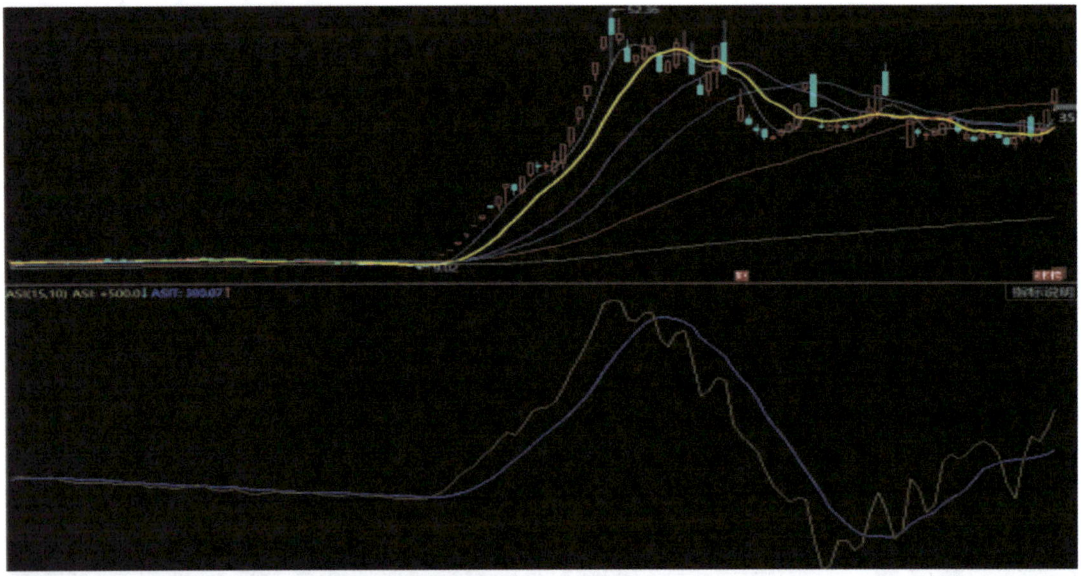

2.修改指标参数（手机版）

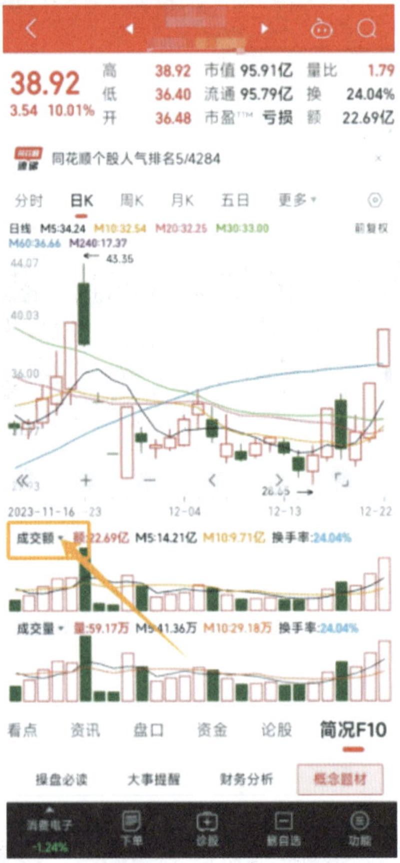

打开手机同花顺找到一只股票，点击副图指标左下角位置，如图。

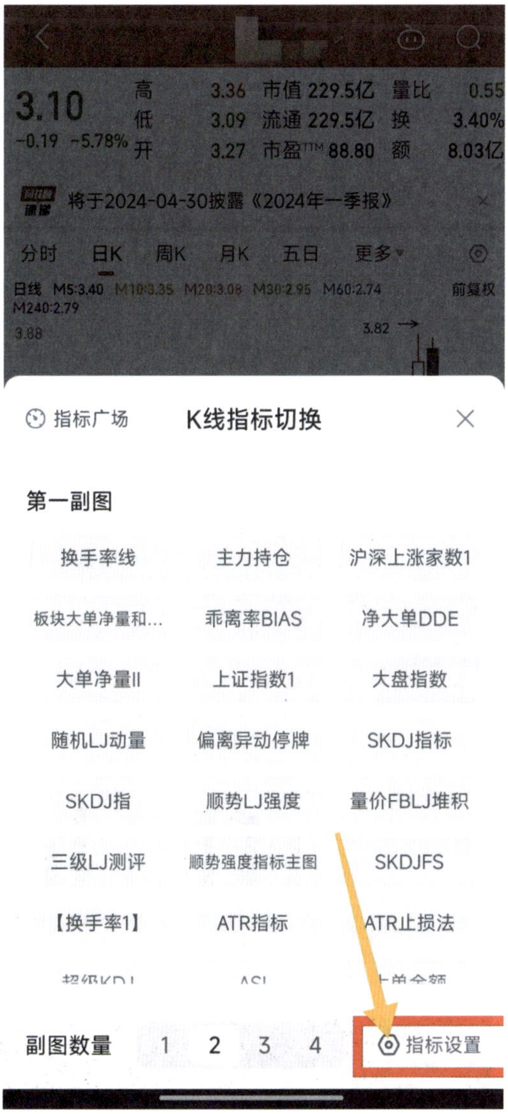

点击右下角指标设置。

找到ASI指标，点击其左侧的螺丝形状按钮。

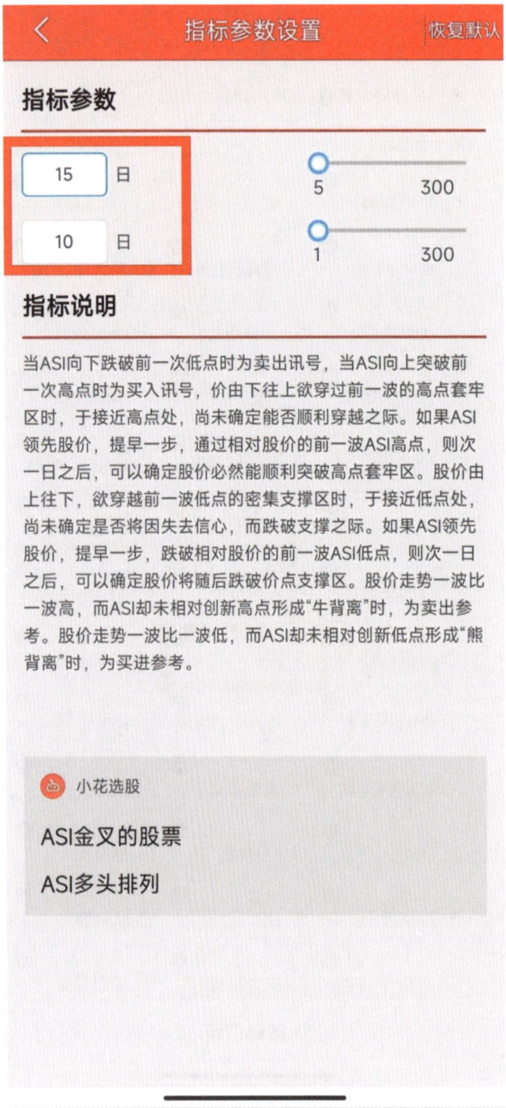

修改指标参数为15，10，再点击左上角退出保存。

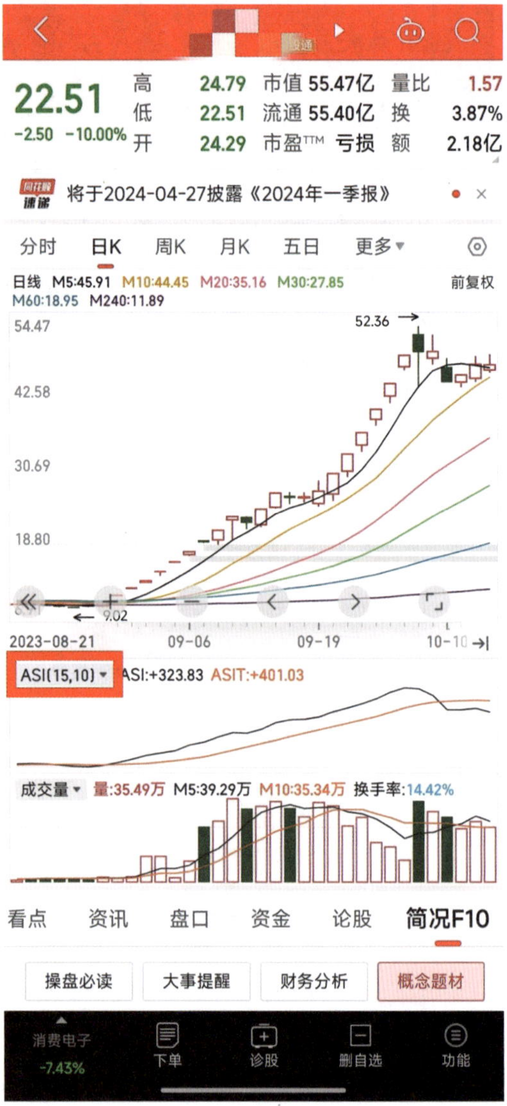

如上图所示，修改完毕，可以打开任一股票使用该指标。

3.指标用法

黄线上穿蓝线为买入，黄线转头向下为减仓，黄线下穿蓝线为清仓。

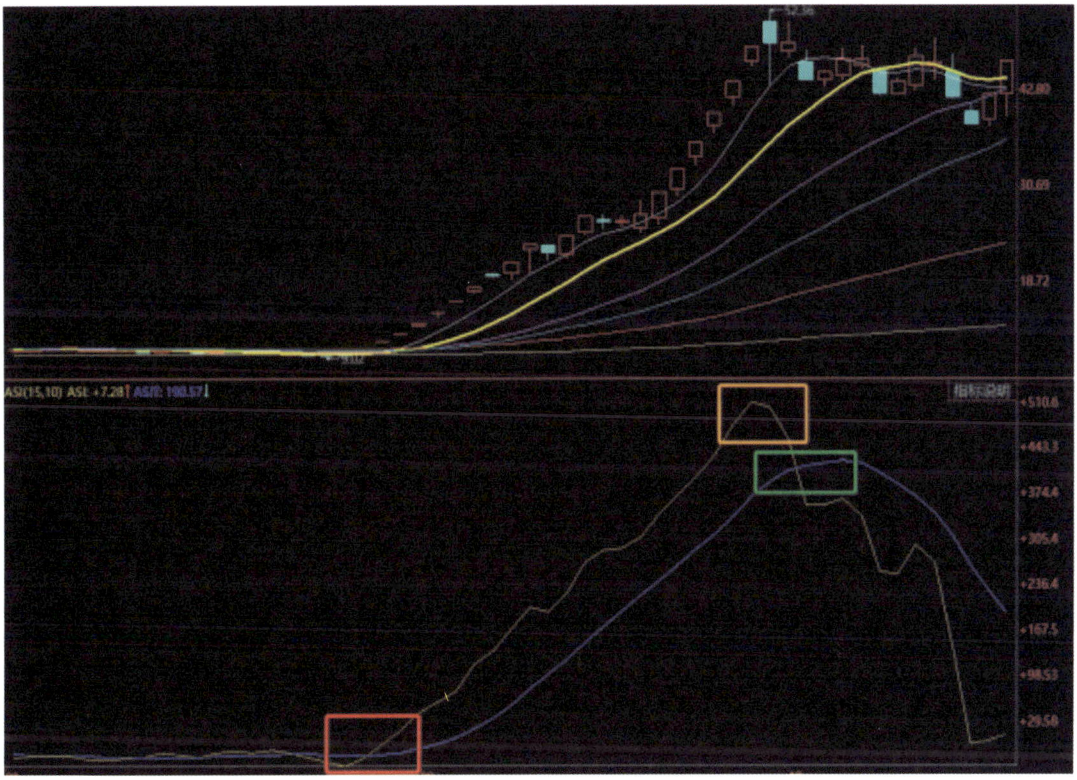

注意：单个指标只能作为参考，不能直接作出投资决策。

三、箱体突破战法

i问财语句：涨停；多头排列；股价突破近2周新高；股价在20元以下；股价位于5日均线之上；非ST。

选股时间：9:30 — 10:00。

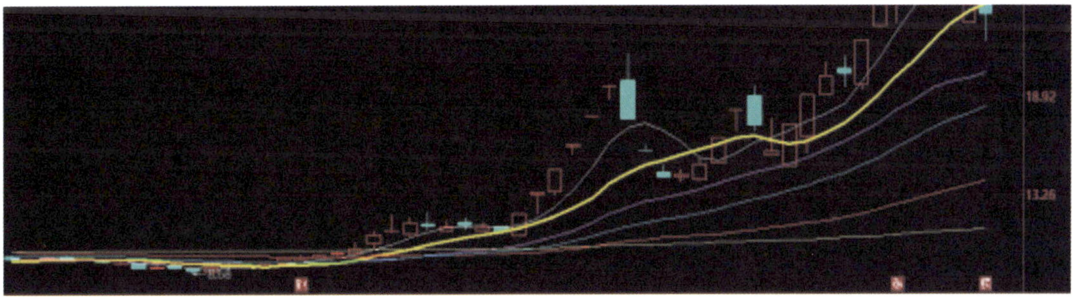

战法要点一：涨停

股价涨停，说明股票有资金关注，属于市场中的强势股。

战法要点二：多头排列

均线多头排列，说明股票整体是上行趋势，趋势一旦形成就会有惯性，短期大概率维持趋势运行。

战法要点三：股价突破近两周新高

股价突破近两周新高，说明股票打开了上涨空间，上方套牢盘少，有利于后续的拉升。

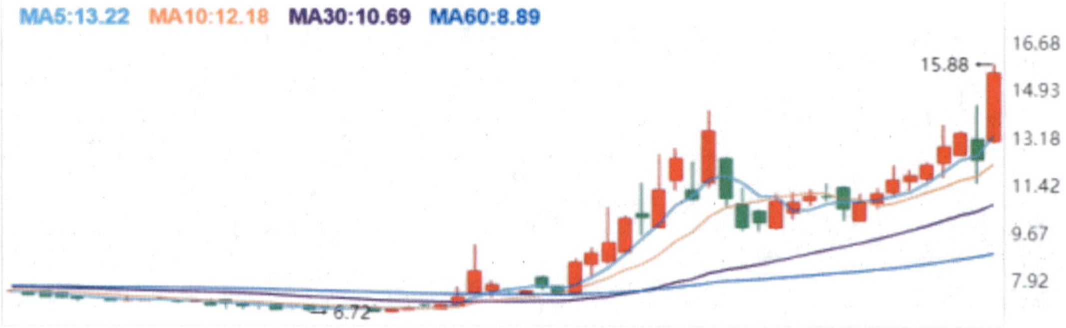

战法要点四：股价在20元以下

低价有利于散户参与，能更好地汇聚人气。

战法要点五：股价位于5日均线之上

股价在5日均线之上，说明股价短期处于强势上涨阶段。

战法要点六：非ST

剔除ST股票，防范退市风险。

四、行业先锋战法

i问财语句：近两天涨幅超过5%；行业；近三天资金流入1亿以上；近三天DDE大单净流入5000万以上；阳线。

选股时间：15:00之后。

战法要点一：近两天涨幅超过5%

涨幅超过5%，说明股票近期表现强势，进入启动期。

战法要点二：行业；近三天资金流入1亿以上

主要用来判断个股所处的行业，同时选出不断有资金流入的个股和方向。

战法要点三：近三天DDE大单净流入5000万以上；阳线

主要选出有持续大单流入的个股，同时当天要收阳线，说明是有资金运作的。

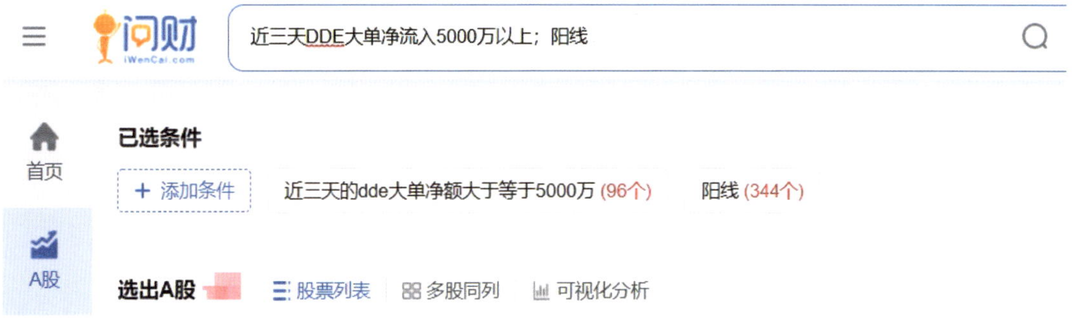

第十六课 课后习题

1. 威廉指标的买入点为（　　）。

A. 下穿20　　B. 下穿80　　C. 上穿80

2. 威廉指标的卖出点为（　　）。

A. 上穿20　　B. 下穿20　　C. 上穿80

3. 箱体突破战法的股价要求为（　　）。

A. 20元以下　　B. 20元以上　　C. 30元以下

4. ASI指标的参数为（　　）。

A. 15,10　　B. 25,10　　C. 35,10

5. 箱体突破战法的选股时间为（　　）。

A. 9:30—10:00　　B. 10:30—11:00　　C. 11:00—11:30

第十七课
倍量主升——强庄起爆能量潮

一、倍量阴线战法

互动1：持股还是卖出

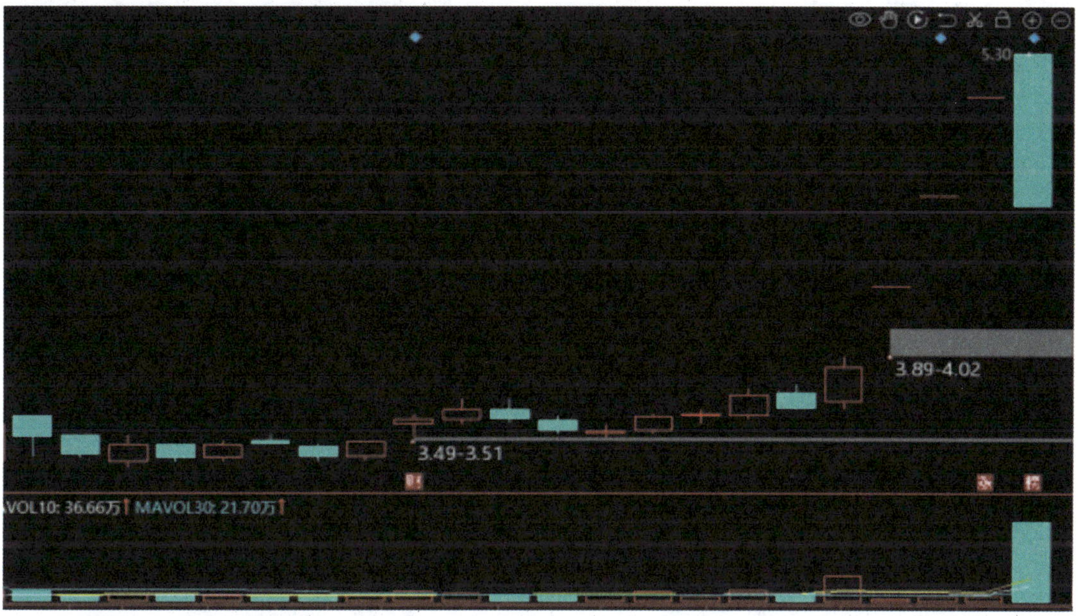

揭秘：巨量阴线见顶

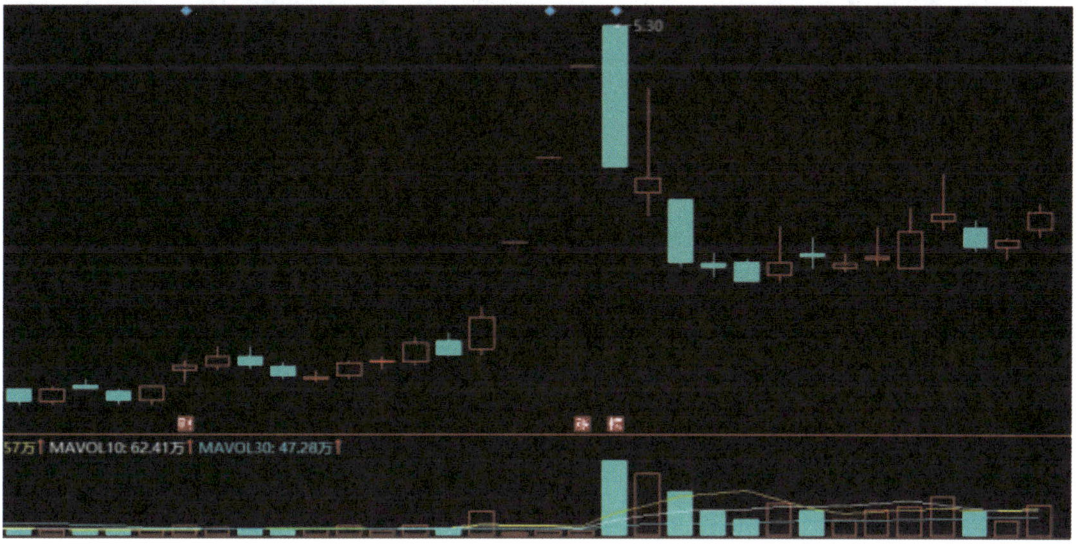

互动2：持股还是卖出

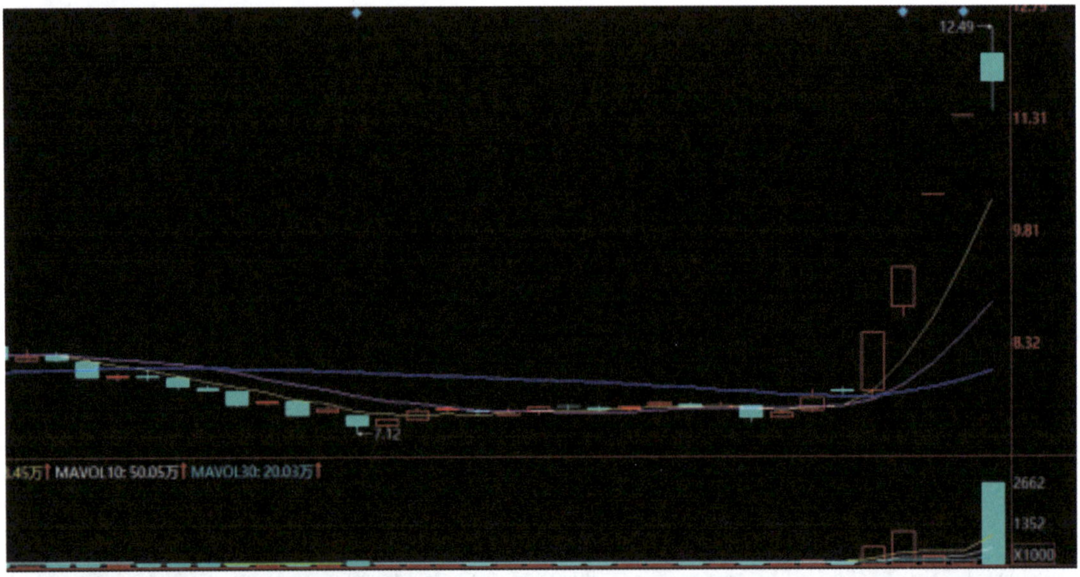

揭秘：反包走主升

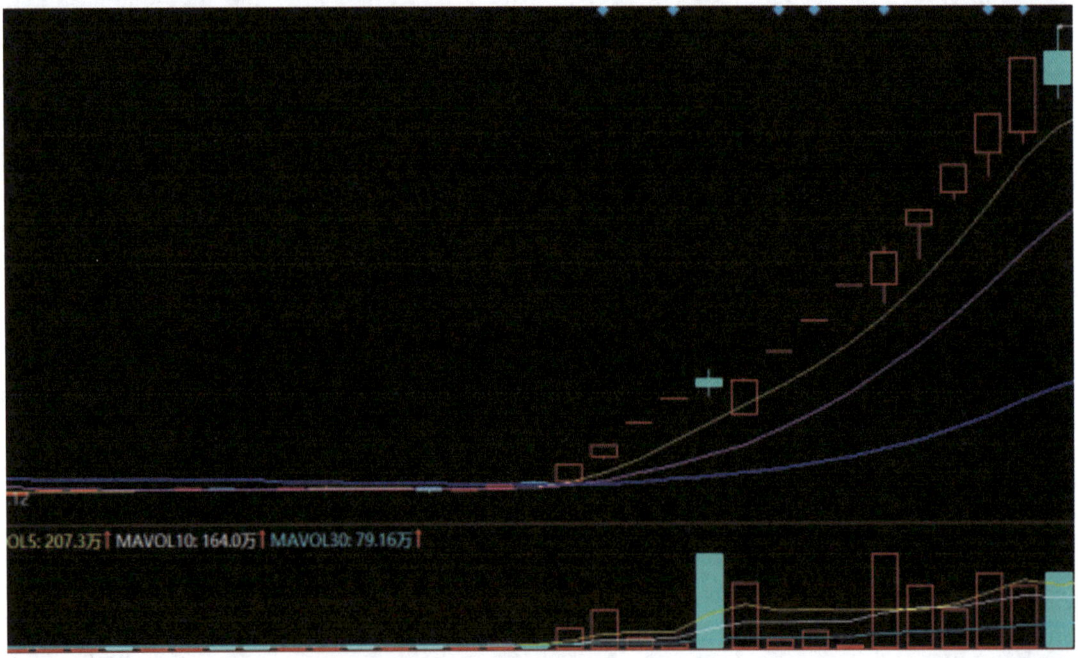

案例一

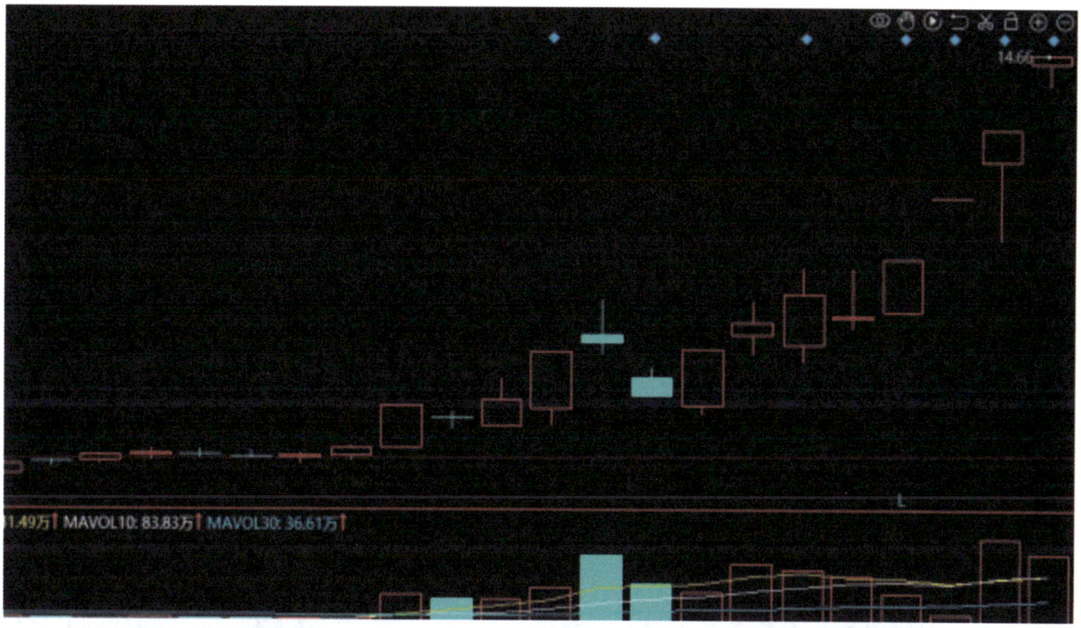

战法要点一：出现阴线，成交量放大（减仓或清仓）

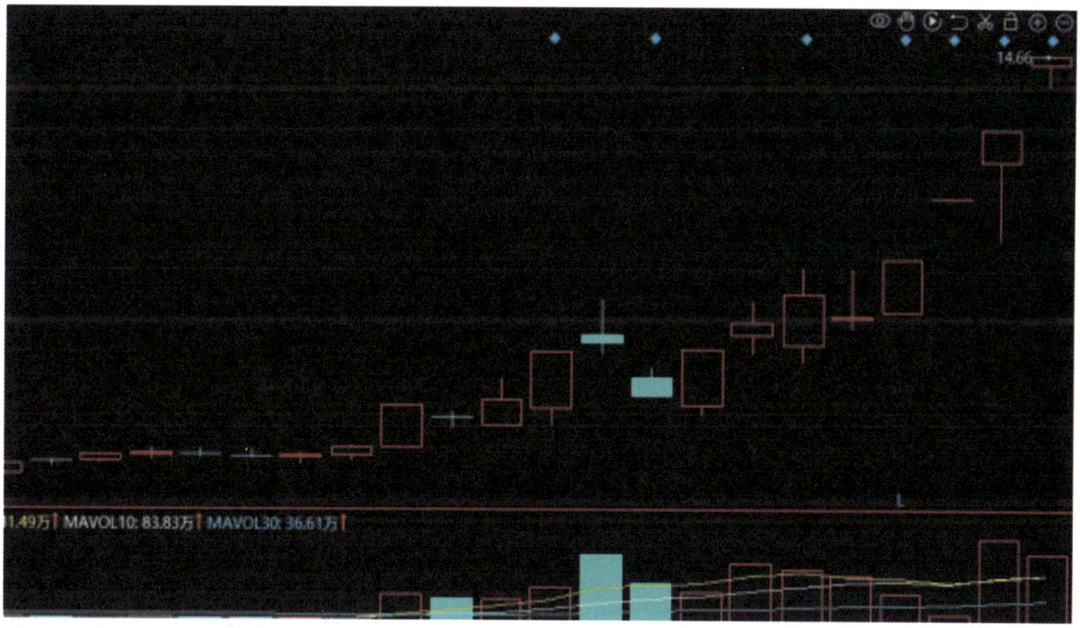

战法要点二：之后出现一根突破阳线

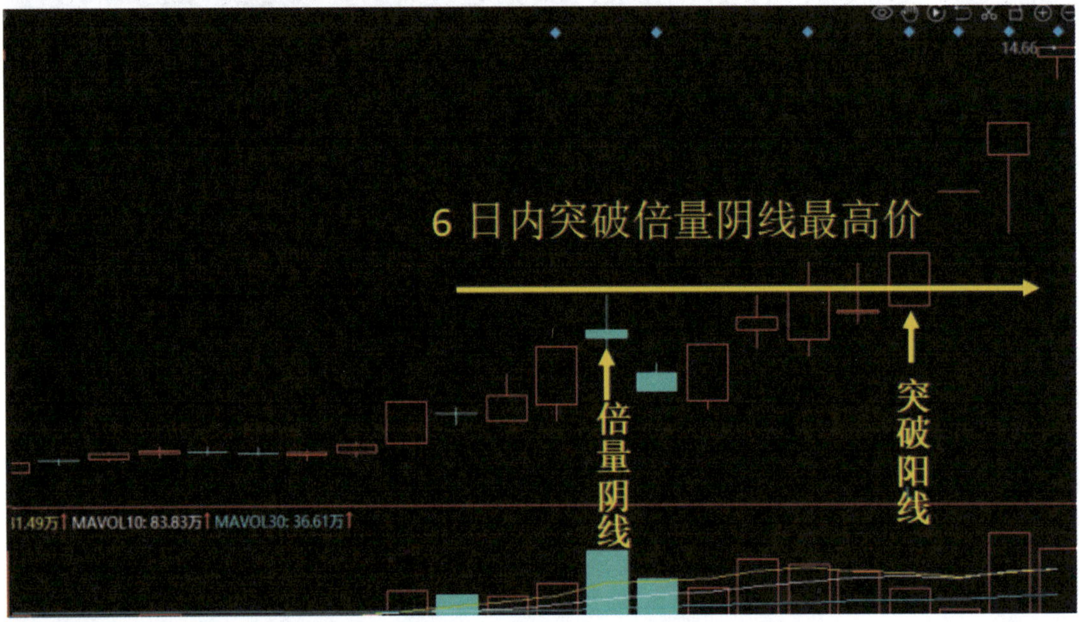

战法要点三：六日内突破倍量阴线最高价

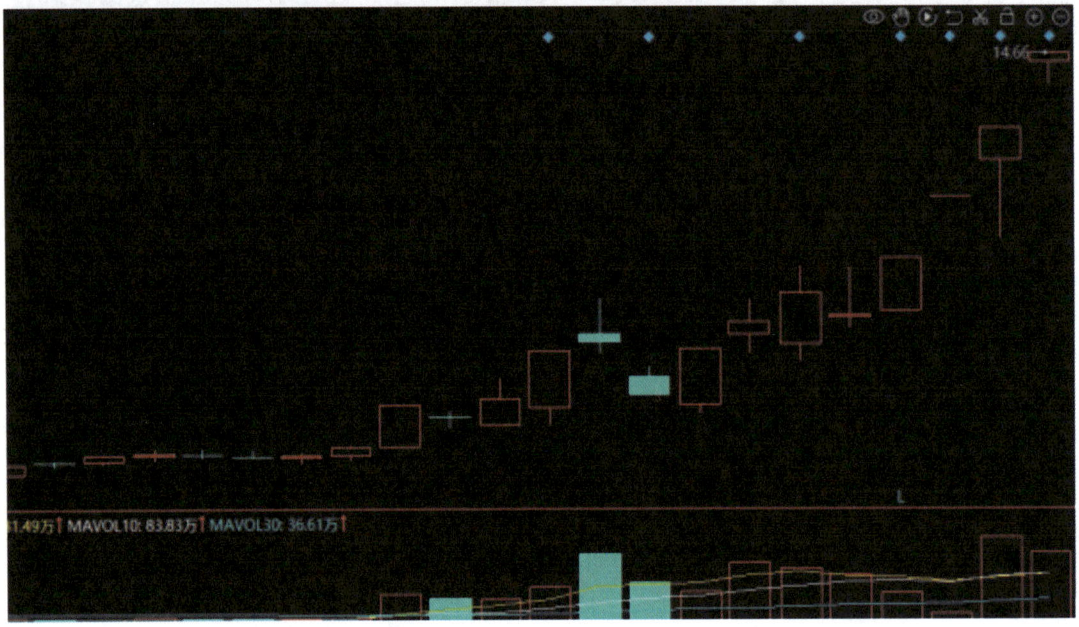

战法要点四：突破当天，成交量小于之前倍量阴线的成交量（建仓或加仓）

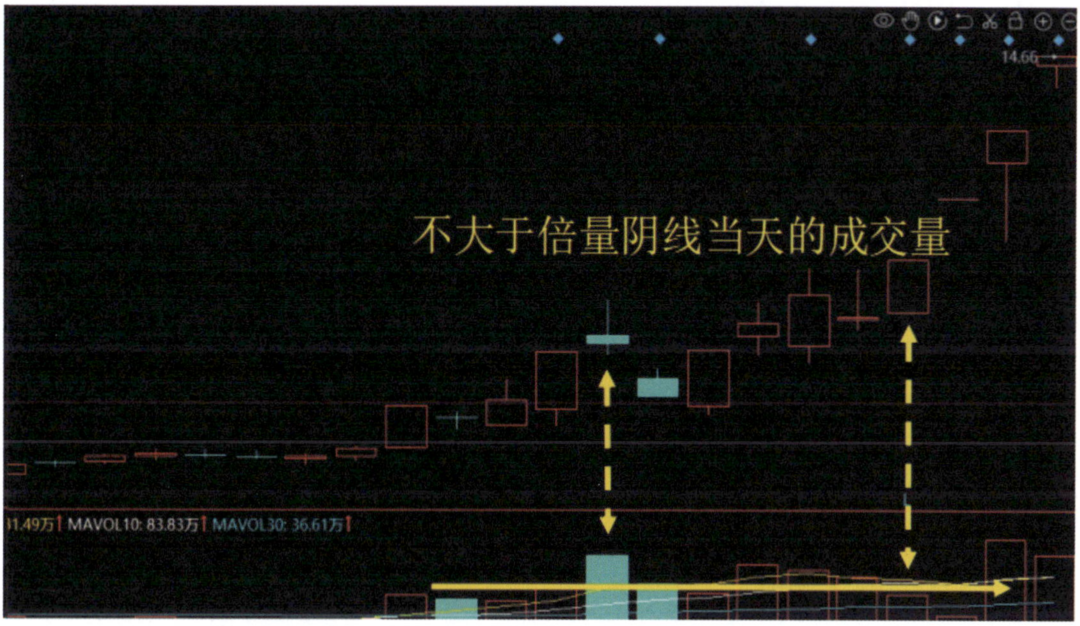

案例二

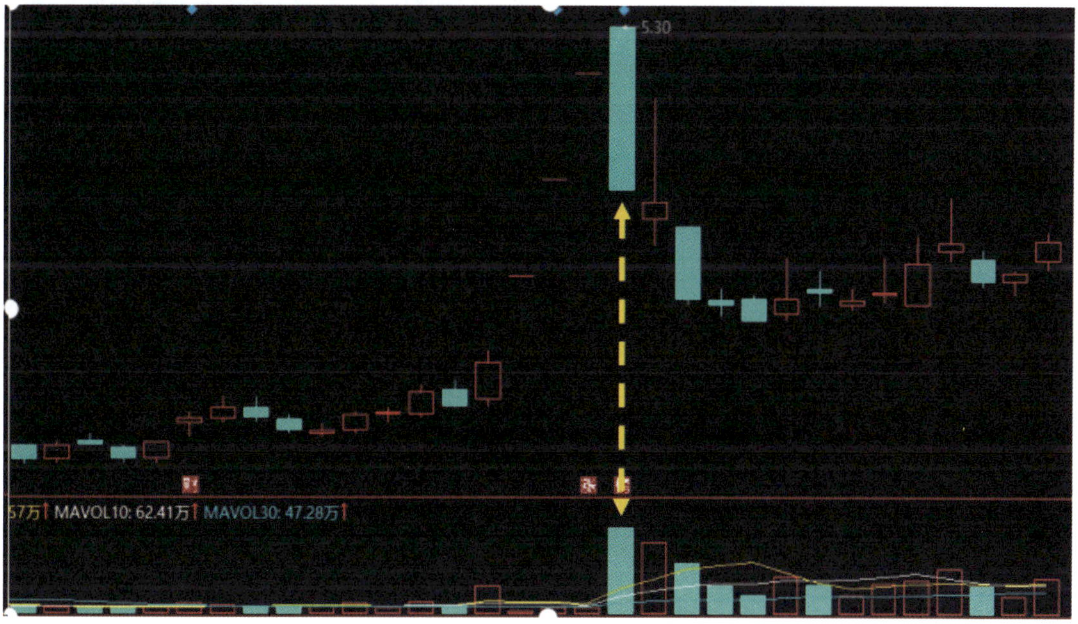

倍量后直接走弱，不符合战法要求。

战法总结：

①出现阴线，成交量放大（减仓或清仓）；

②之后出现一根突破阳线；

③六日内突破倍量阴线最高价；

④突破当天，成交量小于之前倍量阴线的成交量（建仓或加仓）。

二、强庄起爆买入法

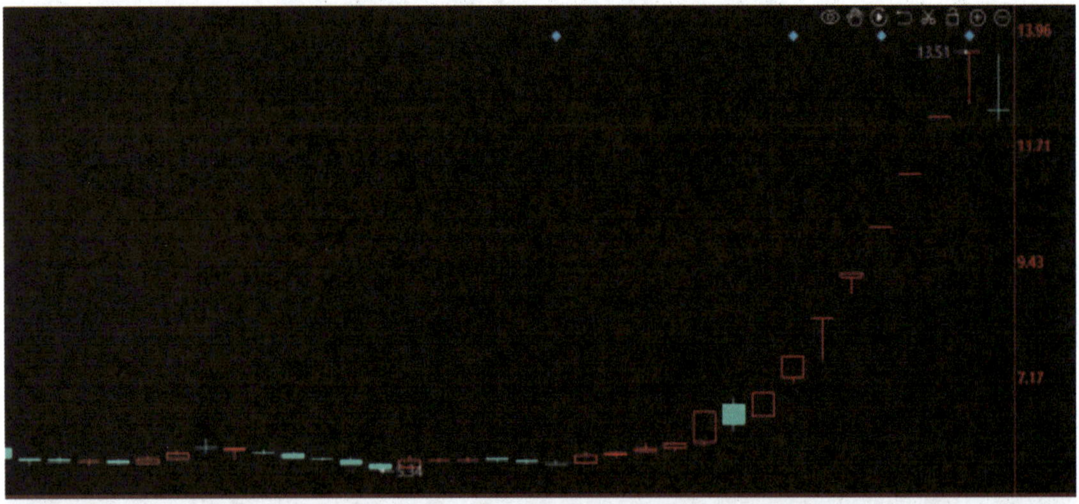

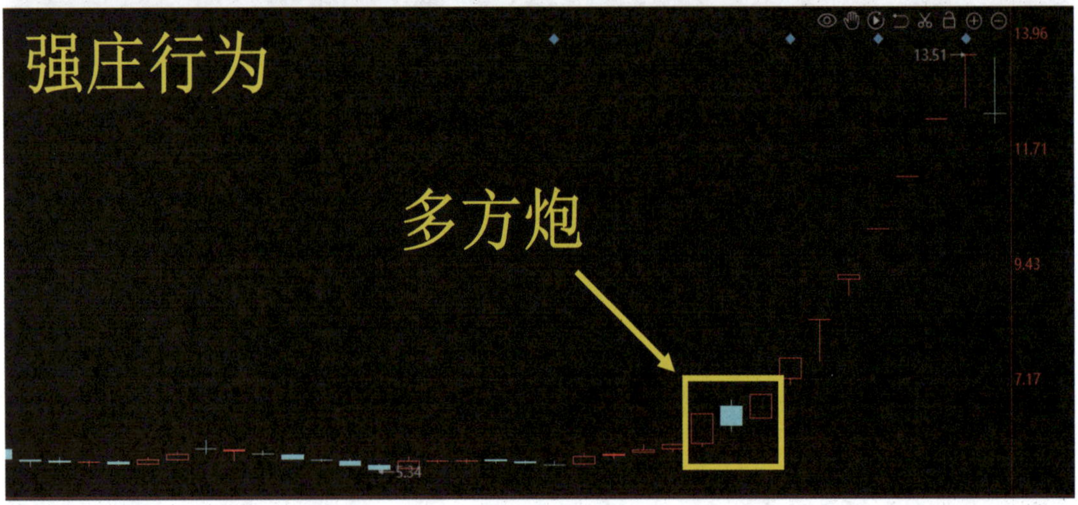

- 多方炮形态

  K线：两阳夹一阴；

  成交量：第三根K线成交量最大。

- 强庄行为

  ①本战法只研究经历一波调整，随后开始上攻的多方炮形态。

战法要点一：整个股价站在生命线之上，均线呈现多头排列

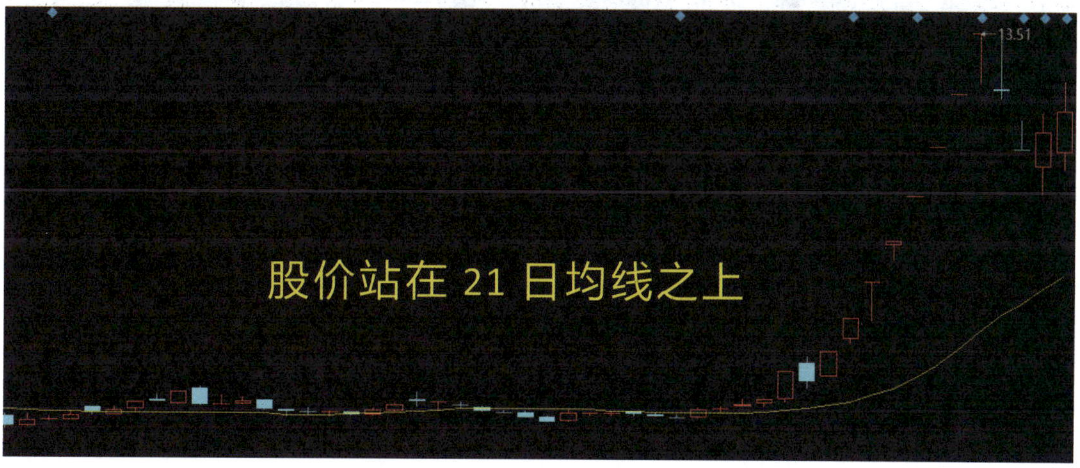

战法要点二：K线满足多方炮形态两阳夹一阴

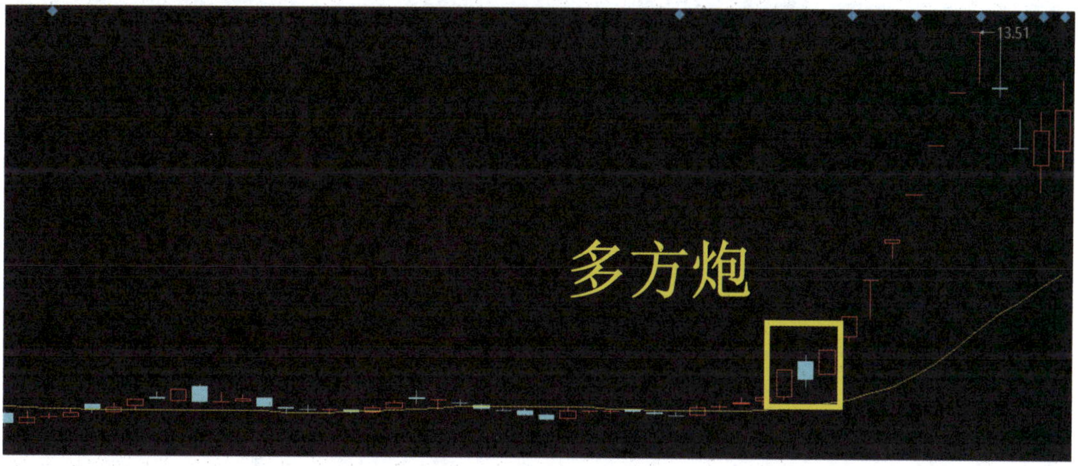

战法要点三：多方炮第三根K线成交量最大

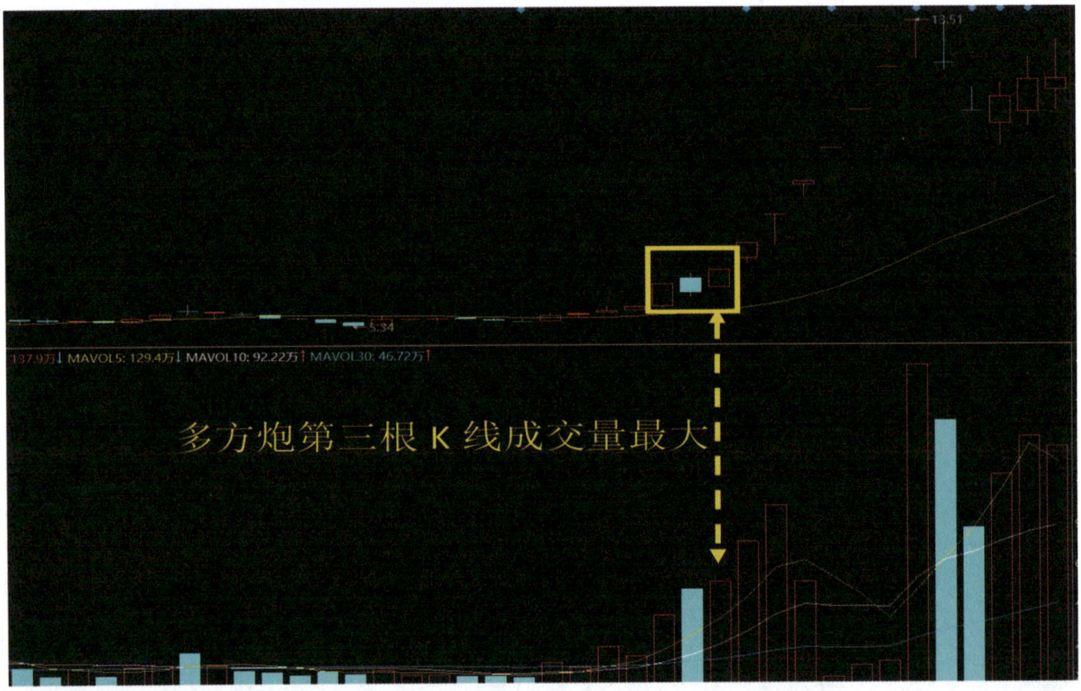

②引入MACD指标。

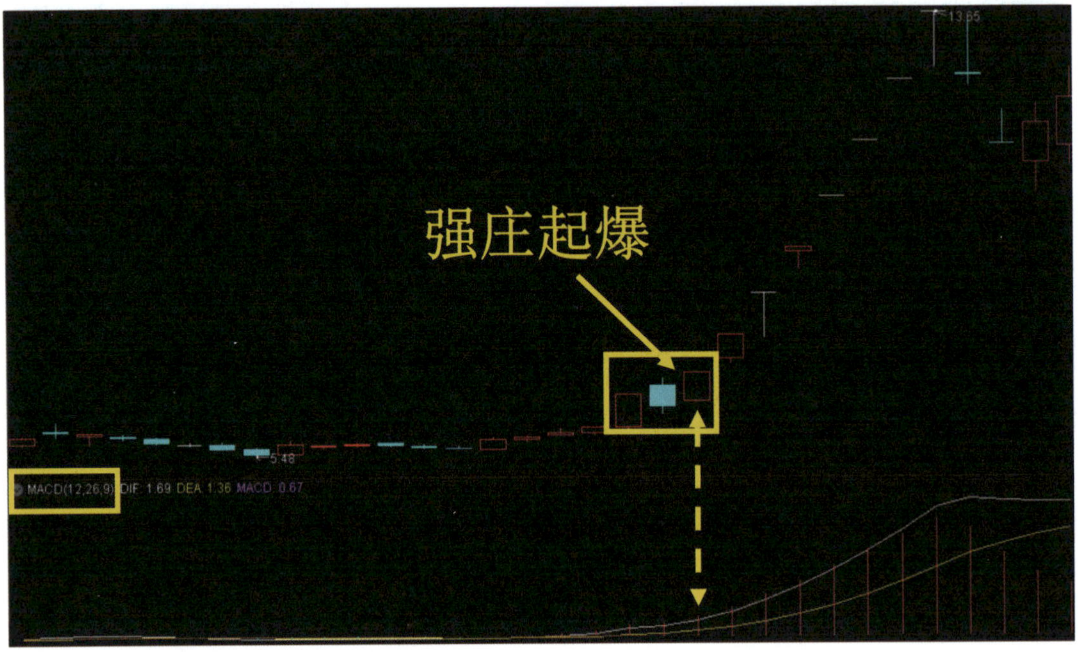

③引入能量潮指标（OBV）。

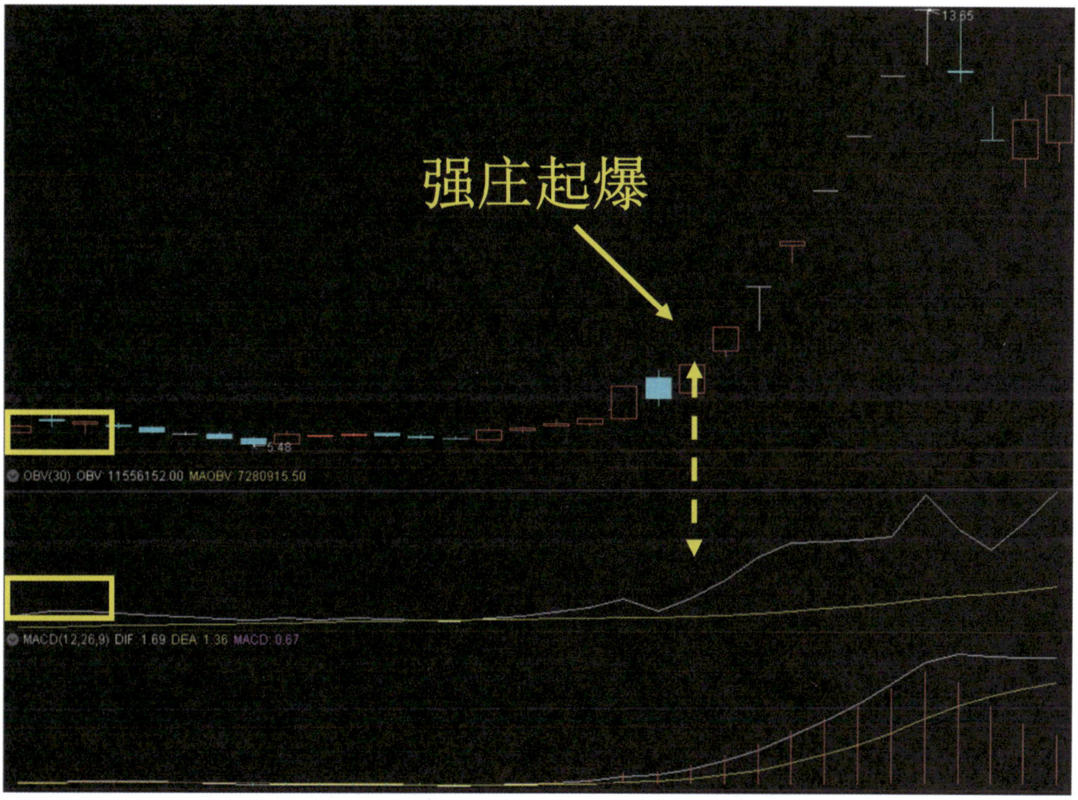

④多方炮形态。

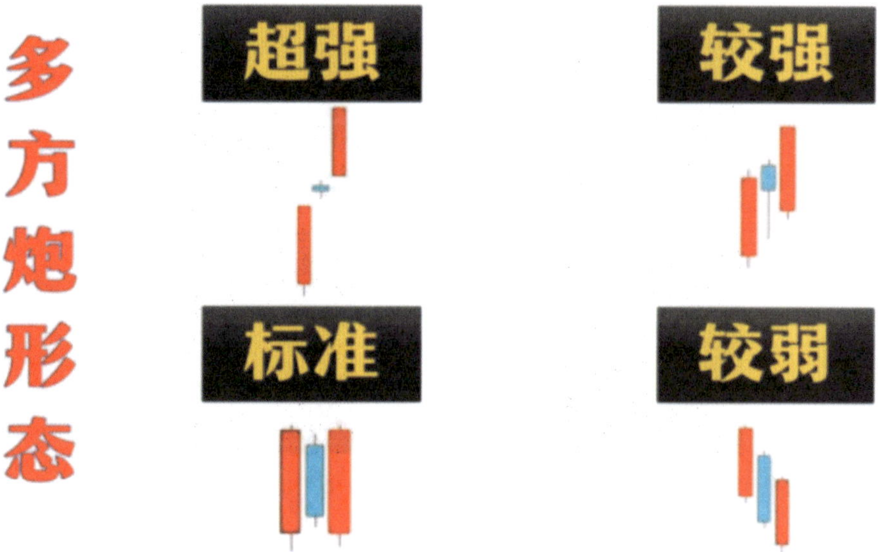

⑤振幅与涨幅。

振幅是指当日最高价和最低价的差与上一交易日收盘价的比值。

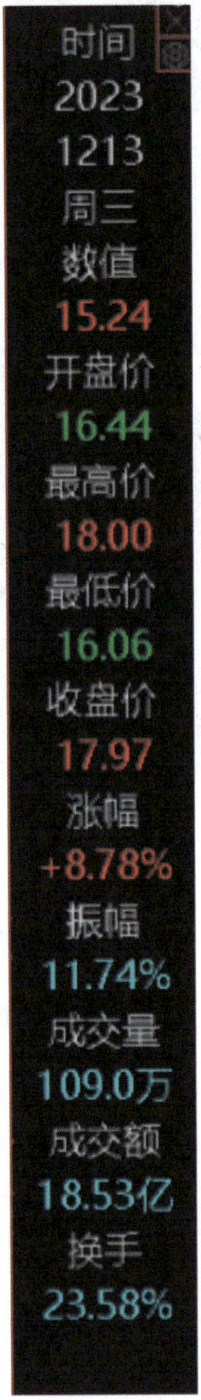

今天

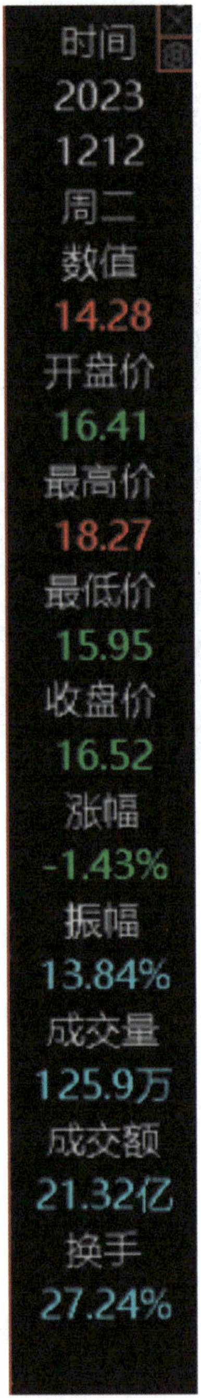

昨天

⑥内盘与外盘。

最新	17.97	开盘	16.44
涨跌	+1.45	最高	18.00
涨幅	+8.78%	最低	16.06
振幅	11.74%	量比	0.89
总手	109.0万	换手	23.58%
金额	18.53亿	换手(实)	48.54%
涨停	18.17	跌停	14.87
外盘	55.82万	内盘	53.14万
总市值	85.45亿	流通值	83.04亿
总股本	4.75亿	流通股	4.62亿
市盈(静)	78.80	市盈(TTM)	276.9

总结：

外盘>内盘，股价下跌，多为主力洗盘；

内盘>外盘，股价上涨，多为主力出货。

第十七课 课后习题

1. 在倍量阴线战法中，需要在（　　）日内突破倍量阴线最高价。

A. 3　　B. 4　　C. 6

2. 在倍量阴线战法中，突破当天，成交量需（　　）之前倍量阴线的成交量。

A. 大于　　B. 小于　　C. 等于

3. 课程中的多方炮形态为（　　）。

A. 两阳夹一阴　　B. 两阴夹一阳　　C. 三连阴

4. 多方炮第三根K线成交量（　　），表示股价即将爆发。

A. 放大　　B. 缩小　　C. 不变

5. 外盘大于内盘，但股价下跌，意味着（　　）。

A. 主力出货　　B. 主力洗盘　　C. 主力进场

第十八课
早盘涨停——庄家操盘定乾坤

一、战法解析

1. 选股时间9:25—9:30

2. 战法要点

- 涨幅空间必须控制在3%~5%；
- 股票的换手率大于3%；
- 量比大于1.5倍；
- 股票的流通市值在100亿元以下；
- 股价在15元以下；
- 属于当前市场的热门行业。

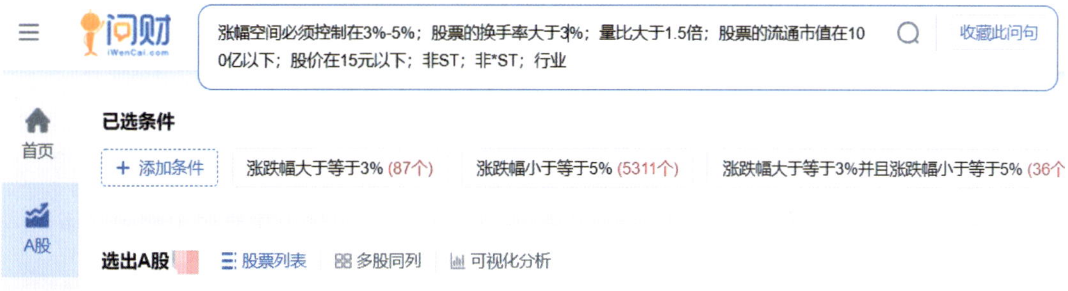

3. i问财语句

涨幅空间必须控制在3%~5%；股票的换手率大于3%；量比大于1.5倍；股票的流通市值在100亿元以下；股价在15元以下；非ST；非*ST；行业。

4.行业举例

涨幅空间必须控制在3%~5%；股票的换手率大于3%；量比大于1.5倍；股票的流通市值在100亿元以下；股价在15元以下；非ST；非*ST；食品。

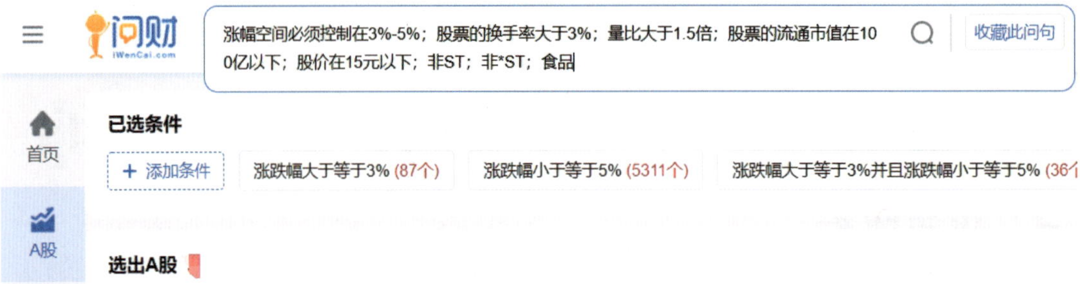

5.如何确定市场热门行业

- 市场人气排名前10名；行业

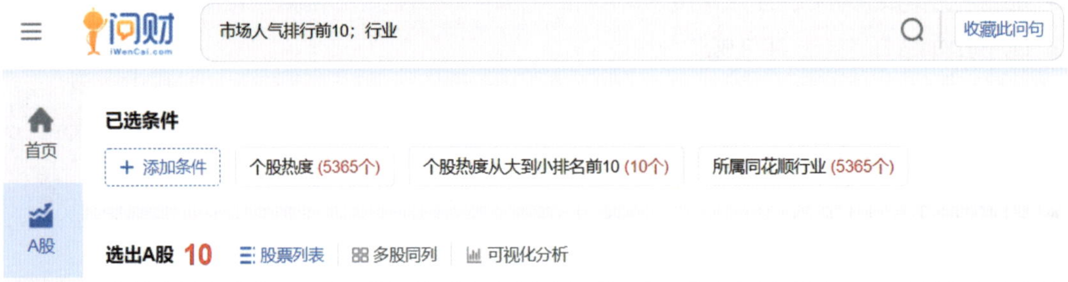

找到涨停的股票，并找到涨停股票所在的行业，选出出现次数最多的行业。

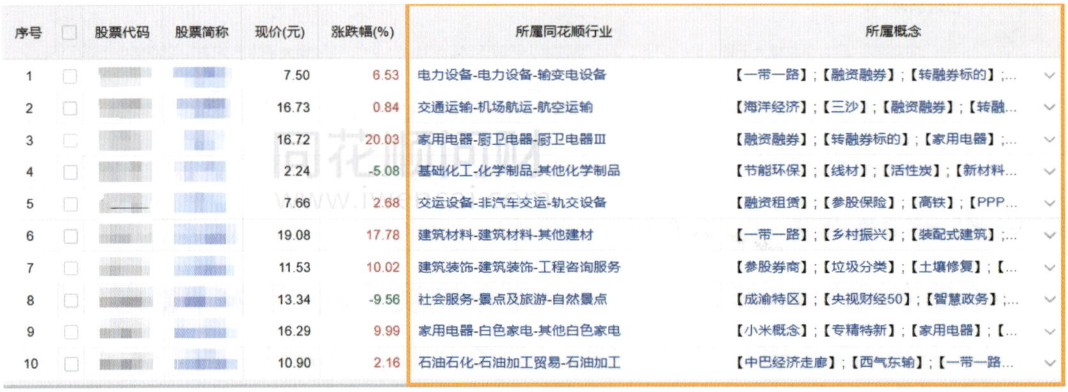

序号	股票代码	股票简称	现价(元)	涨跌幅(%)	所属同花顺行业	所属概念
1	[illegible]	[illegible]	7.50	6.53	电力设备-电力设备-输变电设备	【一带一路】；【融资融券】；【转融券标的】；...
2	[illegible]	[illegible]	16.73	0.84	交通运输-机场航运-航空运输	【海洋经济】；【三沙】；【融资融券】；【转融...
3	[illegible]	[illegible]	16.72	20.03	家用电器-厨卫电器-厨卫电器Ⅲ	【融资融券】；【转融券标的】；【家用电器】；...
4	[illegible]	[illegible]	2.24	-5.08	基础化工-化学制品-其他化学制品	【节能环保】；【线材】；【活性炭】；【新材料...
5	[illegible]	[illegible]	7.66	2.68	交运设备-非汽车交运-轨交设备	【融资租赁】；【参股保险】；【高铁】；【PPP...
6	[illegible]	[illegible]	19.08	17.78	建筑材料-建筑材料-其他建材	【一带一路】；【乡村振兴】；【装配式建筑】；...
7	[illegible]	[illegible]	11.53	10.02	建筑装饰-建筑装饰-工程咨询服务	【参股券商】；【垃圾分类】；【土壤修复】；【...
8	[illegible]	[illegible]	13.34	-9.56	社会服务-景点及旅游-自然景点	【成渝特区】；【央视财经50】；【智慧政务】；...
9	[illegible]	[illegible]	16.29	9.99	家用电器-白色家电-其他白色家电	【小米概念】；【专精特新】；【家用电器】；【...
10	[illegible]	[illegible]	10.90	2.16	石油石化-石油加工贸易-石油加工	【中巴经济走廊】；【西气东输】；【一带一路...

- 近两周上涨幅度最高的股票；行业

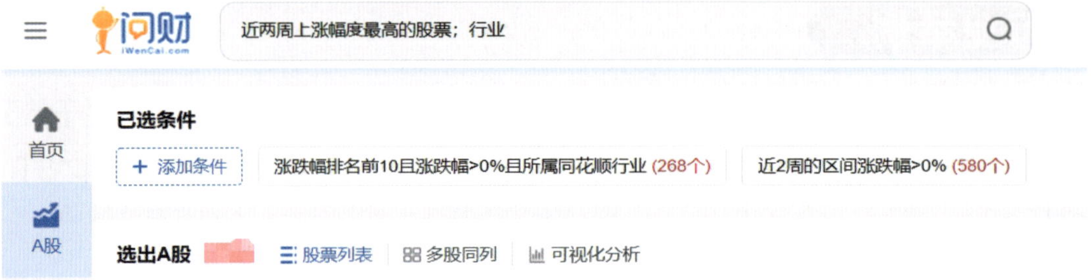

观察10只股票所在的行业，哪个行业出现的次数最多，就把此行业保留，如果和第一个条件筛选出的行业一样，那么此行业大概率就是热门行业。

序号	股票代码	股票简称	现价(元)	涨跌幅(%)	区间涨跌幅:前复权(%) 2023.11.30-2023.12.13	所属同花顺行业	所属概念
1	873122	[illegible]	40.37	13.40	204.45	社会服务-其他社会服务-专业服务	【中字头股票】【央企国企改革】【国企改
2	871753	[illegible]	21.07	29.98	131.28	社会服务-其他社会服务-专业服务	【地方国企改革】【国企改革】【天津国企
3	430198	[illegible]	11.07	29.93	112.88	计算机-计算机设备-计算机设备Ⅲ	【安防】【融资融券】【边缘计算】
4	605577	[illegible]	30.70	8.10	98.06	传媒-传媒-出版	【黑龙江自贸区】【在线教育】【文化传媒
5	600571	[illegible]	19.80	2.59	97.21	计算机-计算机应用-IT服务	【电子信息】【参股券商】【参股新三板】
6	837592	[illegible]	26.10	7.50	89.68	计算机-计算机应用-软件开发	【新股与次新股】【蚂蚁金服概念】【信创
7	600678	[illegible]	10.77	10.01	89.28	建筑材料-建筑材料-水泥	【成渝特区】【西部开发】【水泥概念】【
8	600715	[illegible]	3.99	9.92	86.45	传媒-传媒-影视院线	【网络游戏】【文化传媒】【手机游戏】【
9	430510	[illegible]	21.45	14.22	86.04	机械设备-通用设备-金属制品	【新能源汽车】【机器人概念】【融资融券
10	301469	[illegible]	59.22	85.64	85.64	基础化工-化工合成材料-其他橡胶制品	【转融券标的】【新股与次新股】【注册制

● 近两周上涨幅度最高的股票；计算机

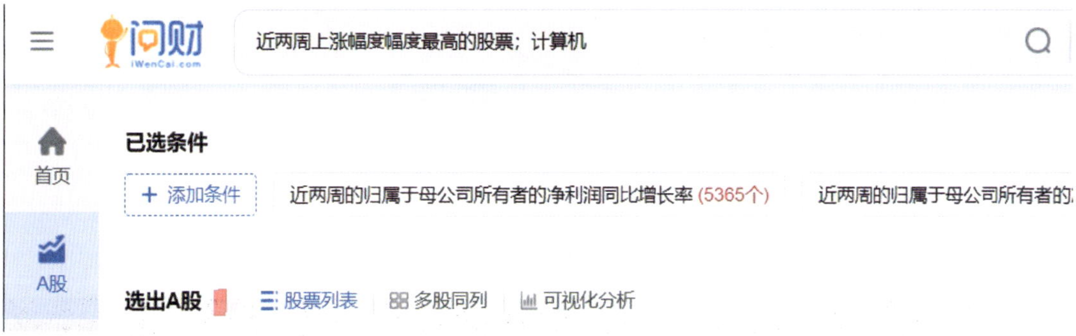

观察热门行业中上涨前三名的股票，分别是龙一、龙二和龙三，通过龙一可以判断热门板块的持续性，是否应该入场，以及离场的时间。

序号	股票代码	股票简称	现价(元)	涨跌幅(%)	区间涨跌幅:前复权(%) 2023.11.30-2023.12.13	所属同花顺行业	所属概念
1	[illegible]	[illegible]	11.07	29.93	112.88	计算机-计算机设备-计算机设备Ⅲ	【安防】【融资融券】【边缘计算】
2	[illegible]	[illegible]	19.80	2.59	97.21	计算机-计算机应用-IT服务	【电子信息】【参股新三板】【参股券商】
3	[illegible]	[illegible]	26.10	7.50	89.68	计算机-计算机应用-软件开发	【新股与次新股】【蚂蚁金服概念】【信创
4	[illegible]	[illegible]	26.00	15.30	75.68	计算机-计算机应用-IT服务	【地方国企改革】【新股与次新股】【人工
5	[illegible]	[illegible]	10.68	9.99	58.46	计算机-计算机设备-计算机设备Ⅲ	【物联网感知层】【智慧城市】【物联网】
6	[illegible]	[illegible]	13.46	2.20	57.06	计算机-计算机应用-IT服务	【数字孪生】【时空大数据】【融资融券】
7	[illegible]	[illegible]	21.75	7.94	49.38	计算机-计算机应用-软件开发	【网络直播】【超清视频】【国产软件】【
8	[illegible]	[illegible]	5.85	17.24	46.62	计算机-计算机设备-计算机设备Ⅲ	【融资融券】【元宇宙】
9	[illegible]	[illegible]	70.75	4.68	43.02	计算机-计算机应用-IT服务	【融资融券】【转融券标的】【云计算】【
10	[illegible]	[illegible]	17.46	2.77	40.69	计算机-计算机设备-计算机设备Ⅲ	【新股与次新股】【星闪概念】【融资融券

二、庄家操盘真相

1. 操盘手法图示

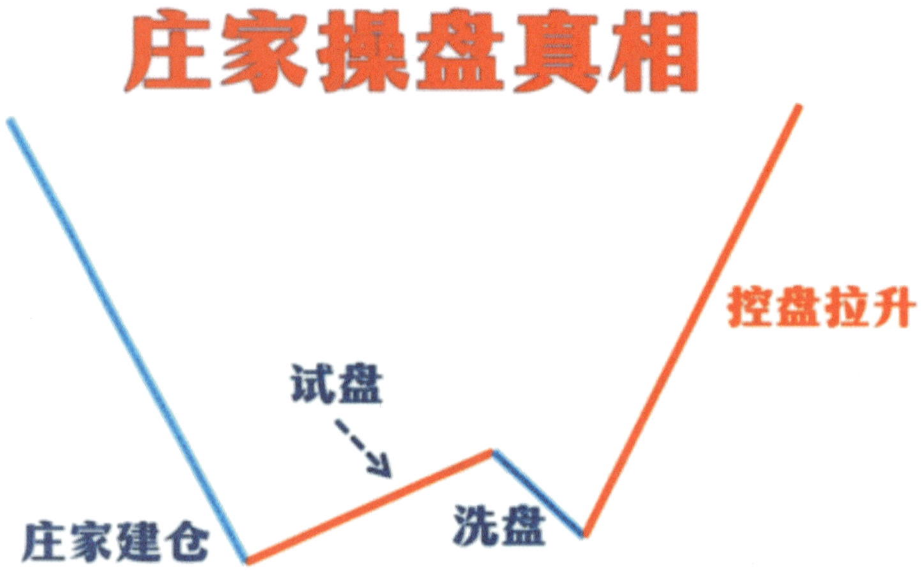

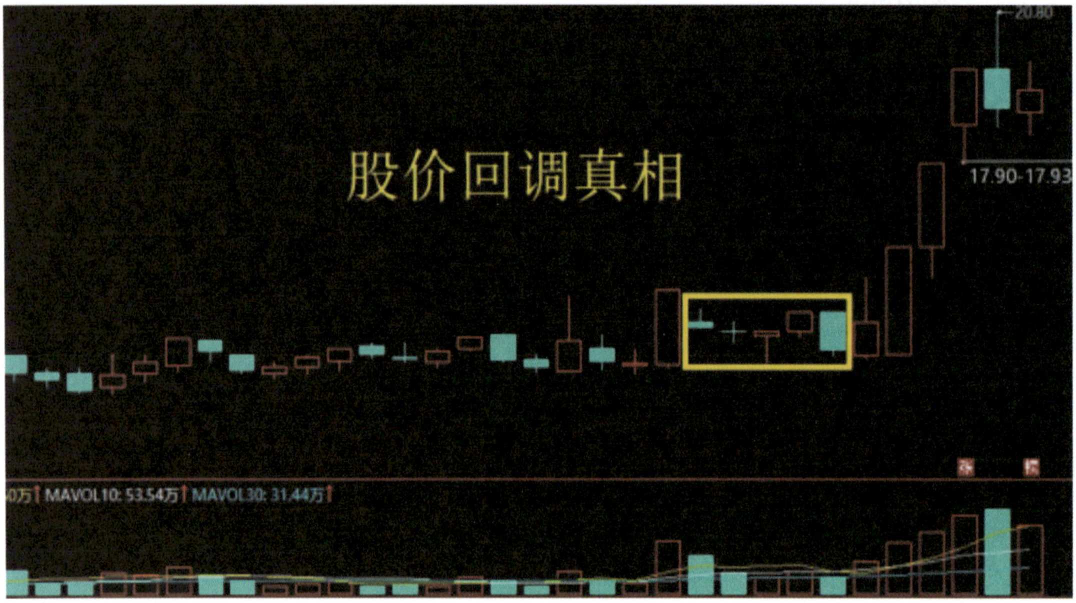

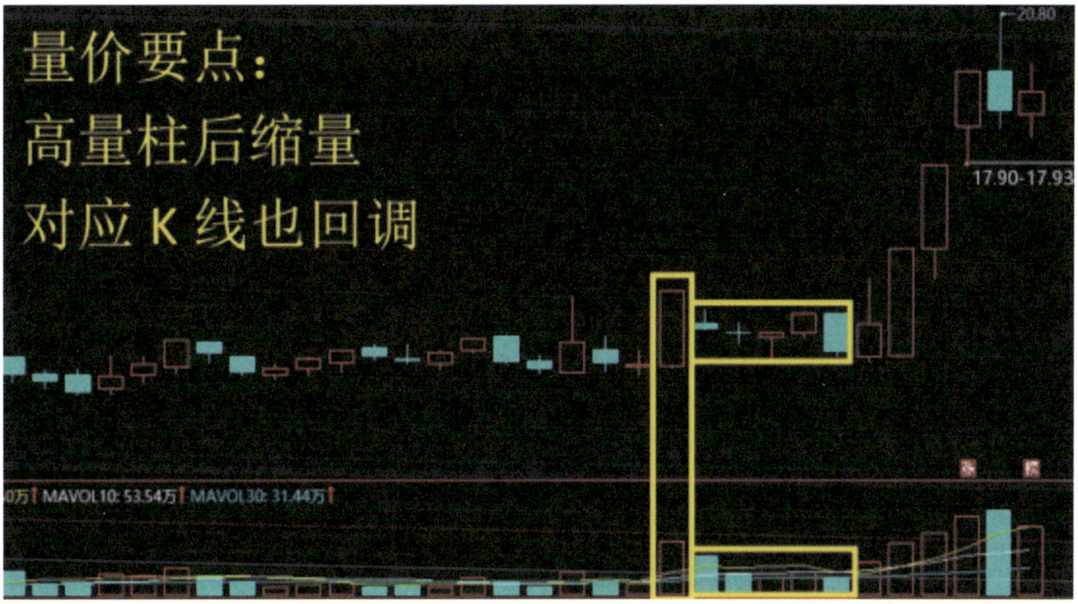
量价要点：
高量柱后缩量
对应K线也回调
20.80
17.90-17.93
MAVOL10: 53.54万
MAVOL30: 31.44万

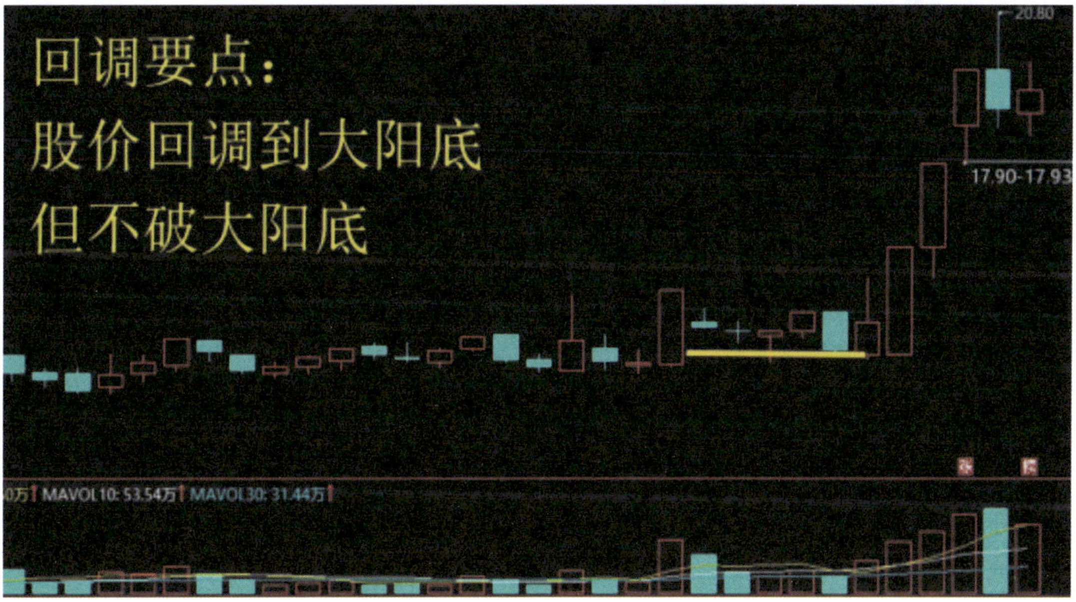
回调要点：
股价回调到大阳底
但不破大阳底
20.80
17.90-17.93
MAVOL10: 53.54万
MAVOL30: 31.44万

2. 引入生命线

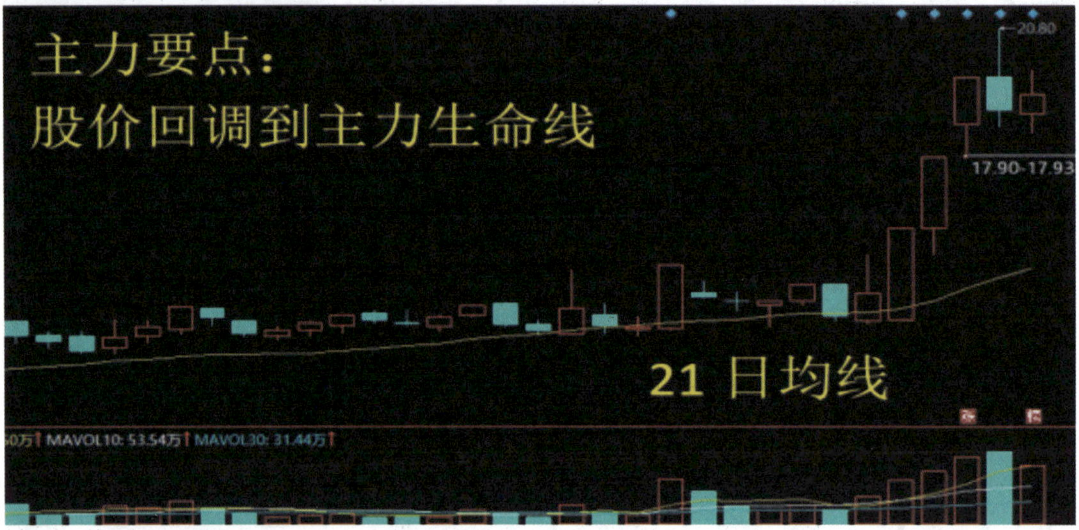

三、识别主力真假突破

1. 真突破

真突破是指个股股价向上或向下突破某一重要点位或平台后，继续沿原有的方向运行，而不是出现相反方向的走势。

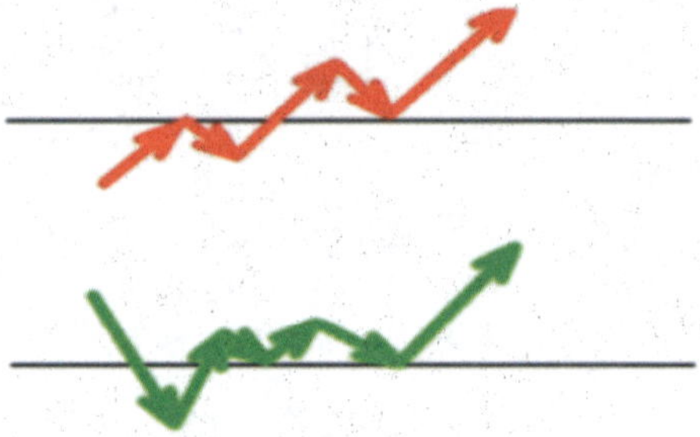

2. 假突破

假突破是指个股股价在突破之后，由于动能不足，并没有出现继续上涨或者下跌的情况，而是选择了反方向运动。

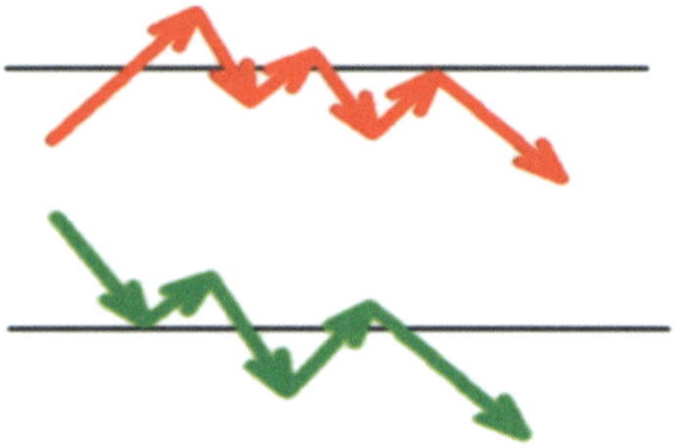

案例一

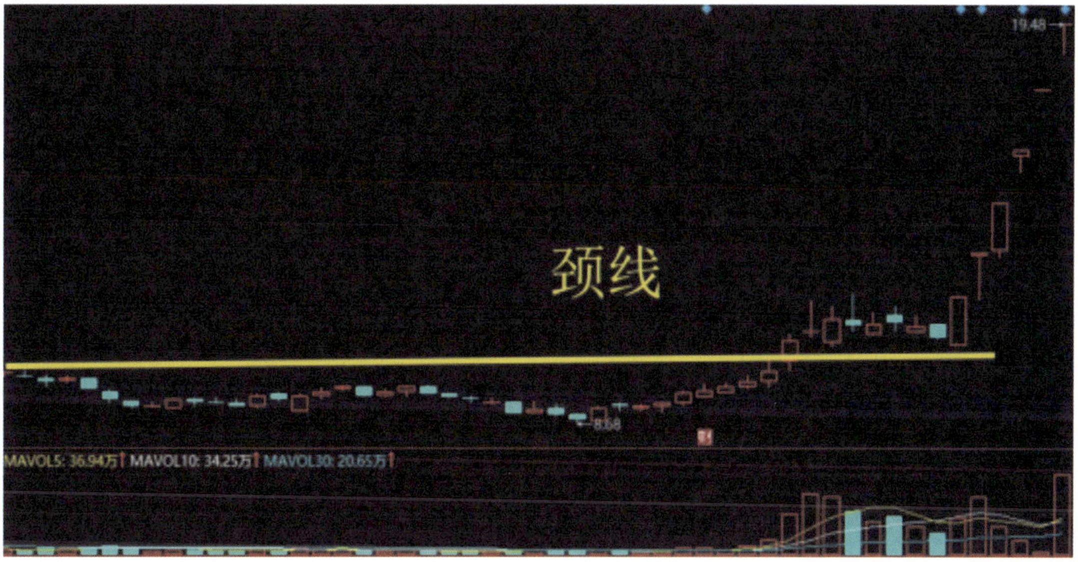

①突破需要幅度确认。

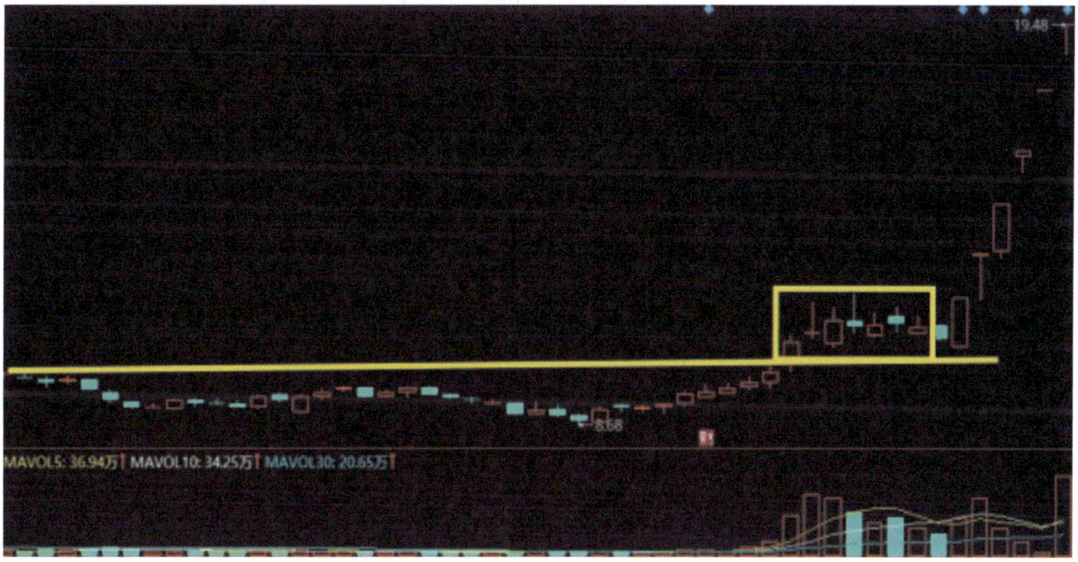

②突破需要时间确认。

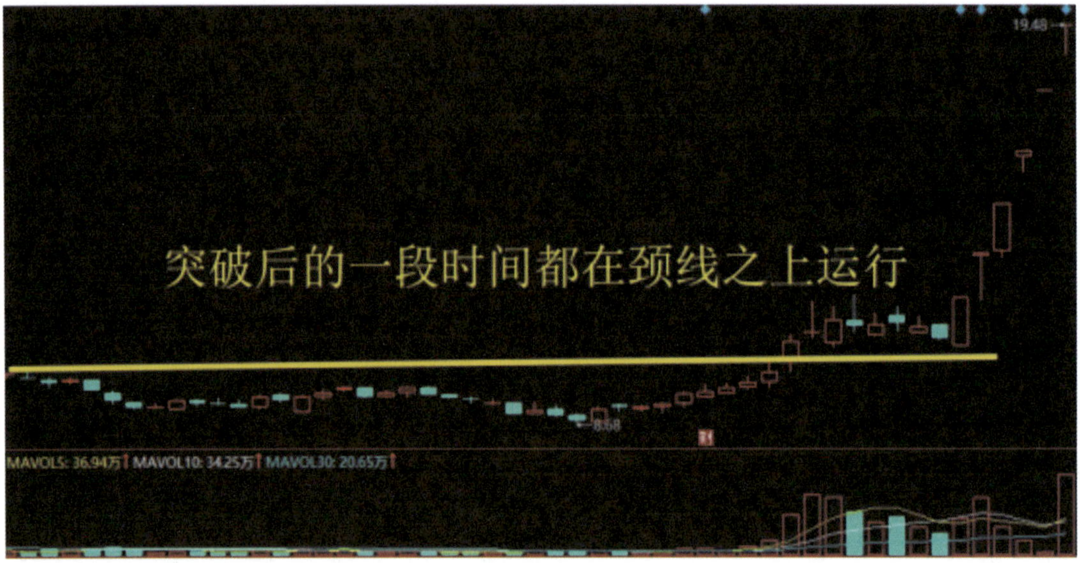

③突破当天收大阳线。

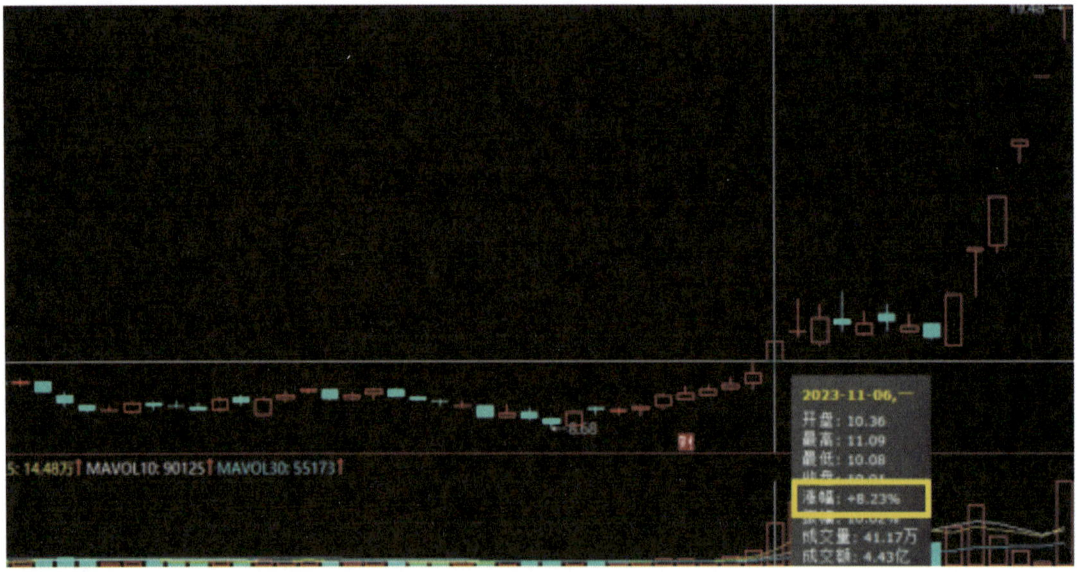

④突破当天成交量要放大。

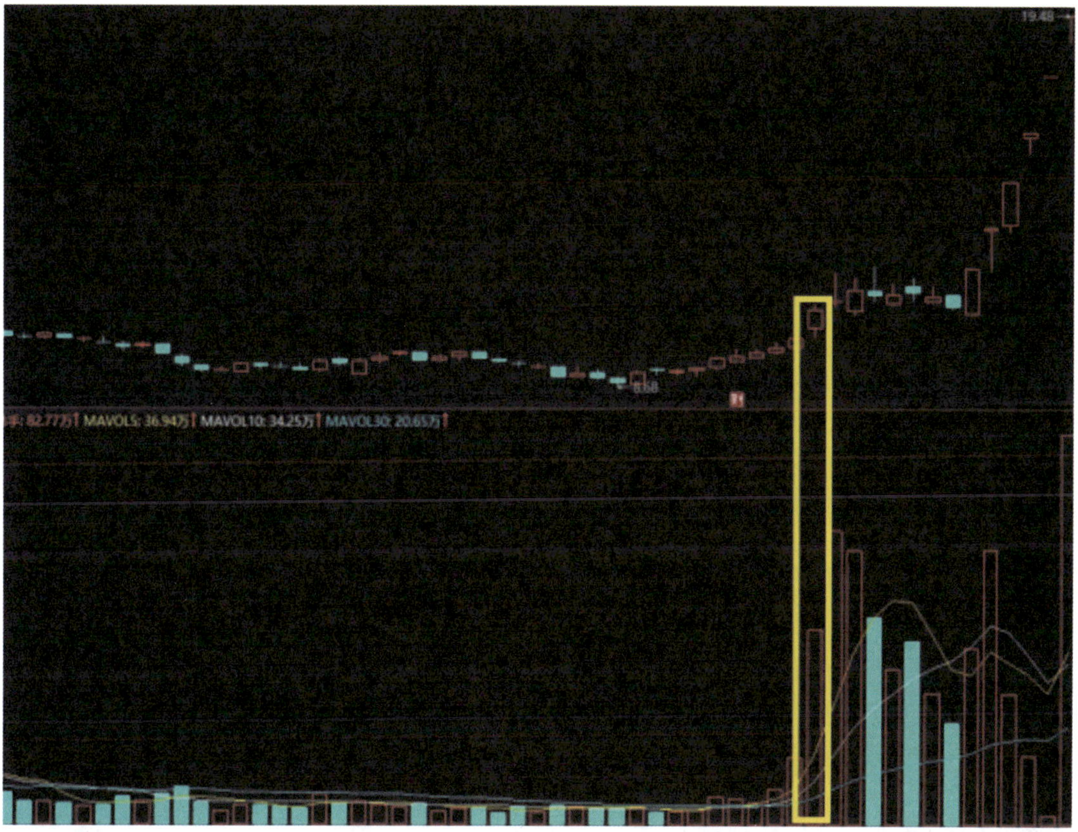

⑤突破买点。

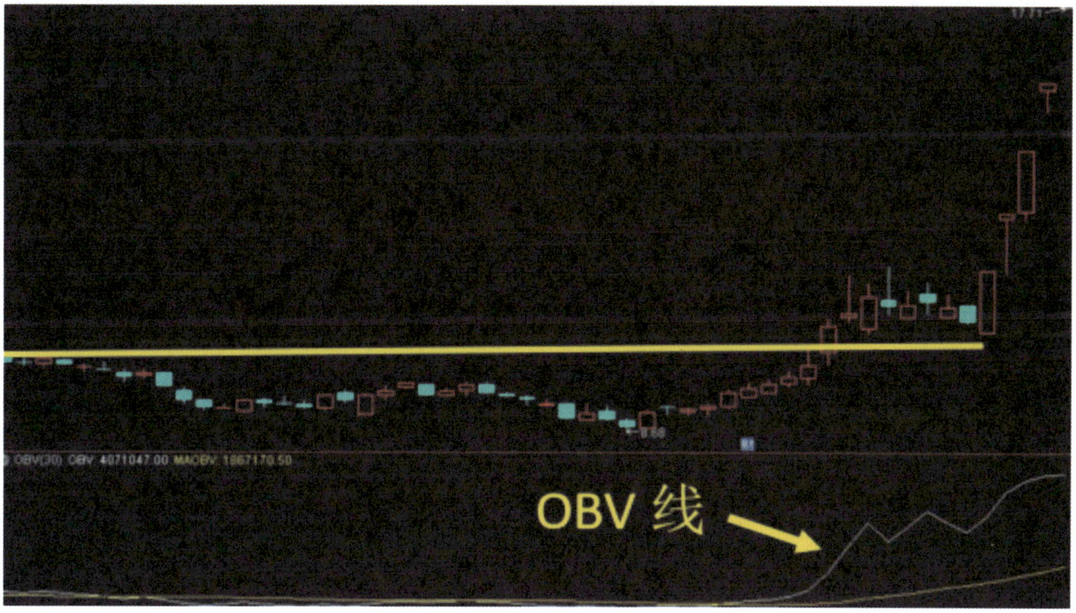

案例二

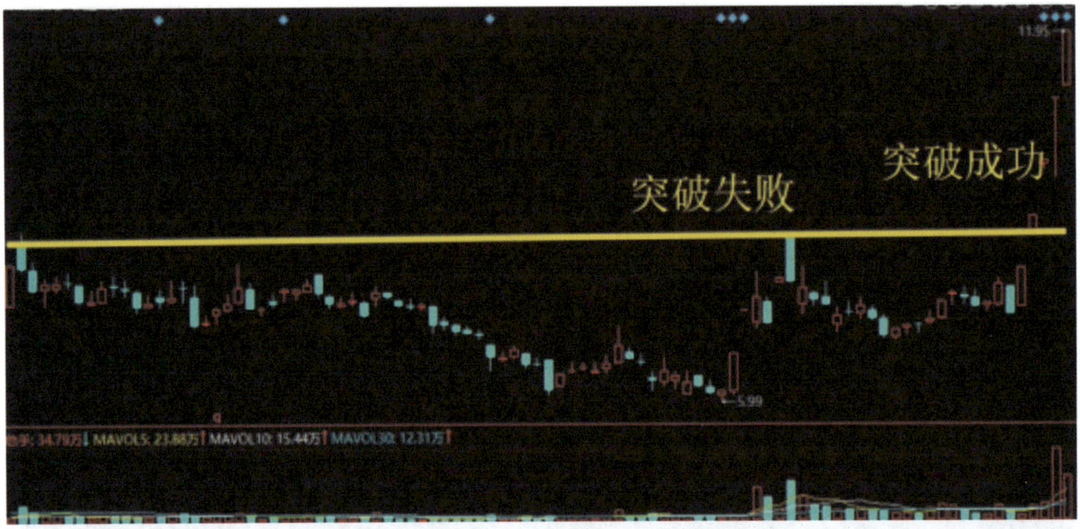

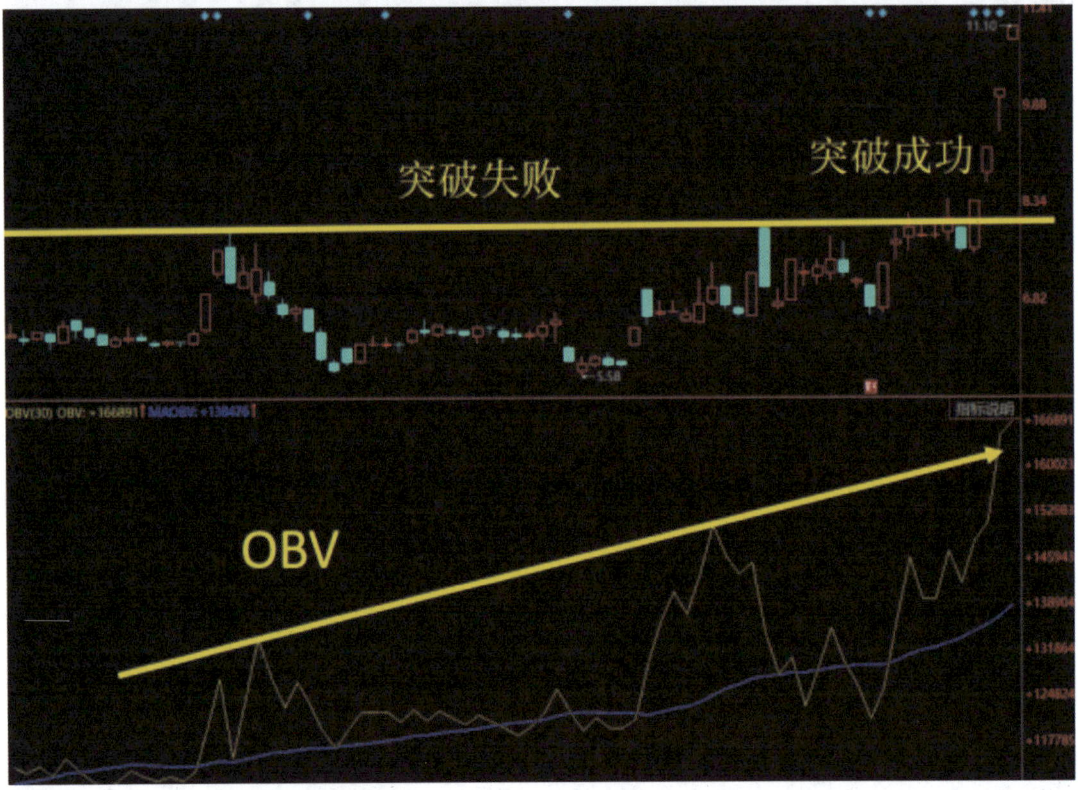

第十八课　课后习题

1. 在早盘涨停选股法中，股票的换手率要（　　）。

A. 大于10%　　B. 小于30%　　C. 大于3%

2. 在早盘涨停选股法中，股票的量比要（　　）。

A. 大于5　　B. 小于3　　C. 大于1.5

3. 在早盘涨停选股法中，股票的流通市值要在（　　）。

A. 100亿元以下　　B. 100亿元以上　　C. 200亿元以上

4. 在早盘涨停选股法中，股票的价格要（　　）。

A. 大于20元　　B. 小于1元　　C. 小于15元

5. 在庄家操盘真相中，引入的生命线为（　　）日均线。

A. 10　　B. 5　　C. 21

笔 记